영유아 교과교재 연구 및 지도법

A Study of Teaching Materials for Young Children

임경옥 저

학지사

머리말

'현장이 삶인 모든 예비교사 및 교사에게 감사드리며'

교재 · 교구가 영유아에게 교육의 매개체로서 미치는 영향이 얼마나 지대한지는 영유아와 관련된 교육을 전공한 유아교육 전문가들이라면 익히 알고 있는 상식이라고 할 수 있다. 이는 역설적으로 교사들이 수업이나 놀이의 질을 향상시키기 위해서 교재 · 교구에 대한 연구를 얼마만큼 충실히 해야 하는지에 대한 이유를 설명해 준다. 그러므로 영유아에게 효과적으로 학습을 도모하게 하며, 개념을 배우고 이해하는 데 있어 가장 적절한 도구는 교재 · 교구라 할 수 있다. 저자는 이에 대한 중요성을 어느 누구보다 정확하게 인식하고 있었기 때문에 이 책을 집필하기 위해 오랜 기간 동안 자료를 수집하고 연구해 왔다. 그리고 이를 바탕으로 영유아에게 가장 적합한 교재 · 교구를 제시하고자 노력하고 충실하게 집필하고자 최선을 다하였다.

그러나 매번 대학교재를 출판하면서 느끼는 부분이지만, 여러 영역에서 부족한 부분들이 있을 것으로 사료되어 아쉬움이 남는다. 이러한 아쉬움은 이 책을 활용하시는 여러분의 지도편달을 거울 삼아 앞으로 좀 더 시간을 두고 미진한 부분에 대한 연구와 보완을 거듭해 나가리라는 다짐으로 대신한다.

『영유아 교과교재 연구 및 지도법』은 다음과 같이 구성되었으며 기존 교재들과는 차별화된 특성을 가지고 있다.

먼저 구성을 살펴보면, 제1장 교재 · 교구의 이해에서는 교재 · 교구에 대한 개념 및 유형을 분류하고 살펴봄으로써 교재 · 교구에 대한 구체적인 이해를 돕고자 하였다.

제2장 교재 · 교구의 역사와 기초 이론에서는 교재 · 교구의 역사와 기초 이론 및 영유아 발달 이론과 교재 · 교구의 관련성을 제시함으로 이에 대한 기초 지식을 함

양시키고자 하였다.

제3장 영유아 놀이와 교재·교구 및 설비 기준에서는 교재·교구의 필요성과 다양한 영역별 놀이에 적합한 교재·교구를 살펴봄으로써 설비 기준에 대한 지식을 습득하도록 하였다.

제4장 교재·교구 제작에서는 교재·교구 제작계획서의 계획 및 작성방법과 제작 시 활용할 수 있는 다양한 재료를 제시하였다.

제5장 교재·교구의 배치 및 활용과 평가에서는 교재·교구의 선택과 배치, 활용과 평가, 보관 및 관리에 대한 부분을 살펴봄으로써 현장에서 교사가 교재·교구를 적절하게 다루는 데 편리성을 제공하고자 하였다.

그리고 차별화된 특성을 살펴보면 다음과 같다.

첫째, 제1장에서 제5장으로 구성된 이론편과 제6장에서 제7장으로 구성된 실제편은 각 장마다 '마인드 맵'을 제시하여 각 장의 내용을 시각적으로 일목요연하게 파악할 수 있도록 하였다.

둘째, 이론편에서는 각 장마다 '어려운 용어'에 주석을 달아 내용을 보다 쉽게 이해할 수 있도록 하였다.

셋째, 실제편에서는 교재·교구를 제작함에 있어 각 영역을 연령별로 제시하기보다는 영아와 유아로 나누어 제시하므로 교사가 영유아의 개별성을 고려하여 융통성 있게 제작할 수 있도록 하였다.

넷째, 우리나라에서 최초로 『특수교구교재제작』(학지사, 2018)을 출판하면서 느꼈던 아쉬움과 15년 이상 교재·교구 제작 관련 강의 및 전시를 했던 경험을 밑바탕으로 좀 더 충실하게 집필하고자 노력하였다.

끝으로, 이 책이 설레는 가슴을 안고 현장에 첫발을 디디고자 하는 예비교사들과 영유아 교육현장에서 끊임없이 자아성찰을 하며 교육 및 보육에 전념하고 있는 교사들에게 많은 도움이 되기를 염원한다.

이와 아울러 이 책의 출판을 허락해 주신 학지사 사장님을 비롯하여 그동안 물심양면 지지해 준 편집부의 노고에 감사를 드린다. 특히 집필하는 과정에 도움과 격려를 아끼지 않았던 가족 및 지인들에게 이 자리를 빌려서 고맙고 감사한 마음을 전한다.

2022년 6월

저자 임경옥

차례

제4장 교재 · 교구 제작 / 104

제5장 교재 · 교구의 배치 및 활용과 평가 / 134

제2부 실제편

제1부

이론편

제1장

교재 · 교구의 이해

교재 · 교구는 영유아에게 학습에 대한 자극을 의미 있게 부여하는 도구로 교육 목적을 효율적으로 달성하고 적절한 상호작용을 유도하는 데 도움을 준다. 따라서 교재 · 교구는 효과적인 학습을 가능하게 함과 동시에, 교육현장의 질을 높일 수 있는 매개체 역할을 한다. 또한 감각을 활용하여 사물을 조작하는 활동은 영유아의 주의와 몰입을 도우며, 직접적인 경험을 통하여 개념을 배우고 이해하게 한다.

그러므로 이 장에서는 교재 · 교구의 개념을 정의함과 아울러 교재 · 교구의 필요성과 가치를 포함한 특성 및 유형과 구조성 등에 따른 분류, 일과와 관련된 교재 · 교구를 살펴봄으로써 이에 대한 구체적인 이해를 돕고자 한다.

마인드 맵

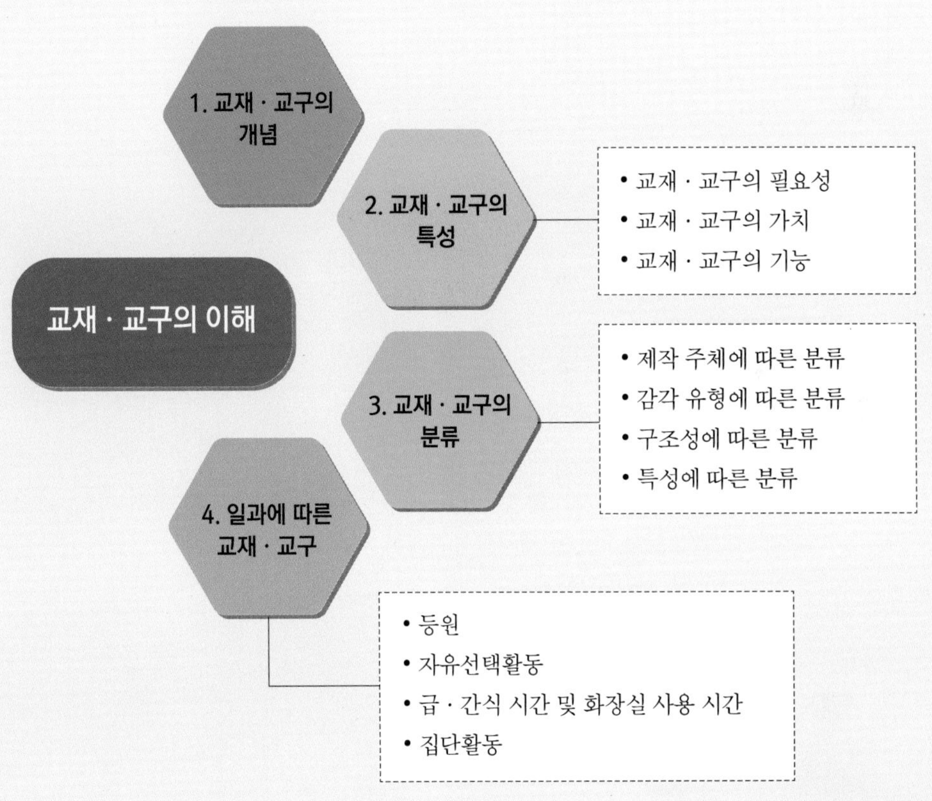
교재 · 교구의 이해
1. 교재 · 교구의 개념
2. 교재 · 교구의 특성
• 교재 · 교구의 필요성
• 교재 · 교구의 가치
• 교재 · 교구의 기능
3. 교재 · 교구의 분류
• 제작 주체에 따른 분류
• 감각 유형에 따른 분류
• 구조성에 따른 분류
• 특성에 따른 분류
4. 일과에 따른 교재 · 교구
• 등원
• 자유선택활동
• 급 · 간식 시간 및 화장실 사용 시간
• 집단활동

/ 학습목표 /

1. 교재 · 교구의 개념을 정의할 수 있다.
2. 교재 · 교구의 필요성을 설명할 수 있다.
3. 교재 · 교구의 특성을 제시할 수 있다.
4. 교재 · 교구의 분류 기준을 제시할 수 있다.

/ 주요용어 /

- **교재 · 교구**: 교육현장 및 학습활동에 쓰이는 모든 도구
- **교수의 보조 기능**: 교수자가 학습자를 가르칠 때 보조수단으로써 활용됨
- **정보 전달 기능**: 수용되어 있는 다감각적 교육 정보가 상호작용을 통해 전달됨
- **교수 기능**: 교수자가 없어도 학습자가 자율적으로 활동에 참여하며 피드백이 즉각적으로 제공됨
- **학습 경험 기능**: 실제적이고 직접적인 경험이 반복적으로 제공됨

1. 교재 · 교구의 개념

교재 · 교구의 개념은 시간이 지남에 따라 변화되어 왔다고 할 수 있는데, 초기에는 협의[1)]의 의미로 교사가 의도한 수업 현장에서 주로 등장하는 교수자료로 생각하였다. 하지만 현대에는 특정 교수활동을 도와줄 교수 매체[2)]나 자료만을 지칭하는 것이 아닌 학습자의 시간과 물리적 공간을 초월[3)]하여 구체적인 상호작용을 유발함으로써 학습이 이루어지도록 돕는 모든 매개수단이라고 보게 되었다. 즉, 좁은 의미에서 보면 교재 · 교구는 학습자들의 학습효과를 최대화할 수 있는 시각적 자료나 보조물, 언어적인 교재나 시각적 자료 및 보조물 등으로 볼 수 있다. 그러나 넓은 의미에서 보면 교육현장에 있는 모든 학습 환경을 포함할 수 있는데 근래에 이르러서는 그 범위가 더 넓어지고 있다. 그 이유는 교수 공학이 발달함에 따라 인쇄 매체를 비롯하여 음성 매체, 영상 매체 등 다양한 매체들이 계속 개발되고 보급되어 활용되고 있기 때문이다. 따라서 예전에 구체적인 조작물로 한정되었던 개념보다는 그 의미가 보다 넓게 확장되고 있다. 다시 말해 영유아의 교육현장에서 사용되고 있는 모든 교재 · 교구는 최적의 교육을 위한 상호작용을 촉진하는 모든 것들을 포함한다.

일반적으로 교재는 교수자가 의도한 수업시간에 교수-학습과정을 지원하는 것으로 교수자료로도 불리지만 교구는 학습자가 시간의 제약 없이 다양하게 활용함으로써 자유롭게 학습하는 것으로 교재와 교구의 개념은 다르다고 할 수 있다. 즉, 교재는 정보와 지식을 담고 있는 자료라면 교구는 활용함으로써 의미 있는 지식을 찾아내는 과정이 필요한 것이다. 따라서 교재 · 교구는 교재와 교구의 합성어로서 두 가지의 의미를 함께 연결 짓고 있다. 사전적 의미를 살펴보면, 교재는 학문이나 기예 따위를 가르치거나 배우는 데 필요한 여러 가지 재료를 의미하며, 교구는 학습을 구체화 · 직관[4)]화하고 효과적으로 지도하기 위하여 사용하는 도구. 칠판, 괘

---

1) 어떤 말의 개념을 좁게 보는 뜻. 좁은 뜻.
2) 어떤 작용을 널리 전달하는 데 매개가 되는 것.
3) 어떤 한계나 표준을 뛰어넘음.
4) 경험 · 판단 · 추리 등의 사유 작용을 거치지 않고 대상을 직접적으로 파악하는 작용.

도, 표본, 모형 따위를 의미한다(표준국어대사전, 2022. 1. 15. 인출). 그리고 교육부(2014)에서 발간한 제3주기 유치원 평가 매뉴얼에서 '교재'는 그림, 인쇄물, 녹음, 영상 등 교수-학습활동에 직접적으로 활용되는 각종 교수자료, '교구'는 모형자료나 교수-학습활동에 쓰이는 도구, 고안된 기구 등의 구체물로 정의하고 있다. 그러므로 교재 · 교구는 교육의 목표를 효과적으로 달성하기 위하여 선택된 언어적 또는 비언어적 도구를 의미하는데, 여기에서 '효과적'이라는 말은 '보다 빨리' '보다 즐겁게' '보다 손쉽게' 등의 의미가 포함되어 있다(두산백과, 2020. 1. 15. 인출).

교재 · 교구는 교육의 목적을 효율적으로 달성하기 위해 교수자 및 교육내용과 학습자 간의 상호작용이 발생하도록 돕는 다양한 형태의 매개물[5]이라고 볼 수 있다. 이러한 매개물은 일반적으로 교육 매체 혹은 교수자료, 놀잇감, 활동자료 등 다양한 용어로 통용되고 있다. 이러한 용어에 대해 구체적으로 살펴보면 다음과 같다.

교육 매체는 'medium'의 복수형인 'media'를 번역한 것으로 라틴어 'medius'에서 유래되었다. 이는 '사이'라는 의미를 가지고 있으며, 학습의 목표를 달성하기 위한 교수자와 학습자, 혹은 학습자와 학습자를 연결해 주는 다양한 모든 매개체와 교육환경을 의미한다.

교수자료는 교사가 주도하는 수업의 효과를 증대시키기 위해 연계되는 모든 자료를 의미한다. 수업활동에 있어 교수자 중심의 관점은 모든 자료들을 교수활동의 보조적인 수단으로 보고 있다. 따라서 교수하기 위해 사용되지 않는 자료들, 학습자가 숙련의 단계에서 연습의 과정을 거치는 데 활용되는 자료들은 교수자료라고 할 수 없다. 즉, 교수활동 안에서 활용되는 도구로서의 역할인 경우에 교수자료로 칭하게 된다. 전통적인 교수자료는 교과서가 대표적이며, 점차 교수활동에 직관적 자료에 의존함으로써 모형, 사진 등의 시청각자료들로 확대되었다.

놀잇감은 영유아가 놀이하는 데 사용될 수 있는 모든 것을 지칭한다. 영유아는 능동적인 놀이를 통해 어른들의 생활 문화를 학습하며, 대 · 소근육의 발달 및 인지 능력을 발달시키게 된다. 그리고 시각 · 청각 · 촉각 등 전 감각을 인식에 동원하게 되므로 학습에 대한 효과를 보장하는 데 그 의미가 크다. 또한 영유아는 교사가 의도

5) 매개가 되는 물건.

하여 제공해 준 사물 이외에도 폐품이나 자연물, 생활용품 등 주변에 있는 모든 사물을 놀이에 활용하기도 한다. 따라서 놀잇감은 교재 · 교구의 의미보다 확장하여 해석될 수 있으며, 실질적으로 교재 및 교구와 명확히 구별하는 것은 쉽지 않다.

활동자료는 과제를 수행하는 데 필요한 실질적인 조작[6)]물을 의미한다. 교수자료가 수업활동의 보조적인 매개물인 반면, 활동자료는 활동이 자발적으로 이루어지고 개별적인 학습이 가능하도록 돕는 매개물이라고 할 수 있다.

교수자료와 활동자료는 교수자 그리고 학습자 간의 공유된 학습내용을 지각할 수 있도록 이끌어 줄 수 있다는 공통점을 지니고 있으며, 개별적인 발달 수준과 특성에 따라 적합한 활동자료를 융통성 있게 마련하고 제공해 줄 수 있다는 점에서 의미가 크다.

2. 교재 · 교구의 특성

1) 교재 · 교구의 필요성

영유아에게 효과적인 교육과 발달을 도모하기 위해 시각 · 촉각 · 청각 등 모든 감각을 동원해야 한다는 측면에서 보면 교재 · 교구는 필수적이다. 즉, 교재 · 교구를 활용하면 감각적 경험을 동반하는 작업을 통해 새로운 정보나 기술들을 얻을 수 있다. 그러므로 영유아 교육의 현장에서는 교수-학습의 주체인 교사와 영유아, 그리고 영유아에게 효과적인 교육의 실제를 가능하게 하기 위하여 현장의 다양한 사회문화적 조건이나 영유아의 발달적 특성에 부합하는 질 높은 교재 · 교구가 필요하다(김유정, 김정원, 2011). 이러한 점에서 교재 · 교구는 놀잇감, 실물 자료, 그림 자료, 환경 구성 자료, 활동 자료들과 더불어 영유아가 복합적으로 상호작용할 수 있는 환경에 대해 보다 포괄적으로 교재 · 교구의 필요성을 제시할 수 있다.

영유아의 발달적 특징과 관련하여 교재 · 교구의 필요성을 살펴보면 다음과 같다.

6) 물건을 지어 만듦.

첫째, 영유아의 개인차를 지원하기에 용이하다. 발달이 좀 더 빠른 영유아와 느린 영유아는 유전적 요인 및 환경적 요인으로 인해 개인차를 보이게 된다. 그러므로 교재 · 교구는 이러한 개인차를 좁혀 주기에 적절하다. 즉, 교재 · 교구를 통해 영유아의 발달 수준 및 능력에 맞추어 각 개인에게 적절한 활동을 도모할 수 있다. 따라서 영유아에게 적합한 교재 · 교구의 제공은 최적의 성장을 도우며 효율적인 교육활동을 극대화할 수 있다. 더불어 동일한 교재 · 교구에 대해 다양한 활동을 할 수 있는 기회를 가짐으로써 개인차에 초점을 둔 지적 발달을 촉진할 수 있어 학습의 효과를 보다 높게 기대할 수 있다.

둘째, 효과적인 학습을 촉진[7]한다. 즉, 교재 · 교구를 통해 교사가 의도한 교육활동의 내용 및 방법에 대해 보다 쉽게 잘 이해할 수 있도록 돕는다. 그뿐만 아니라 습득한 지식을 연습할 기회를 제공할 수 있으므로 교육 효과를 높일 수 있으며 교육내용을 심화[8], 확대할 수 있다.

셋째, 영유아의 자발적인 참여를 조성[9]한다. 즉, 교재 · 교구는 활동에 대한 욕구를 자극하므로 새로운 것에 대한 관심을 증폭시켜 자연스럽게 동기 유발을 하게 된다. 또한 교재 · 교구를 활용하는 과정은 스스로에게 통제[10]권을 부여하며 자기 주도적이다. 그러므로 이를 기반으로 자발적인 학습뿐만 아니라 또래와의 협력적인 학습을 촉진할 수 있다.

넷째, 교사와 영유아, 영유아와 영유아 간의 상호작용을 촉진한다. 교재 · 교구는 교수활동에 있어 교육내용의 이해를 도울 뿐만 아니라 서로 간의 의사소통 및 사회성을 촉진하므로 상호작용의 매개체 역할을 한다. 더불어 교재 · 교구는 역동적인 상호작용의 기회를 제공하므로 다양한 경험 및 사고[11]체계의 발달을 촉진할 수 있다.

다섯째, 감각 능력을 발달시킨다. 감각기관을 활용한 구체적 경험은 지식을 구성하는 데 큰 도움이 된다. 특히 영유아기는 다양한 감각기관을 통해 정보를 얻고 환

---

7) 재촉하여 빨리 나아가게 함.

8) 정도나 경지가 점점 깊어짐. 또는 그리 되게 함.

9) 분위기나 정세 등을 생기게 함.

10) 일정한 방침이나 목적에 따라 행위를 제한하거나 제약함.

11) 생각하고 궁리함.

경을 인식하며 외부 세계와 관계를 맺는 시기이다. 그러므로 영유아는 교재 · 교구를 탐색하고 조작하고 만져 보고 관찰하는 과정에서 자연스럽게 신체 및 다양한 감각을 촉진시킬 수 있다. 더불어 구체적인 자료를 조작해 보는 경험을 통해 얻어진 감각 정보들은 부가적으로 창의성, 예술성, 심미감 등을 발달시킬 수 있다.

2) 교재 · 교구의 가치

영유아를 대상으로 한 대부분의 학습 환경 안에서 교재 · 교구 없이 교육의 성과를 기대하기란 쉽지 않다. 따라서 영유아들의 교육 활동이 이루어지고 있는 현장에서는 항상 교재 · 교구가 존재한다. 이러한 교재 · 교구는 그 자체만으로도 다양한 특성을 지니고 있다. 즉, 영유아들의 지적 호기심을 충족시켜 자연스럽게 능동적인 학습이 이루어지도록 도울 수 있으며, 의사소통 능력을 촉진시켜 사회성을 신장하는 등의 역할을 한다. 이에 영유아의 발달을 촉진[12)]할 수 있는 교재 · 교구의 가치를 구체적으로 살펴보면 다음과 같다.

첫째, 학습의 속성을 지니고 있다. 교재 · 교구는 상호작용의 구조를 지니고 있으며 자신의 근접 발달 영역 내 인지과정을 꾀하는 문제해결 지향의 체계를 지니고 있다. 즉, 교재 · 교구를 만지고 탐색하면서 자신의 능력에 적합한 놀이가 이루어질 수 있으므로 학습에 유용한 도구로 사용될 수 있다. 교재 · 교구는 영유아 간 혹은 영유아와 교재 · 교구의 상호작용을 통해 지식을 구성할 수 있다. 즉, 문제해결 능력을 구체화할 수 있는 작업과정이 포함된 교재 · 교구는 사고력과 직관력의 발달을 통해 지능발달과 개념 확장을 자극할 수 있다. 또한 교재 · 교구는 사물을 익히고 사고력을 길러줄 뿐 아니라 주위 세계에 대한 통제력[13)]을 발달시키고 이미 습득한 학습을 통합할 기회를 제공한다. 따라서 영유아의 능력 계발을 위한 수단으로써 인지적 발달을 촉진시킨다.

둘째, 의사소통 및 사회성을 신장한다. 교재 · 교구를 통해 또래들과 함께 상호작용함으로써 어휘의 확대 및 적절한 대화의 기술을 습득할 수 있을 뿐만 아니라 사

12) 재촉하여 빨리 나아가게 함.

13) 통제할 수 있는 힘.

회성을 발달시켜 준다. 즉, 또래와 교재 · 교구를 사용하면서 자신의 의사를 자유롭게 표현하고 전달하는 과정을 통해 언어의 의미 및 의사소통의 전략[14]을 습득한다.

교재 · 교구를 탐색하고 활용하면서 공동 관심의 형성 및 활동의 참여과정에서 나타나는 의사소통 상황은 실제적이고 구체적인 의사소통의 기술을 습득할 수 있는 기회가 될 수 있다. 더불어 언어의 의미를 이해하고 표현함으로써 지식을 내면화하는 데 중요한 역할을 할 수 있다. 또한 의사소통은 협상하기, 협동하기, 타인의 생각과 감정을 이해하기 등 주요한 사회적 기술을 습득할 기회를 제공하므로 사회적 관계가 유지되고 발전되는 등의 사회성 발달을 도모한다.

셋째, 영유아의 흥미를 유발한다. 교사가 언어로만 전달하는 교수-학습방법은 학습 흥미를 유발하기 힘들며, 결과적으로 학습의 효과를 감소시킨다. 반면 교재 · 교구를 활용한 교수방법은 실제로 조작하거나 직관[15]을 통한 반응이 요구되므로 영유아의 관심을 끌 수 있으며, 동기를 불러일으킬 수 있다. 즉, 교재 · 교구는 흥미로운 활동을 유도하므로 주의력을 끌 수 있을 뿐 아니라 적극적인 참여를 유도하고 알고자 하는 내적 충동을 야기한다. 더불어 구체물을 조작한 행동의 결과가 바로 나타나기 때문에 강화의 효과가 매우 높다.

넷째, 영유아들에게 공통된 경험을 제공해 줄 수 있다. 교사가 의도한 교육 목적을 다수의 영유아들에게 적용하는 것은 쉽지 않다. 그러나 교재 · 교구는 교사가 의도하는 교육적 내용과 활동방법을 전달하는 데 있어 영유아가 효율적으로 반응하도록 도울 수 있다. 따라서 교재 · 교구는 교사가 의도한 공통된 경험을 제공할 수 있는 매개물[16]이 될 수 있다.

다섯째, 교재 · 교구의 활용에 따라 새롭고 다양한 수업의 기법을 개발할 수 있다. 교사는 학습의 효과를 높이기 위해 다양한 교수-학습방법을 연구하는 것이 필요하다. 새롭고 재미있는 학습방법은 학습의 효과를 높이며, 보다 성취적인 학습을 도와준다. 적절한 교재 · 교구의 선정 및 활용 방법은 영유아에게 새롭고 흥미로운 경험을 제공하고 다양한 수업기법을 적용하는 데 결정적 역할을 할 수 있다.

14) 전쟁을 전반적으로 이끌어 가는 방법이나 책략.

15) 경험 · 판단 · 추리 등의 사유(思惟) 작용을 거치지 않고 대상을 직접적으로 파악하는 작용.

16) 매개가 되는 물건.

3) 교재 · 교구의 기능

영유아와 관련된 교육환경에서 지속적으로 교재 · 교구의 중요성은 강조되어 왔다. 왜냐하면 교재 · 교구가 지닌 독특한 기능은 영유아의 흥미와 관심을 유발함으로써 모든 활동에 적극적인 참여를 유도할 뿐 아니라 교육목표를 효율적으로 성취할 수 있도록 도와주기 때문이다. 이에 교재 · 교구가 지니고 있는 대표적인 기능은 다음과 같다.

첫째, 교수 기능이 있다. 교수 기능은 교재 · 교구를 통해 교사가 없는 상황에서도 교수-학습과정을 이끌어 내는 기능을 의미한다. 교육 공학이 발달함에 따라 다양한 교재 · 교구가 개발되고 있으며, 특히 디지털화된 교재 · 교구는 영유아의 활동 결과에 대한 피드백이 즉각적으로 제공되므로 영유아가 스스로 활동을 계획하고 참여할 수 있도록 고안되었다.

예전에는 교재 · 교구의 기능이 교사의 수업을 보조하기 위한 보조 기능으로서의 역할이 컸지만, 학습자의 자율성이 증대됨에 따라 학습자 중심의 활동을 구현하는 도구로 변모하고 있다. 이러한 기능은 개별적인 학습자의 요구가 반영된 것으로 볼 수 있다. 즉, 영유아들의 발달 수준 및 교육적 요구에 부응[17)]하는 교육내용을 스스로 선정하고 효율적인 교수-학습방법이 이루어질 수 있도록 기여하고 있는 것이다.

둘째, 학습 기능이 있다. 교재 · 교구는 학습내용의 이해를 돕는 교수 기능에서 벗어나 기술의 습득 및 수행 능력을 높이기 위한 경험을 제공해 준다. 교재 · 교구에 포함되어 있는 정보는 영유아가 어떤 식으로든 반응할 수 있도록 설계되어 있으므로 어떤 활동을 하는 데 있어 더욱 적극적이고 참여적이 될 수 있다. 이러한 과정을 통해 영유아는 새로운 정보를 수용하며 기존에 습득한 지식 체계에 새로운 지식을 통합시켜 나가는 인지적 과정을 자연스럽게 이루어 낸다.

효과적인 학습은 자신이 알고 있는 것을 바탕으로 실질적인 활동에 적용해 보는 과정을 포함하고 있으므로 교재 · 교구를 활용함으로써 보다 효율적으로 학습 경험을 구성할 수 있도록 도울 수 있다.

---

17) 어떤 기대나 요구에 좇아서 응함.

셋째, 교수의 보조 기능이 있다. 보조 기능은 교수자가 학습자를 가르칠 때 보조 수단으로써 활용되는 것을 의미한다. 교사가 의도한 교육목표를 달성하기 위해 교재 · 교구가 지닌 보조 기능을 제시하면 다음과 같다.

① 영유아의 주의를 보다 집중할 수 있게 돕는다. 학습활동과 관련된 교재 · 교구를 제시함으로써 주의를 집중하는 데 도움을 줄 수 있다. 즉, 교사가 의도한 수업환경에서 과업에 집중할 수 있도록 구체적이며 필요한 정보만을 담고 있는 교재 · 교구는 영유아의 주의를 집중시키는 효과적인 도구가 될 수 있다.

② 학습에 대한 흥미 및 동기를 유발할 수 있다. 영유아에게 매력적인 교재 · 교구는 흥미를 끌 수 있는 요소들로 구성되어 있어 학습에 대한 동기를 자극할 수 있어 보다 재미있는 학습 경험을 제공할 수 있다.

③ 교사의 지도시간을 단축할 수 있다. 교재 · 교구를 제공함으로써 영유아 스스로 활동에 대한 계획을 세우고, 능동적이고 적극적인 활동을 실행한다. 즉, 영유아 중심의 활동을 촉진하므로 교사의 지도시간이 단축될 수 있다. 따라서 단축된 시간은 개별 및 소집단의 영유아를 위한 보충 및 심화지도 시간으로 활용될 수 있다.

④ 효율적인 학습을 돕는다. 구체적인 매개물 없이 영유아에게 어떤 정보를 전달하거나 설명하는 것은 매우 어렵다. 따라서 교수의 내용을 효율적으로 전달하고 가르칠 때 매개물로 활용되는 교재 · 교구는 이러한 어려움을 줄여 줄 수 있으며 학습을 보다 능률적이고 효율적으로 이끌어 줄 수 있다.

넷째, 정보 전달 기능이 있다. 정보 전달 기능은 영유아가 교재 · 교구를 통해 교육적 정보를 수용하는 기능을 의미한다. 교재 · 교구는 학업 성취를 위한 그림, 글, 소리, 냄새 등 다감각적인 정보를 담고 있으며, 이 정보들은 영유아로 하여금 어떤 식으로든 반응할 수 있도록 고안되어 있다. 따라서 영유아는 교재 · 교구와 상호작용하면서 구체적인 교육적 정보를 전달받을 수 있으며, 교사는 수업의 내용을 보다 효율적으로 전달할 수 있다. 또한 여러 감각적 기능을 통해 내용을 수용할 수 있으므로 영유아의 발달 단계에 적합한 교육 활동의 전개가 가능하다.

다섯째, 반복 학습 기능이 있다. 영유아는 선행 경험에서 이미 기술을 습득하였다고 할지라도 이후 비슷한 상황과 문제에서 이를 효과적으로 적용하기 위해서는 습득 기술을 숙달할 수 있는 기회가 제공되어야 한다. 이러한 측면에서 교재 · 교구는 일회성으로 활용이 끝나지 않고 반복적인 연습을 가능하게 해 준다. 기능적인 측면에서도 교재 · 교구를 활용함으로써 실제와 비슷한 경험을 제공해 줄 수 있으며, 새로운 기술을 습득한 후에도 이를 반복하고 연습할 수 있다.

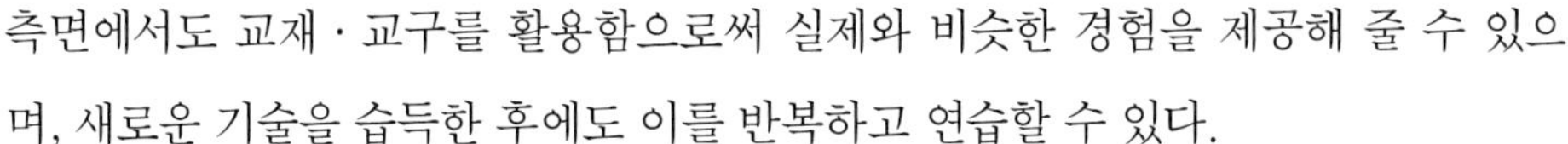

3. 교재 · 교구의 분류

1) 제작 주체에 따른 분류

(1) 교사가 제작한 교재 · 교구

교사는 영유아들의 질 높은 학습 경험과 더불어 의도한 학습활동을 제공하기 위해 교재 · 교구를 고안하고 제작한다. 주위에서 쉽게 구할 수 있는 재료로 교육의 내용과 활동의 방법에 적합한 교재 · 교구를 제공함으로써 교육의 질을 높일 수 있다.

영유아는 구체적이고 실제적인 경험을 통해 학습이 이루어지므로 교사가 창의적인 교재 · 교구를 제작함으로써 최적의 교육적 효과를 거둘 수 있게 된다. 교사가 제작한 교재 · 교구의 장점은 다음과 같다.

첫째, 교육적 목표 성취의 실현을 보다 높일 수 있다. 교사는 효과적인 교육과정 운영을 위해 교육내용에 적합할 뿐만 아니라 영유아의 능력과 흥미를 반영하여 교재 · 교구 제작을 계획한다. 따라서 교육적 목적에 부합되도록 교재 · 교구를 적절한 시기에 제공해 줄 수 있게 되므로 상품화된 것보다 영유아의 발달 수준이나 활동 내용에 더 적합할 수 있다.

둘째, 일반적으로 교재 · 교구를 구입하는 것보다 경제적이다. 교육적 효과를 최대한 고려하는 동시에 주변에서 쉽게 구할 수 있는 재료, 폐품, 도구들로 제작함으로써 경비를 절약할 수 있다.

셋째, 창의적인 아이디어를 함양[18]할 수 있다. 다양한 재료들을 통해 창의적인 아이디어를 실용화하려면 교사는 어떻게 제작할 것인지 새로운 상상과 관찰, 분석력을 활용하게 된다. 이렇게 제작된 교재 · 교구는 영유아의 호기심을 증진시키며,

18) 능력이나 성품을 기르고 닦음.

독창적이고 개방적인 사고를 강화시킬 수 있게 된다.

넷째, 교재 · 교구의 활용 방법이 좀 더 용이하다. 교재 · 교구를 제작할 때, 교사는 교육적 목적을 고려하여 고안하였기 때문에 학습이 효과적으로 이루어지도록 적절하게 활용할 수 있다. 아울러 교재 · 교구의 활용 방법을 충분히 고려한 후 제작하였기 때문에 다양하게 활용할 수 있다.

반면, 교사가 제작한 교재 · 교구의 단점을 살펴보면 다음과 같다.

첫째, 상업화된 교재 · 교구에 비해 견고하지 못할 수 있다. 플라스틱이나 원목, 금속 등과 같이 내구성이 좋은 재료들은 교사가 쉽게 다룰 수 없는 재료이다. 일반적으로 교사들이 사용하는 재료들은 내구성이 약하다는 단점을 가지고 있다.

둘째, 관리에 어려움이 발생할 수 있다. 예를 들어, 종이류로 제작한 경우, 습기에 약하여 쉽게 구겨지거나 휘어질 수 있고, 인쇄된 부분이 번질 수 있다. 보드류로 제작한 경우, 쉽게 부러지거나 긁힐 수도 있다. 재료의 변질로 인해 유지 및 관리에 용이하지 않다.

셋째, 교재 · 교구를 제작하는 데에는 많은 시간과 노력이 필요하다. 활동방법의 구상[19], 제작의 계획, 필요한 경비의 편성, 제작의 실행[20]에 이르기까지 단기간으로 쉽게 완성되는 것이 아니다. 체계적이고 단계적인 계획과 실행이 필요하며, 시행착오를 겪게 되는 경우 이를 수정하는 데에도 많은 노력과 시간이 소요될 수밖에 없다.

넷째, 제작할 수 있는 범위가 제한적인 경우가 많다. 쉽게 다룰 수 있는 재료들은 한정적이며 제작할 수 있는 여건도 제약되어 있다. 교사가 독립적으로 제작하는 경우가 많기 때문에 방대한 업무량과 여건들로 인해 많은 어려움이 따르게 된다.

다음 글을 통해 교사의 교재 · 교구 제작에 대한 생각을 엿볼 수 있다.

---

19) 어떤 일을 하기에 앞서 하려는 일의 내용 · 규모 · 처리 방법 따위를 이리저리 생각함. 또는 그 생각이나 내용.

20) 실제로 행함.

교구를 만드는 과정은 아이들의 발달 과정에 대해 고민해 보고, '어떻게 유아들의 흥미를 더 끌 수 있을까?' '어떻게 더 아이들에게 도움을 줄 수 있을까?'를 깊게 생각해 보고, 내 스스로 성장할 수 있는 시간이었다. '교구 사면 되는 거 아니야? 힘들게 만들어야 되는 건가?'라는 어리석은 생각을 했었는데, 직접 만들어 보니 교구를 만드는 의미가 있음을 알게 되었다. 교구를 만드는 과정은 아이들에 대한 사랑의 표현임을 알게 되었다.

(예비교사 24 성찰일지 2016. 6. 10.)

아이들의 전인적 학습, 발달을 촉진하고 지지해야 하는 역할의 교사로서 창의적인 교구교재는 아이들의 필요와 상태를 잘 '관찰'하여 창의적인 사고를 통해 아이들에게 비효율적인 직접적인 교수와 설명이 아닌 더욱 효과적이고 더욱 재미있는 학습, 발달의 매체를 의미한다고 생각한다. 이를 위해 교사들의 무수한 고민과 애정이 필요할 것 같다.

(예비교사 1 집단면담 2016. 4. 22.)

출처: 황희숙 외(2017), p. 18.

(2) 상품화된 교재 · 교구

교육현장에서 교재 · 교구의 구입이 증대됨에 따라 교재 · 교구의 시장이 활성화됨과 동시에 규모도 점점 커지고 있다. 김정숙과 박진아(2015)의 연구에 따르면 유치원 교사들은 교재 · 교구를 제작할 시 가장 큰 어려움으로 약 85%가 '시간의 부족'을 지적했다. 이러한 문제점은 교재 · 교구 시장이 방대해짐에 따라 구입을 통해 쉽게 해결할 수 있게 되었다.

상품화된 교재 · 교구는 교사가 제작한 것에 비해 다음과 같은 장점을 가지고 있다.

첫째, 교사의 업무 부담을 줄여 줄 수 있다. 필요한 교재 · 교구를 구입함으로써 시간 및 노력을 크게 들이지 않고 영유아를 위한 교육환경을 조성해 줄 수 있다. 특히, 실질적인 제작의 비용과 직접 구입에 필요한 비용이 비슷한 경우, 경제적으로 매우 효율적일 수 있다.

둘째, 견고하여 오랫동안 활용할 수 있다. 모든 상품화된 교재 · 교구가 영구적으로 사용될 수 있는 것은 아니지만 교사가 제작한 것보다 일반적으로 견고하게 제작된 것이 많다. 내구성이 좋은 재료로 전문화된 생산체계를 통해 제작되기 때문이다. 따라서 비교적 손상이 적으며 오랫동안 활용이 가능하다.

셋째, 영유아의 기호를 반영한 외관을 지니고 있다. 상업적으로 판매되는 교재 · 교구는 유행하는 캐릭터, 다양한 색채, 친근한 사진 및 그림을 사용하기 때문에 영유아에게 충분히 매력적일 수 있다. 이와 같은 요인들은 실제로 활동에 몰입[21]을 돕고 흥미를 느끼게 하는 등의 영향을 미칠 수 있다.

넷째, 교재 · 교구를 편리하게 구입할 수 있다. 업체의 카탈로그, 판매 관련 웹사이트, 판촉 판매원의 설명 등 교재 · 교구를 구입할 수 있는 경로는 매우 다양하다. 특히, 웹사이트를 통해 구입하는 경우 시공간의 제약 없이 여러 교재 · 교구의 정보를 얻을 수 있을 뿐만 아니라 비교할 수 있으며, 다양한 결제 방법을 통해 구입할 수 있다.

반면, 상품화된 교재 · 교구를 구입함으로써 발생될 수 있는 단점은 다음과 같다.

첫째, 교육내용이나 목표에 적합한 교재 · 교구를 구입하기 어렵다. 김정숙과 박진아(2015)의 연구에서 교재 · 교구 구입 시 교육내용에 적합한 교재 · 교구 부재에 대한 응답이 22.9%로 가장 높게 나타났다. 이는 교육적 내용에 적합한 교재 · 교구를 구입하기가 쉽지 않음을 의미한다.

둘째, 비용이 많이 든다. 김정숙과 박진아(2015)에 따르면 교재 · 교구 구입 시 발생될 수 있는 문제점 중 고가에 대한 응답이 20.1%로 나타났다. 이는 시중에 판매되는 교재 · 교구들이 고가화 추세를 보이고 있어, 필요한 모든 교재 · 교구를 구입하기에 걸림돌이 되고 있다.

셋째, 안전성이 우려된다. 2011년부터 2015년 10월까지 소비자 위해[22] 감시시스템에 접수된 완구 관련 위해 사례는 총 2,582건이 보고된 바 있다(김민현 외, 2015). 아무리 교육적 효과가 높다고 할지라도 안전성을 보장받지 못한다면 영유아의 발달상 치명적인 결과를 초래하게 되므로 안전성은 더욱 강조되어야만 한다.

넷째, 활용에 제한적이다. 교사가 직접 제작하지 않았기 때문에 활용 방법에 대한 숙지[23]의 어려움 및 제한된 기능으로 인해 활용에 한계를 가질 수 있다.

상품화된 교구에 대한 교사들의 의견이 다음 글에 잘 나타나 있어 우리에게 시사하는 바가 크다.

---

21) 깊이 파고들거나 빠짐.

22) 위험한 재해. 특히, 사람의 생명을 위협하는 위험이나 해.

23) 익히 앎. 충분히 앎.

아이들에게 수수, 팥, 조, 보리 등을 관찰할 수 있게 하려고 교구를 주문했는데 삼 일도 안 되어 플라스틱 뚜껑이 열려 버렸어요. 바닥에 떨어진 팥을 주우면서 아이들의 입과 코나 귀도 샅샅이 보았던 적이 있어요. 자칫하면 사고로 이어질 뻔한 아찔한 순간이었어요.

(영아반 Y교사 인터뷰, 2015. 1. 7.)

유아들이 좋아할 것 같아서 과학 영역에서 사용할 교구를 주문한 적이 있어요. 그런데 사진으로는 괜찮아 보였던 플라스틱 비커가 실제로 보니, 크기도 작고 윗부분 테두리가 마감 처리가 안 되었는지 너무 날카로워서 자칫하면 아이들이 손을 베일 것 같더라고요. 게다가 함께 온 공이나, 고무 재질 물건 등의 개수도 적어서 유아들에게 물에 뜨고 가라앉는 것에 대하여 보여 주며, 사진도 찍어 보려 했는데 생각대로 되지 않았어요. 가격은 꽤 비쌌고요. 교구에 대한 정확한 정보도 없고 거의 사진만 보고 주문하니, 교육에 맞지도 않고 만족스럽지 않은 교구가 종종 있어요.

(유아반 K교사 인터뷰, 2015. 1. 7.)

출처: 김경철, 고진영(2015), p. 82.

2) 감각 유형에 따른 분류

(1) 시각 기능에 따른 교재 · 교구

시각 기능에 따른 교재 · 교구는 자료의 내용을 주로 시각적인 방법에 의존하여 제시하는 매체를 의미하며 비투사 매체와 투사 매체로 구분할 수 있다. 비투사 매체는 빛을 투사하지 않고 사용되는 것들로, 모형이나 실물, 그림, 사진, 포스터, 그림책, 칠판, 융판, 그래프 등이 이에 해당한다. 반면, 빛을 투사하여 이미지를 스크린에 나타나게 하는 투사 매체에는 OHP 프로젝터, 실물 화상기 등이 있다. 교육현장에서 시각자료를 활용함으로써 얻을 수 있는 이점은 다음과 같다.

첫째, 영유아의 흥미와 관심을 유지시켜줄 수 있다. 눈에 보이는 자료들은 학습을 즐겁게 하며 주의력을 계속 유지시켜 줄 수 있으므로 수업의 도입부터 마무리 단계에 이르기까지 다양하게 활용될 수 있다.

둘째, 이해도를 높일 수 있다. 시각자료를 통해 추상적인 정보를 보다 쉽게 이해할 수 있도록 하여 언어적 설명으로 부족한 부분에 대한 보완이 이루어질 수 있다.

그리고 교육내용에 대한 순서나 흐름, 위계[24]적 관계, 유목관계 등 각 요소 간 관계를 그림으로 묘사하여 영유아의 이해도를 증진시킬 수 있다.

셋째, 다양한 방식의 의사소통 능력을 발달시킬 수 있다. 의사소통의 시각자료는 보통 구두어나 문자정보와 함께 제시되므로 말하기, 듣기, 읽기 쓰기의 습득을 용이하게 해 준다.

반면, 시각자료를 활용함으로써 학습에 부정적인 영향을 미치는 경우도 있다. 이와 관련하여 유의해야 할 점은 다음과 같다.

첫째, 시각자료는 영유아가 쉽게 이해될 수 있어야 한다. 지나치게 추상적인 자료는 오히려 영유아에게 혼란을 줄 수 있다. 따라서 교사는 영유아의 사전지식과 지적 능력을 고려하여 적절한 수준의 시각자료를 제시하는 것이 필요하다.

둘째, 제시되는 시각자료는 명료해야 한다. 제시되는 정보들이 많다고 해서 학습의 효과가 높아지는 것은 아니다. 오히려 한 번에 많은 양의 정보들이 제시되면 그것을 해석하는 데 어려움이 생길수도 있다. 교사는 학습의 목적에 부합[25]되는 핵심적인 정보를 명확하게 제시하여 기능적이며 실제적으로 사용될 수 있도록 하여야 한다.

셋째, 시각자료의 크기가 적절해야 한다. 예를 들어, 대집단활동에서 교사가 제시한 시각자료가 뒷자리에 앉아 있는 영유아들에게 잘 보이지 않는다면 학습의 분위기가 산만해질 수 있다. 따라서 모든 영유아가 쉽게 내용을 확인할 수 있도록 적당한 크기의 자료 제시와 모든 영유아에게 시각자료가 적절하게 보일 수 있는 자리의 배치가 필요하다.

(2) 청각 기능에 따른 교재 · 교구

청각 기능에 따른 교재 · 교구는 음성이나 기계음을 통해 학습내용을 전달하거나 모든 소리를 대리 경험할 수 있게 하는 매체를 의미한다. 녹음기, 라디오와 같이 청각자료를 재생할 수 있는 기기와 CD, 카세트 테이프, 오디오 파일 등이 대표적이다.

---

24) 지위나 계층 따위의 등급.

25) 사물이나 현상이 서로 꼭 들어맞음.

청각자료들은 쉽게 사용할 수 있으므로 교육현장에서 자주 활용되고 있으며, 기기가 소형화되고 조작 방법이 편리해짐에 따라 점차 활용 범위가 넓어지고 있다. 교육현장에서 청각자료를 활용함으로써 얻을 수 있는 이점은 다음과 같다.

첫째, 반복적으로 재생이 가능하다. 음악이나 동화와 같이 영유아가 반복적으로 듣기를 요구할 때 효율적으로 대처할 수 있으며, 개별적 학습이 필요한 영유아에게는 교육적 욕구를 효과적으로 충족시킬 수 있다.

둘째, 다양한 학습 상황에서 활용될 수 있다. 예를 들어, 영유아는 음악을 들으면서 다른 영역의 활동을 할 수 있다. 그러므로 교사는 다양한 학습 상황에서 청각자료를 활용할 수 있으며, 경우에 따라 학습 시간을 절약할 수 있다.

셋째, 학습의 준비가 용이하다. 오디오 파일은 미디어로 바로 재생할 수 있으며, 쉽게 다른 사람과 공유할 수 있다, 또한 필요 시 자료를 구하기 용이하며, 필요한 자료만을 수집하여 컴퓨터로 편집할 수 있기 때문에 교사가 원하는 학습 자료를 쉽게 만들 수 있다.

넷째, 경비를 절약할 수 있다. 오디오 파일은 별도의 저장 매체로써 비용이 들어가지 않을 뿐 아니라 CD나 카세트 테이프는 재사용이 가능하므로 자료 구입에 대한 비용을 줄일 수 있다.

다섯째, 학습의 효과를 증진할 수 있다. 청각 자극을 제공함으로써 영유아에게 연상을 일으키게 되고, 상상력을 높일 수 있다. 그리고 활동의 목적에 따라 듣기, 들으면서 보기, 들으면서 움직이기, 듣고 난 후 해 보기 등 다양한 활동의 형태로 전개하면 효율적으로 학습의 효과를 증진시킬 수 있게 된다.

위와 같이 다양한 이점을 지닌 청각자료를 효율적으로 활용하기 위한 유의점을 살펴보면 다음과 같다.

첫째, 영유아의 지적 능력 및 흥미를 고려해야 한다. 영유아가 이해하기 어려운 어휘나 흥미에 적절하지 않은 자료를 들려 주면 오히려 활동에 방해가 될 수 있다.

둘째, 영유아의 주의집중 시간을 고려하여 청각자료를 들려 주는 시간을 적절히 조절해야 한다. 즉, 영유아의 발달을 고려하여 청각자료의 제시 시간을 편집하는 것이 바람직하다.

(3) 시청각 기능에 따른 교재 · 교구

시청각 기능에 따른 교재 · 교구는 시각과 청각적 정보를 동시에 활용하는 매체로 TV 방송 및 다양한 영상 자료 등을 의미한다. 시청각자료는 단일 감각 자료, 즉 시각 및 청각자료보다 구체적인 경험을 제공할 수 있어 최근 활발히 활용되고 있다. 따라서 교사가 이를 적절히 활용함으로써 효과적인 수업시간의 운영을 가능하게 하는 시청각자료의 이점을 살펴보면 다음과 같다.

첫째, 학습내용의 전달이 용이하다. 단일 감각을 통한 전달보다 학습의 내용을 좀 더 효과적으로 전달할 수 있어 영유아의 학습 능력을 배양할 수 있다.

둘째, 간접 경험의 기회를 제공할 수 있다. 다양한 상황의 시청각적 경험은 영유아에게 시간적 · 공간적으로 쉽게 경험할 수 없었던 여러 가지 상황이나 감정을 연상하게 되는 간접적인 경험을 제공하고, 주변 세계에 대한 이해를 도울 수 있다.

셋째, 반복적인 학습을 유도할 수 있다. 시청각자료의 반복 재생 기능을 통해 쉽게 반복 학습의 기회를 제공함으로써 학습에 어려움이 있는 영유아의 개별적 욕구를 충족시킬 수 있다.

넷째, 주의집중에 보다 효과적이다. 유익한 정보와 오락적 기능을 조합한 시청각자료는 학습의 효과 뿐 아니라 즐거움도 함께 느끼게 해 준다. 즐거움은 주의집중 및 학습태도에도 긍정적인 영향을 미치게 된다.

영유아에게 시청각자료를 활용할 때의 고려사항을 살펴보면 다음과 같다.

첫째, 쌍방향적인 상호작용이 이루어질 수 있는 교육 계획이 필요하다. 시청각자료를 시청하는 동안에는 자료가 재생되는 내용 및 순서에 의해 일방적인 정보가 전달되므로 교사와 또래들 간의 밀접한 상호작용이 이루어지기 어렵다. 즉, 피드백이나 상호작용이 없는 수업이 전개될 우려가 있다. 따라서 시청각자료를 시청하기 전과 후에는 교사와 또래들 간에 자료와 관련하여 자신의 생각과 느낌을 자유롭게 표현해 볼 수 있는 시간을 충분히 제공할 수 있도록 지도 계획을 세우는 것이 필요하다.

둘째, 문해적 자료와 균형있게 제시되어야 한다. 영유아기에는 주변의 문해 환경을 자주 접하게 됨으로써 읽고 쓰는 것에 대한 필요성과 즐거움을 인식하게 된다. 하지만 대부분의 시청각자료는 문자의 해독력을 필요로 하는 경우가 적다.

영아는 문자의 해독[26]력이 낮으므로 정보를 효율적으로 전달하기 위한 수단이 될 수 있으나 유아에게는 문자의 해독 경험이 부족할 수 있으므로 문자 해독능력을 소홀히 할 수 있다는 점에서 주의가 필요하다.

셋째, 개인차를 위한 배려가 필요하다. 시청각자료가 영유아의 수준에 비해 너무 쉽거나 어려우면 지루함을 느끼거나 오히려 산만해질 수 있다. 자료는 영유아의 능력과 사전 경험을 충분히 고려하여 선정하는 것이 바람직하다. 또한 시청하는 동안 정해진 속도로만 진행될 수 있으므로 영유아의 이해 정도에 따라 중간에 시청을 잠깐 멈추거나 나누어 시청하는 등 영유아의 개인차에 따라 조정할 수 있어야 한다.

(4) 기타 감각 기능에 따른 교재 · 교구

감각 기능에 따른 교재 · 교구는 앞서 설명된 시각, 청각, 시청각 이외에도 촉각, 후각, 미각, 운동 감각 등으로 분류될 수 있다. 촉각이란 피부에 느껴지는 자극에 대해 인지하게 되는 감각, 후각은 코의 후세포 자극을 통해 인지하게 되는 감각, 미각은 혀의 미세포에 자극을 받게 됨으로써 인지하게 되는 감각, 운동 감각이란 신체의 동작에 따라 인지하게 되는 감각으로 몸의 위치나 운동을 느끼게 해 주는 감각이라 할 수 있다.

교육현장에서는 영유아에게 다양한 감각을 제공하여 학습의 효과를 증대시킬 수 있어야 한다. 따라서 교사는 감각적인 상호작용이 활발하게 이루어질 수 있도록 다양한 감각[27]기능에 따른 교재 · 교구들을 균형 있게 제공해 주어야 한다.

이상에서 살펴본 감각 기능에 따른 교재 · 교구 유형의 예를 살펴보면 〈표1-1〉과 같다.

26) 뜻을 풀어 읽음. 읽어서 뜻을 알아냄.

27) 감각기관을 통하여 바깥의 어떤 자극을 알아차리는 능력으로 시각 · 청각 · 미각 · 촉각 따위를 말함.

표 1-1 감각 기능에 따른 교재 · 교구의 유형

감각 기능	교재 · 교구 유형의 예
시각	실물, 모형, 그림, 사진, 도표, 포스터, 그림책, 카드, OHP 프로젝터 등
청각	라디오, CD, 카세트 테이프, 오디오 파일 등
시청각	TV, 동영상 파일, 소리가 나는 전자책, 컴퓨터 등
촉각	촉각판, 비밀 주머니, 온도감각판 등
후각	냄새 주머니, 후각책, 후각병 등
미각	미각병, 미각키트, 각종 가루종류 등
운동 감각	짐볼, 평균대, 트램펄린, 훌라후프 등

3) 구조성에 따른 분류

교재 · 교구의 구조성은 놀이 활동에서의 기능 및 활용도에 따라 분류될 수 있다. 구조화[28]가 높은 교재 · 교구의 경우 제한된 범위에서만 활용이 가능하지만 비구조화된 교재 · 교구는 영유아가 생각한 대로 변화가 가능하여 다양한 용도로 활용될 수 있다. 구조화된 교재 · 교구의 특성을 살펴보면 다음과 같다.

첫째, 놀이하는 방법이나 순서 혹은 절차가 정해져 있다. 둘째, 사실성이 강하여 지니고 있는 외관의 특성이나 용도에만 국한[29]되어 활용된다. 셋째, 특정한 지식이나 기능을 구조화된 형태로 습득시키기 용이하다.

반면, 비구조화된 교재 · 교구는 비구조적인 놀잇감의 다양한 가능성으로 인하여 창의성이 충분히 발휘된 놀이를 통해 참신한 언어 사용 기회가 증대됨으로써 언어 독창성이 향상될 수 있다(정성희, 2011). 그리고 비구조적 놀잇감을 활용하여 구성놀이를 하는 과정에서 놀이방법을 창안해 내는 활동이 이루어져 비구조적 놀잇감을 활용한 구성놀이가 유아의 창의적 사고를 증진시켰다(김지윤, 2015)는 연구결과가 있다. 이 외에도 비구조화된 교재 · 교구는 다음과 같은 특성을 지닌다.

첫째, 특정한 사용방법이 없어서 융통성 있게 활용할 수 있다. 둘째, 사실성이 결여되어 있어 다양한 변화가 가능하다. 셋째, 자신의 아이디어를 적용하고 변형하는

28) 부분적 요소나 내용이 서로 관련되어 통일된 조직을 이룸. 또는 이루게 함.
29) 범위를 일정한 부분에 한정함.

과정에서 상상력 및 창의력을 신장[30]시키기 용이하다. 그러므로 영유아의 창의적 사고와 상상력을 촉진할 때에는 비구조화된 교재 · 교구를 제공하는 것이 바람직하다고 볼 수 있다. 반면 영유아에게 구체적인 기술이나 지식을 습득하기 위한 계획적이고 조직적인 학습 환경이 구성될 때에는 구조화된 교재 · 교구가 요구될 수 있다. 따라서 교사는 영유아의 학습 요구, 활동의 목적에 따라 구조성의 정도가 다양한 교재 · 교구를 균형 있게 제공하는 것이 필요하다. 구조적 · 비구조적인 교재 · 교구의 예를 살펴보면 〈표 1-2〉와 같다.

표 1-2 활동 영역에 따른 구조적 · 비구조적 교재 · 교구의 예

활동 영역	구조적 교재 · 교구의 예	비구조적 교재 · 교구의 예
쌓기	• 사람, 교통수단, 나무, 교통 표지판, 깃발 등의 실제 모습을 축소한 모형 • 조립하여 구성할 수 있는 도로 및 철도 등의 구조물 모형 등	• 나무 블록, 유니트 블록, 플라스틱 블록, 카브라 • 여러 개의 플라스틱 입방체 • 크고 작은 상자 • 박스테이프와 가위 등
역할놀이	• 싱크대, 침대, 옷장, 의자, 소파 등의 가구 모형 • 뚜렷한 직업을 나타낼 수 있는 의상(앞치마, 요리모자, 소방관복, 경찰복, 집배원 가방) • 청소기, 믹서기, 전자레인지, 오븐 등의 가전제품 모형 • 숟가락, 젓가락, 포크, 칼, 국자, 주걱 등의 주방도구 모형 • 망치, 펜치, 못, 나사, 톱과 같은 공구 모형 세트 등	• 수건, 담요, 이불, 다양한 색의 스카프 • 고무줄, 집게, 바구니, (나무) 막대기, 모양과 크기가 다양한 플라스틱 통 등
언어	• 글자 퍼즐 • 동화책 • 동화가 녹음된 CD와 CD플레이어 • 손가락 가족 인형 • 단어 카드 등	• 모음 및 자음으로 구성된 낱자 자석 및 도장 • 나무 막대 조각 여러 개 • 융판 및 삼각대 • 화이트보드와 마커펜, 보드 지우개 • 다양한 종이와 쓰기 도구들 • 마이크 등

30) 물체나 세력 따위를 늘려 넓게 펴거나 뻗침. 또는 넓게 펴지거나 뻗음.

수, 조작	• 글자, 그림 퍼즐 • 일대일 대응 자료 • 턴 교구 • 낚시놀이 세트	• 단추, 구슬, 고리 등 • 색 막대 및 평면 도형 자료 • 크기가 다양한 스펀지 • 크기가 다양한 컵이나 용기 • 세계 여러 나라 동전
미술	• 그림 도장 • 도안이 그려진 종이 • 그림 스티커 • 눈알, 입이 그려진 플라스틱 자료 • 정형화된 꾸미기 자료	• 투명 비닐, 쿠킹 포일, 비닐 랩 등의 주방용품류 • 백업, 모루, 점토, 실, 끈, 철사 등 변형이 가능한 자료 • 색종이, 한지, 마분지, 포장지 등의 종이류 • 크레파스, 색연필, 파스텔, 사인펜, 불어펜, 물감, 붓 등의 그리기 도구류 • 요구르트 병, 컵라면 용기, 계란판, 신문지 등의 폐품류 • 콩, 쌀, 보리와 같은 곡식류
과학	• 온도계, 체중계, 풍향풍속계 등과 같은 측정기 • 고무줄 자동차 • 신체 및 뼈 모형 • 현미경, 돋보기, 확대경과 같은 관찰 도구	• 신문지, 빈 병과 같은 폐품 • 크기가 다양한 공, 용기 • 거울, 빗, 풍선과 같은 친숙한 사물들 • 고무줄, 실, 빨대, 셀로판테이프 등
음률	• 실로폰, 피아노, 멜로디언, 핸드벨과 같은 음률의 악기류 • 음악, 노래가 녹음돼 있는 CD와 CD 플레이어	• 마라카스, 레인 우드, 리듬 막대, 드럼 등의 리듬 악기류 등 • 소리가 날 수 있는 주변의 사물(숟가락, 그릇, 냄비 등)
모래놀이	• 삽, 주전자, 양동이, 모양 찍기 틀	• 모래, 물
신체활동	• 뜀틀, 그네, 유니바, 눈가리개, 동물 가면, 징검다리 모형 등	• 스카프, 휴지, 끈, 줄넘기 줄, 공

출처: 임경옥 외(2018), pp. 39-41.

4) 특성에 따른 분류

교재 · 교구는 각각 다양한 특성을 가지고 있다. 그러므로 교재 · 교구가 지니고 있는 특수한 성질에 따라서도 그 유형을 분류할 수 있다. 심성경 등(2010)은 교재 · 교구의 특성에 따라 '모형 놀잇감' '구성 놀잇감' '대근육 놀잇감' '교육용 놀잇감' '전자 놀잇감'으로 구분하였는데, 이를 제시하면 〈표 1-3〉과 같다.

표 1-3 교재 · 교구의 특성에 따른 구분

구분	특성	교재 · 교구 예시
모형 놀잇감	유아 주변 환경 속 사람, 동물, 교통수단 등을 축소시켜 만든 놀잇감	교통기관 모형, 사람 모형, 동물 모형, 역할놀이 소품 등
구성 놀잇감	특별한 사용법이 정해져 있지 않은 개방적인 형태로 언제든 구성하고 부수고 재구성할 수 있는 놀잇감	유니트 블록, 플라스틱 블록, 할로우 블록, 폼 블록 등
대근육 놀잇감	근육 및 기본 운동 능력 발달을 위해 고안된 놀잇감으로 강당 혹은 실외 등 넓고 소음이 허용되는 공간에서 주로 사용함	기구, 다양한 공, 자전거, 바퀴 달린 탈것, 줄넘기 등
교육용 놀잇감	특정한 기술 및 개념 발달을 위한 목적으로 고안된 놀잇감으로 탐구력, 인지력, 눈과 손의 협응력, 소근육 발달 등을 돕는 놀잇감	모양판 퍼즐, 조각 그림 퍼즐, 쌓기 놀잇감, 패그보드, 끈매기와 풀기, 줄 꿰기, 단추 끼우기 등
실물 놀잇감	유아 주변에서 구할 수 있는 일상용품의 놀잇감	자연물, 폐품, 미술자료(붓, 크레파스, 물감, 종이 등), 실물자료(요리책, 쿠폰, 표시판, 메뉴판, 과자상자 등)
전자 놀잇감	현대 기술 공학의 발전으로 개발된 다양한 유형의 전자 매체 놀잇감	건전지로 작동되는 놀잇감, 전자 게임, TV 비디오 프로그램 놀잇감, 컴퓨터 등

출처: 심성경 외(2010), pp. 62-67.

4. 일과에 따른 교재 · 교구

1) 등원

영유아가 교육기관에 등원한 순간부터 다양한 교재 · 교구가 제공된다. 등원 시간은 부모와 떨어져 선생님 및 또래들과 반갑게 인사를 나누고 자신의 개인 용품을 정리하며 하루의 일과를 시작하는 과정으로 이루어진다. 등원 시 활용되는 출석판 및 일과표에 대하여 살펴보면 다음과 같다.

출석판은 자신의 이름이나 사진이 부착된 카드를 출석을 표시하는 공간에 옮겨 붙이는 것으로 자신이 학급의 구성원이라는 소속감을 느끼도록 도우며, 또래들의 얼굴과 이름을 익히는 기회를 제공한다.

일과표는 하루의 일과를 그림이나 글로써 순차적으로 나열하여 제시한 것으로 당일 활동의 진행 절차를 미리 예측할 수 있게 해 준다. 일과에 대한 이해와 예측[31]은 영유아에게 안정감을 느끼게 해 줄 수 있다.

2) 자유선택활동

자유선택활동 시간은 각 흥미 영역이 준비된 교실 환경에서 영유아가 자신의 흥미나 요구에 의해 놀이를 선택할 수 있는 시간으로 스스로 지식을 구성할 수 있는 매우 의미 있는 시간이다. 놀이가 가장 중요한 영유아 시기에 발달에 적합한 교재 · 교구가 배치되어 있는 것은 영유아로 하여금 자유롭게 환경을 탐색할 수 있도록 자극한다. 따라서 교사는 영유아의 흥미와 요구를 관찰 · 파악하고 이에 적절한 교재 · 교구를 제공함으로써 개개인에 적합한 교육내용을 구성하도록 하여야 한다. 각 영역에 필요한 교재 · 교구를 제시하면 다음과 같다.

(1) 언어 영역

의사소통 생활을 구성하는 듣기, 말하기, 읽기, 쓰기 재료 및 자료들이 비치되어 있다. 말하기와 듣기는 우리의 일상생활에서 가장 널리 사용되는 의사소통 방식이다. 말하기 활동을 지원하는 교재 · 교구는 손 인형, 융판 자료 등이 있고, 듣기 활동을 지원하는 교재 · 교구는 카세트와 CD 등이 있다.

읽기, 쓰기는 문자 부호를 해석하고 이해하는 과정을 거쳐 자신의 생각과 느낌을 표현하는 활동이다. 읽기 활동을 지원하는 교재 · 교구로는 동화책, 신문, 잡지 등 문해가 포함된 읽기 자료가 있으며 쓰기 활동을 지원하는 교재 · 교구로는 다양한 쓰기 도구, 종이 및 보드가 제공될 수 있다.

---

31) 미리 추측함.

(2) 쌓기 영역

쌓기 영역은 다양한 블록을 이용하여 3차원의 구조물을 만드는 공간으로 일상생활에서 보거나 상상한 것을 블록을 이용하여 구성하는 놀이가 이루어지는 공간이다.

영아들은 블록을 탐색하고 단순한 구조물을 구성하는 한편, 연령이 높아질수록 복잡한 구조물을 구성할 수 있게 되며, 나아가 다양한 모형들을 함께 활용하여 극놀이로 전개시켜 나간다. 쌓기놀이를 지원하는 교재 · 교구로는 플라스틱, 나무, 스펀지, 종이 등과 같이 다양한 재질과 크기를 지닌 블록, 원통형, 정육면체, 직육면체, 각기둥과 원기둥 등 다양한 형태의 블록을 들 수 있다. 또한 다양한 사람, 동 · 식물, 자동차, 나무 등의 모형들은 구조물을 배치하므로 극놀이로의 확장을 도울 수 있다.

(3) 역할 영역

역할 영역은 영유아가 경험한 것이나 자유롭게 상상한 것을 다양한 극놀이로 표현하는 공간으로 연령이 어릴수록 주로 가정 내의 역할을, 연령이 높을수록 사회구성원의 다양한 역할을 표현하며 새롭게 창조한다. 따라서 교사는 영유아가 자신이 모방하거나 표현하고 싶은 다양한 역할놀이가 이루어질 수 있도록 다양한 종류의 옷과 소품들을 준비해 주는 것이 좋다.

일반적으로 역할놀이의 주제에 따라 미용실놀이, 소꿉놀이, 은행놀이, 마트놀이, 병원놀이 등과 관련된 교재 · 교구들을 제공해 준다. 또한 자신의 모습을 비추어 볼 수 있도록 전신거울을 배치하도록 하여야 한다. 이미 제작되어 있는 상품화된 교재 · 교구로 제공될 수 있지만 주변 생활에서 쉽게 얻을 수 있는 일상생활 용품을 제공할 수 있다.

(4) 수 · 조작 영역

수 · 조작 영역은 교재 · 교구들을 통해 의미 있는 수학적 경험과 조작을 할 수 있는 공간이다. 이 영역에서는 분류, 규칙, 수, 측정, 기하, 자료수집 및 통계 등과 같이 영유아가 주요하게 다루어야 할 수학적 개념을 익히고 논리적인 문제해결 및 소근육 발달을 촉진하게 된다. 직접적으로 조작해 볼 수 있는 수 · 조작 영역의 교재 · 교구에는 퍼즐류, 끼우기 및 옮기기 놀잇감, 보드게임류, 수 개념의 이해를 돕는 숫자 카드 및 수 막대 등이 비치되어야 한다.

(5) 미술 영역

미술 영역은 영유아들이 자유롭게 미술과 관련된 다양한 재료 및 도구를 활용하여 자신의 경험, 생각, 느낌 등을 창의적으로 표현하는 공간이다. 그리기 도구, 여러 가지 화지, 점토류, 헝겊이나 비닐, 스티커류, 다양한 소품, 폐품, 자연물 등의 재료들과 이를 적절하게 다룰 수 있는 도구들을 제공한다.

(6) 과학 영역

과학 영역에서는 영유아의 호기심과 탐구심을 발휘할 수 있도록 실생활 및 자연현상 속에서 문제를 발견하고 해결할 수 있도록 돕는 활동이 이루어진다. 이러한 활동을 지원하기 위해 측정 도구 및 확대경, 동물 및 식물을 키우는 과정을 관찰할 수 있는 공간, 관찰한 내용이나 결과를 표상[32)]할 수 있는 필기도구 등이 제공된다.

(7) 음률 영역

음률 영역에서는 음악 감상하기, 노래 부르기, 악기 다루기, 동작으로 표현하기 등을 모두 할 수 있으며, 감각적인 놀이에서 창의적인 놀이에 이르기까지 다양한 활동이 이루어진다(정현진, 2018). 즉, 영유아가 음악적으로 사고하며 표현하고 감상을 하는 등 다양한 감각적 경험이 이루어지는 공간이다. 음악적 요소에 심미[33)]적으로 반응하고 표현할 수 있는 능력이 개발되기 위해서는 리듬 악기(북, 캐스터네츠 등), 가락 악기(멜로디언, 실로폰 등), 녹음기 및 녹음 재생기, 신체 표현 도구(리듬 막대, 방울 달린 막대 등), 악보 및 노래 가사 판 등이 제공된다.

(8) 감각 및 탐색 영역

감각 및 탐색 영역은 영아에게 제공되는 영역으로, 영아가 적극적인 탐색을 통해 주변 환경을 이해할 수 있도록 지원하는 공간이다. 따라서 영아가 흥미롭게 탐색

---

32) 외부 세계의 대상을 마음속에 나타내는 것.

33) 아름다움을 살펴 찾음.

을 즐길 수 있는 다양한 활동자료를 제공하는 것이 필요하다. 감각 탐색을 위한 교재 · 교구로는 소리가 나는 놀잇감 및 다양한 촉감을 지닌 자료, 직접적으로 조작해 볼 수 있는 다양한 크기의 컵, 손잡이가 달린 퍼즐, 여러 도형의 블록과 열고 닫을 수 있는 상자 등이 제공된다.

3) 급 · 간식 시간 및 화장실 사용 시간

급 · 간식 시간 및 화장실 사용 시간은 영유아의 건강을 유지하고 생리적 욕구를 충족시키며, 자조[34]기술의 발달을 도모할 수 있는 시간이다. 매일 규칙적으로 반복되는 일상생활에서 영유아는 사회적 기대행동에 대해 알게 되며, 적합한 적응행동을 수행함으로써 자조행동의 발달을 촉진[35]시키게 된다. 이를 지원하는 교재 · 교구로는 급 · 간식의 식단표, 식기 도구들, 이 닦기 순서도, 손 닦기 순서도, 용변 보기의 순서도를 제공하는 것이 필요하다.

4) 집단활동

집단활동은 다수의 영유아를 대상으로 교사가 특정한 학습목표를 달성하기 위해 의도적으로 교수환경을 계획하고 상호작용하는 것을 의미한다. 그러므로 집단활동에서도 영유아의 참여를 촉진시키고 동기 유발 및 주의를 집중시키기 위한 수단으로 교재 · 교구가 효과적으로 활용될 수 있다. 즉, 교재 · 교구를 통해 특정 과제에 대한 선택적인 주의집중과 목표에 대한 동기를 유발시키고 영유아의 주의를 쉽게 환기시키는 데 도움을 줄 수 있다.

집단활동 중 예를 들어 영유아의 주의가 산만해 지거나 지루해할 때 단순히 구두로 집중을 요구하는 것보다 교재 · 교구를 활용하는 것이 보다 효과적이다. 그러나 부적절한 교재 · 교구를 활용하면 오히려 역효과를 일으킬 수 있다는 사실을 유념해야 한다.

34) 자기를 스스로 돕는 일.

35) 재촉하여 빨리 나아가게 함.

요점정리

1. 교재 · 교구의 개념

- **교재**: 학문이나 기예 따위를 가르치거나 배우는 데 필요한 여러 가지 재료
- **교구**: 학습을 구체화 · 직관화하고 효과적으로 지도하기 위하여 사용하는 도구. 칠판, 괘도, 표본, 모형 따위

2. 교재 · 교구의 특성

- **교재 · 교구의 필요성**: 영유아의 개인차 지원, 효과적인 학습 촉진, 영유아의 자발적인 참여 조성, 상호작용 촉진, 감각 능력 발달 등
- **교재 · 교구의 가치**: 학습의 속성, 의사소통 및 사회성 신장, 영유아 흥미 유발, 영유아들에게 공통된 경험 제공, 새롭고 다양한 수업기법 개발
- **교재 · 교구의 기능**: 교수 기능, 학습 및 교수의 보조 기능, 정보 전달 및 반복 학습 기능 등

3. 교재 · 교구의 분류

1) **제작 주체에 따른 분류**
   - 교사가 제작한 교재 · 교구의 장점은 높은 교육적 목표 성취의 실현, 경제적, 창의적인 아이디어 함양, 활용 방법이 용이함. 단점은 견고하지 못하고 관리의 어려움, 많은 시간과 노력이 필요하고 제작할 수 있는 범위가 제한적임
   - 상품화된 교재 · 교구의 장점은 교사의 업무 부담 감소, 견고함, 영유아의 기호를 반영한 외관 및 구입의 편리성이 있으나 교육내용이나 목표에 적합한 교재 · 교구를 구입하기 어렵고 고비용이며, 안전성의 우려와 활용이 제한적임
2) **감각 유형에 따른 분류**
   - 시각적인 방법에 의존하여 제시하는 시각 기능, 음성이나 기계음을 통해 학습내용을 전달하거나 모든 소리를 대리 경험할 수 있게 하는 청각 기능, 시각과 청각적 정보를 동시에 활용하는 시청각 기능, 기타 감각 기능에 따른 교재 · 교구로 분류
3) **구조성에 따른 분류**
   - 제한된 범위에서만 활용이 가능한 구조화된 교재 · 교구와 다양한 용도로 활용될 수 있는 비구조화된 교재 · 교구로 분류

4) 특성에 따른 분류

- 교재 · 교구가 지니고 있는 특성에 따라 '모형 놀잇감' '구성 놀잇감' '대근육 놀잇감' '교육용 놀잇감' '전자 놀잇감'으로 구분

4. 일과에 따른 교재 · 교구

- 등원 시 활용되는 출석판 및 일과표, 자유선택활동 영역에 제공되는 교재 · 교구, 급 · 간식 시간 및 화장실 사용 시간과 관련된 급 · 간식의 식단표, 이 닦기 순서도 등과 집단활동 등에 활용되는 교재 · 교구로 분류

교육부(2014). 제3주기 유치원 평가 매뉴얼.

김경철, 고진영(2015). 유아교육 · 보육 현장의 교재교구 평가인증에 대한 연구. 한국유아교연구, 17(3), 79-93.

김민현, 남현주, 김형우(2015). 어린이 완구 안전실태 조사: 유해물질 함유 실태 중심. 한국 소비자원 KCA 보고서.

김유정, 김정원(2011). 영유아 교육과정을 중심으로 한 교재 · 교구 연구 및 지도법. 경기: 양서원.

김정숙, 박진아(2015). 유치원의 자유선택활동 및 바깥놀이에서 사용되는 교재 · 교구의 제작 및 구입, 활용 현황분석. 유아교육연구, 35(2), 143-163.

김지윤(2015). 비구조적 놀잇감을 활용한 구성놀이가 유아의 놀이성과 창의성에 미치는 영향. 경인교육대학교 교육전문대학원 석사학위논문.

심성경, 백영애, 이영희, 함은숙, 변길희, 김나림, 박지애(2010). 놀이지도. 경기: 공동체.

임경옥, 박지은, 김미정(2018). 특수교재교구 제작. 서울: 학지사.

정다원(2018). 유아교육기관에서의 디지털매체 활용실태와 교사의 인식 연구. 중앙대학교 대학원 석사학위논문.

정성희(2011). 비구조적 놀잇감을 활용한 역할놀이가 유아의 언어표현력 및 언어창의성에 미치는 영향. 인천대학교 교육대학원 석사학위논문.

정현진(2018). 유아 교사의 자유선택활동 음률 영역 운영개선을 위한 자기장학의 의미. 중앙대학교 교육대학원 석사학위논문.

황희숙, 박나운, 이새별(2017). 창의적 사고도구를 활용한 예비 유아교사의 교재교구개발 경험의 의미탐색. 유아교육연구, 37(3), 5-28.

제2장

교재 · 교구의 역사와 기초 이론

'현재 존재하는 모든 것은 역사를 가지고 있다'는 말처럼 교재 · 교구의 역사를 살펴보면 감각 경험에 의한 교육의 필요성 및 인식에 대한 변화과정을 알 수 있다.

중세 시대까지 아동의 존재에 대한 사회적 인식은 미미하였다. 그러나 17세기 코메니우스에 의해 감각 교재 · 교구에 대한 근대적 교수 기법과 교육 이론이 정립되면서 많은 학자에 의해 감각적 경험을 통한 학습의 중요성이 입증되었다.

이 장에서는 다양한 학자들이 제시한 교재 · 교구의 역사를 살펴보고자 한다. 또한 교재 · 교구에 대한 기초 이론 및 영유아 발달 이론과 교재 · 교구의 관련성을 제시함으로 이에 대한 기초 지식을 함양시키고자 한다.

마인드 맵

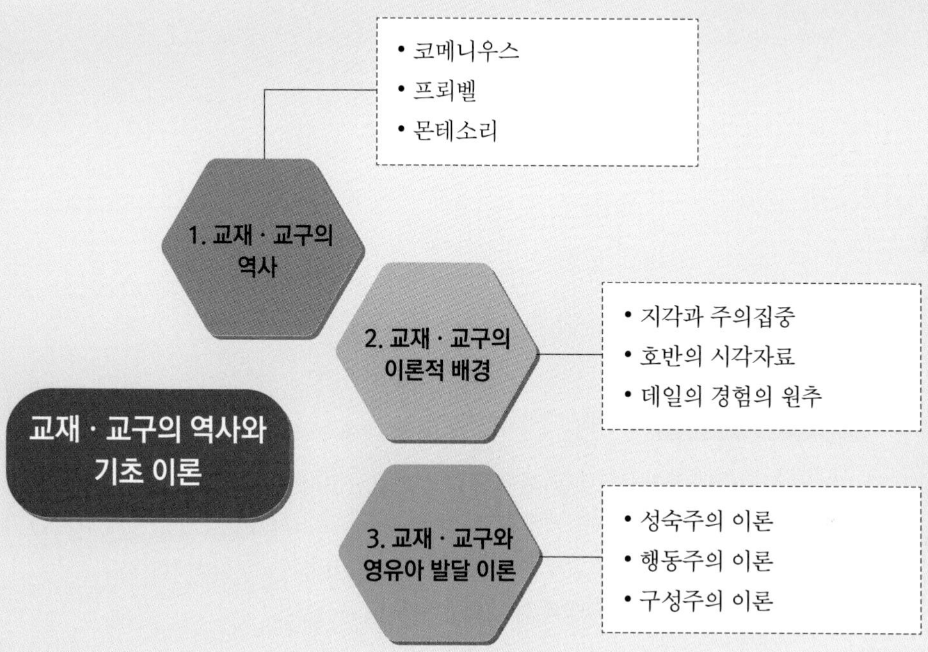

교재 · 교구의 역사와 기초 이론
1. 교재 · 교구의 역사
• 코메니우스
• 프뢰벨
• 몬테소리
2. 교재 · 교구의 이론적 배경
• 지각과 주의집중
• 호반의 시각자료
• 데일의 경험의 원추
3. 교재 · 교구와 영유아 발달 이론
• 성숙주의 이론
• 행동주의 이론
• 구성주의 이론

/ 학습목표 /

1. 각 학자들의 교재·교구에 대한 관점을 비교·분석할 수 있다.
2. 은물과 몬테소리 교구를 분류할 수 있다.
3. 호반과 데일이 제시한 교수 매체를 비교할 수 있다.
4. 성숙주의, 행동주의, 구성주의 이론을 분류할 수 있다.

/ 주요용어 /

- **직관**: 감각을 통하여 직접 외부 세계 및 사물에 대한 구체적인 지식을 받아들임
- **지각**: 외부로부터 받아들여진 감각 정보들을 조직하고 해석하는 과정
- **문식성**: 읽기와 쓰기에 대한 태도와 기대, 생활 속에서 읽기와 쓰기 행동이 갖는 의미와 가치 포함
- **성숙주의**: 인간의 발달은 유전에 의한 생물학적 성숙과정에 의해 이루어진다는 관점
- **행동주의**: 인간의 행동은 자극과 반응의 관계로 학습된다는 관점
- **구성주의**: 유전적인 요소와 환경적 요인 모두 인간의 발달에 영향을 미친다는 관점
- **비계**: 영유아와 함께 과제를 수행하며 도움을 주다가 익숙해지면 도움을 감소해 나가는 것

1. 교재 · 교구의 역사

1) 코메니우스

16세기 중엽부터 17세기는 급진적으로 중세에서 근대로의 이행[1]이 진행되는 시기였다. 하지만 급변하는 상황에도 불구하고 여전히 영유아들의 발달적 특성을 고려하지 못한 교육이 이루어지고 있었다. 영유아를 성인의 축소물로 여기며, 이해하기 어려운 추상적인 내용들을 언어중심으로 교육하여 발달단계에 적합하지 않은 학습방법이 주를 이루었다.

코메니우스(J. A. Comenius, 1592~1670)는 감각적 실학주의[2]의 대표적 인물임과 동시에 근대교육의 효시[3]로 여겨지고 있다. 그는 영유아기가 가장 중요한 학습시기임과 동시에 이 시기에는 직접적으로 조작하고 관찰할 수 있는 실물을 통해 학습이 이루어질 수 있다고 주장하였다. 즉, 실물을 접함으로써 경험하게 되는 감각적 직관을 기초로 사물의 본질을 파악할 수 있고, 경험적 학습을 통해 즐거움을 느낄 수 있다는 것이다. 감각인식(sense perception)은 지식의 출발점이 되며, 감각기관은 훈련으로서 발달될 수 있고, 학습과정에서는 감각적 경험을 지원하는 구체물이 필요하다고 보았다.

코메니우스의 교육관은 구체적인 교육 사상 및 교육적 실천으로 이어졌다. 그는 감각기관을 활용하는 구체적인 자료로서 최초의 그림책이자 감각교재의 효시가 된 『세계도회』를 고안[4]하였다.

『세계도회』는 모국어와 라틴어 학습의 효율성을 동시에 높이기 위한 교재로 제작되었으면서도, 범지학의 내용을 효과적으로 전달하기 위해서 신, 자연, 인간에 대한 내용을 그림주제와 함께 설명하고 있다(임상도, 2018). 즉, 아동이 일상생활을 바탕으로 놀이처럼 쉽게 언어학습을 하도록 하는 데서 한 걸음 더 나아가 그림이라

1) 다른 상태로 옮아감.
2) 사실과 실물의 직관을 특히 중요시하는 교육상의 입장.
3) 어떤 사물의 맨 처음의 비유.
4) 연구하여 새로운 것을 생각해 냄.

는 교육 매체의 활용을 통해 아동의 실제 흥미와 관심을 배려하는 아동 중심의 교수법 발달, 더불어 감각인 교육 매체의 활용이라는 시청각 교육의 새로운 장을 열게 된 것이다(강기수, 김선희, 2014).

그러므로 『세계도회』는 교육 매체로서 그림을 통해 아동중심 감각교육을 실현하고자 한 코메니우스의 의도가 그대로 담겨져 있다. 이러한 시도는 이 시대에 획기적이었으며, 그림이 '교육 매체'로 활용될 수 있음을 시사하고 있음과 아울러 '교사중심'에서 '아동중심'으로의 교육이 이행되는 시발점이 되었다고 할 수 있다.

이 책의 서론에서는 '감각에 존재하지 않고 지성에 존재하는 것은 하나도 없다'고 제시하였으며, 모든 학습의 기초는 지각할 수 있는 대상을 제시하여야 할 것을 주장하였다. 『세계도회』를 바탕으로 유아교육 접근 방법의 시사점[5]을 살펴보면 다음과 같다(임상도, 2018).

첫째, 문식성을 증진하기 위해서 유아교육은 어떤 현상에 대해 설명할 때 내용, 단어, 그림, 부호, 기호 등을 동시에 제시하는 감성적 인식으로 접근해야 한다. 언어로만 유아교육을 설명하려고 하는, 즉 '언어중심주의(logocentricism)'를 극복하기 위해서도 누리과정은 지각, 관찰, 사례를 주 교수-학습법으로 명시할 필요가 있음을 시사한다.

둘째, 매체의 차원과 표상양식을 잘 활용하면 교육적 효과를 극대화할 수 있다. 어떤 사물을 가르칠 때 구술[6]로만 가르친다면 그 흔적이 남지 않아 장기기억에 한계를 가져올 수 있다. 이를 극복하기 위해서 구술적 내용을 그림으로 표상하게 되면 흔적이 남아 장기기억에 도움이 되고 언제, 어디서나 가르칠 수 있는 장점이 있다.

셋째, 유아교육현장에서 유아교사가 유아에게 흥미 유발 매체로 영상적 표상방식을 제시하는 것도 유아에게 내용을 잘 전달하기 위한 것이다. 유아는 무엇이 만들어지는 과정 속에 내재된 가치의 인식을 통해서 지식의 정합성[7]이 확대된다.

『세계도회』의 첫 단원은 '안내(invitation)'로 시작된다. 이 부분에서는 교사와 아동의 대화를 통해 본 교재의 목적과 방법이 제시되고 있다. 이에 대해 소개하면 [그림 2-1]과 같다.

5) 미리 간접적으로 일러 줌.

6) 입으로 말함.

7) 가지런히 맞음.

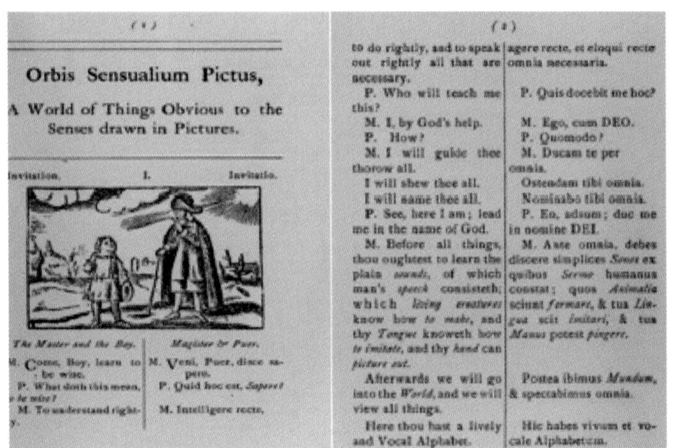

Orbis Sensualium Pictus,

A World of Things Obvious to the Senses drawn in Pictures.

Invitation. I. Invitatio.

The Master and the Boy.	Magister & Puer.
M. Come, Boy, learn to be wise.	M. Veni, Puer, disce sapere.
P. What doth this mean, to be wise?	P. Quid hoc est, Sapere?
M. To understand rightly, to do rightly, and to speak out rightly all that are necessary.	M. Intelligere recte, agere recte, et eloqui recte omnia necessaria.
P. Who will teach me this?	P. Quis docebit me hoc?
M. I, by God's help.	M. Ego, cum DEO.
P. How?	P. Quomodo?
M. I will guide thee thorow all.	M. Ducam te per omnia.
I will shew thee all.	Ostendam tibi omnia.
I will name thee all.	Nominabo tibi omnia.
P. See, here I am; lead me in the name of God.	P. En, adsum; duc me in nomine DEI.
M. Before all things, thou oughtest to learn the plain sounds, of which man's speech consisteth; which living creatures know how to make, and thy Tongue knoweth how to imitate, and thy hand can picture out.	M. Ante omnia, debes discere simplices Sonos ex quibus Sermo humanus constat; quos Animalia sciunt formare, & tua Lingua scit imitari, & tua Manus potest pingere.
Afterwards we will go into the World, and we will view all things.	Postea ibimus Mundum, & spectabimus omnia.
Here thou hast a lively and Vocal Alphabet.	Hic habes vivum et vocale Alphabetum.

그림 2-1 『세계도회』의 '안내' 부분

번역

교사: 인간이 현명해지기 위해서는 공부하지 않으면 안 된다.

학생: 현명해진다는 것은 어떠한 것입니까?

교사: 필요한 모든 것을 정확하게 이해하고 올바르게 행하고 올바르게 말하는 것이야.

학생: 그럼 누가 그것을 가르쳐 주실까요?

교사: 내가 신의 도움에 의해서 하는 거야.

학생: 어떤 방법으로 하는데요?

교사: 내가 모든 사물을 통해서 지도해 줄 거야. 나는 모든 것을 너에게 보여 주고 이것들의 이름을 가르쳐 줄 것이다.

학생: 알았습니다. 여기에 있는 저를 신의 이름으로 지도해 주세요.

(중략)

출처: 김병희, 김유라(2013), p. 101.

교재의 목적과 방법이 제시된 후 학습내용이 다루어진다. 이 내용들을 살펴보면 [그림 2-2]와 같다.

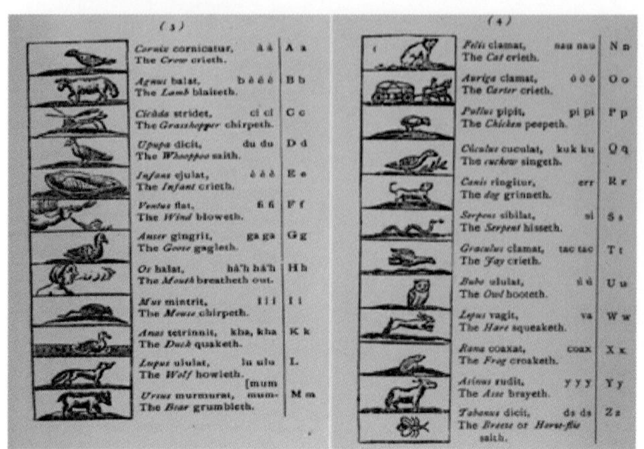

(3)

Cornix cornicatur, The *Crow* crieth.	á á	A a
Agnus balat, The *Lamb* blaiteth.	b é é é	B b
Cicáda stridet, The *Grasshopper* chirpeth.	cí cí	C c
Upupa dicit, The *Whooppoo* saith.	du du	D d
Infans ejulat, The *Infant* crieth.	é é é	E e
Ventus flat, The *Wind* bloweth.	fi fi	F f
Anser gingrit, The *Goose* gagleth.	ga ga	G g
Os halat, The *Mouth* breatheth out.	há'h há'h	H h
Mus mintrit, The *Mouse* chirpeth.	í í í	I i
Anas tetrinnit, The *Duck* quaketh.	kha, kha	K k
Lupus ululat, The *Wolf* howleth.	lu ulu	L
Ursus murmurat, The *Bear* grumbleth.	[mum mum-	M m

(4)

Felis clamat, The *Cat* crieth.	nau nau	N n
Auriga clamat, The *Carter* crieth.	ó ó ó	O o
Pullus pipit, The *Chicken* peepeth.	pi pi	P p
Cúculus cuculat, The *cuckow* singeth.	kuk ku	Q q
Canis ringitur, The *dog* grinneth.	err	R r
Serpens sibilat, The *Serpent* hisseth.	si	S s
Graculus clamat, The *Jay* crieth.	tac tac	T t
Bubo ululat, The *Owl* hooteth.	ú ú	U u
Lepus vagit, The *Hare* squeaketh.	va	W w
Rana coaxat, The *Frog* croaketh.	coax	X x
Asinus rudit, The *Asse* brayeth.	y y y	Y y
Tabanus dicit, The *Breese* or *Horse-flie* saith.	ds ds	Z z

그림 2-2 『세계도회』의 '학습' 부분

번역

까마귀는 아-아-웁니다	áá	Aa
양은 베-에-에 하고 웁니다	bééé	Be
메뚜기는 치-치 날개를 비빕니다	cí cí	Cc
비둘기는 두-두 하고 웁니다	du du	Dd
아기는 에-에-에 하고 웁니다	é é é	Ee
바람은 휘휘 붑니다	fi fi	Ff
오리가 가-가 웁니다	ga ga	Gg
입은 하-하 숨을 내쉽니다	há há	Hh
쥐가 이-이-이 기어갑니다	í í í	Ii

(하략)

출처: 김병희, 김유라(2013), p. 101.

2) 프뢰벨

프뢰벨(Friedrich Wilhelm August Froebel, 1782~1852)은 페스탈로치의 제자로 세계 최초의 유치원(Kindergarten) 창시자이다. 'Kindergarten'은 '어린이 정원'이라는 뜻으로 모든 식물이 건강하게 성장하듯이 인생 초기에 많은 가능성을 잠재적으로 가지고 있는 유아는 자연과 신이 조화를 이루면서 경험이 풍부한 정원사인 교육자의 돌봄을 받아야 함을 뜻하는 것이었다(Rockstein, 2007; 염정은, 2018 재인용).

프뢰벨이 영유아를 보는 관점은 자신의 감각기관으로 주위의 모든 것을 이해하며, 자발적인 활동, 즉 놀이를 통해 자기 표현과 내적 표현의 발현을 도울 수 있다고 하였다. 따라서 프뢰벨은 교사의 인위적인 활동보다 영유아의 자발적인 활동이 이루어질 수 있는 이상적인 놀잇감으로 가베(Gabe)를 고안하였다.

가베는 세계를 경험하고 이해할 수 있는 도구로서 자연을 직관[8)]하는 방법적 원리를 추구[9)]하는 상징적 도형물로 구성되어 있다. 즉, 가베를 직접 만지고 놀이함으로써 자신과 주변 환경을 관찰하고 이를 통해 감각적인 인식을 제공하는 교육을 추구한 것이다. 가베는 1가베에서 10가베까지 총 10종류로 구성되어 있으며, 구, 정육면체, 직육면체, 원기둥, 선, 면, 점의 형태를 이루고 있다.

유아들은 그들의 발달 정도에 맞추어 놀이를 하게 되며, 부모나 교사를 통하여 놀잇감의 본질을 파악하고 다양한 경험을 통하여 힘의 원리[10)]를 터득하며 기존의 것을 바탕으로 새로운 다른 것들을 만들어 보는 창의적인 활동으로 진행된다(문지영, 2017). 즉, 이러한 기하학[11)]적인 도형을 조작함으로써 감각적인 인식을 도울 수 있게 되는 것이다. 제1가베부터 제10가베까지의 구성과 효과는 〈표 2-1〉과 같다.

표 2-1 가베의 구성 및 교육 효과

교구 및 명칭	구성	교육 효과
제1가베(입체)	• 빨강, 노랑, 파랑, 주황, 초록, 보라색 털실로 짜여진 지름 5cm의 공 • 끈이 달린 것과 없는 것으로 각 6개씩 12개로 구성	• 공을 보거나 직접 만짐으로써 공의 형태 인식 • 공을 굴려 봄으로써 굴러가는 공의 성질 이해 • 끈이 달린 공을 서로 매듭지어 공간 및 도형 구성 • 다양한 색깔의 공을 통해 색의 개념, 미적 감각 향상

8) 경험 · 판단 · 추리 등의 사유(思惟) 작용을 거치지 않고 대상을 직접적으로 파악하는 작용.
9) 목적을 이룰 때까지 뒤좇아 구함.
10) 사물의 기본이 되는 이치나 법칙, 원칙.
11) 도형 및 공간에 관한 성질을 연구하는 수학의 한 부문.

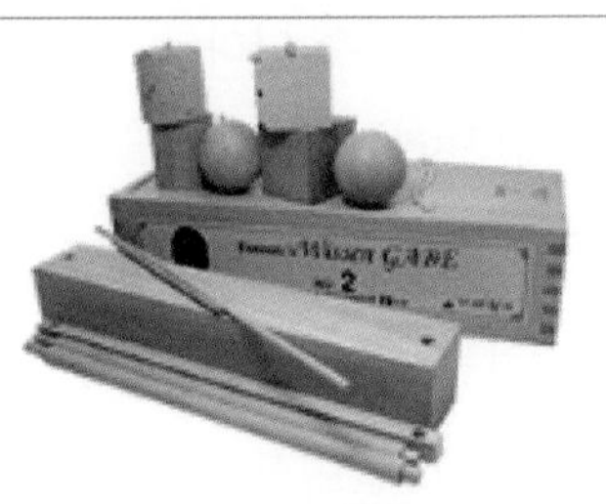 제2가베(입체)	• 나무로 만든 5cm의 구, 높이 6cm의 원기둥, 한 모서리가 6cm인 정육면체(고리가 달린 것과 고리가 없는 것으로 각 1개씩 구성), 기둥과 들보, 가는 막대, 받침으로 구성	• 고리가 달린 입체도형의 고리에 실을 매달아 기둥에 걸어 돌려 봄으로써 회전체[12]의 개념 이해 • 고리가 없는 입체도형을 경사대에 굴려 보면서 굴러가는 물체의 특성 파악 • 경사도에 따른 입체도형의 속도 변화 이해
 제3가베(입체)	• 8개의 작은 정육면체(한모서리의 길이 2.5cm)로 구성	• 정육면체를 결합하고 분리함에 따라 전체와 부분에 대한 개념 이해 • 낱개의 정육면체와 결합된 정육면체를 통해 정육면체의 개념 이해
 제4가베(입체)	• 8개의 작은 직육면체(모서리의 길이: 1.25cm, 2.5cm, 5cm)로 구성	• 직육면체를 결합하고 분리함에 따라 전체와 부분에 대한 개념 이해 • 낱개의 직육면체와 결합된 정육면체를 통해 정육면체와 직육면체의 차이점 관찰 • 직육면체로 여러 형태의 표상물을 표현함으로써 구성 능력 향상
 제5-A가베(입체)	• 21개의 정육면체(한 모서리의 길이 2.5cm) • 크고 작은 삼각기둥(낱개 정육면체 크기의 1/2은 6개, 낱개 정육면체 크기의 1/4은 12개)으로 구성	• 정육면체와 삼각기둥을 결합하고 분리함에 따라 전체와 부분에 대한 개념 이해 • 정육면체와 삼각기둥들을 통해 밑면의 모양, 크기 등 관찰 • 여러 형태의 표상물을 표현함으로써 구성 능력 향상 • 분수 개념 인지
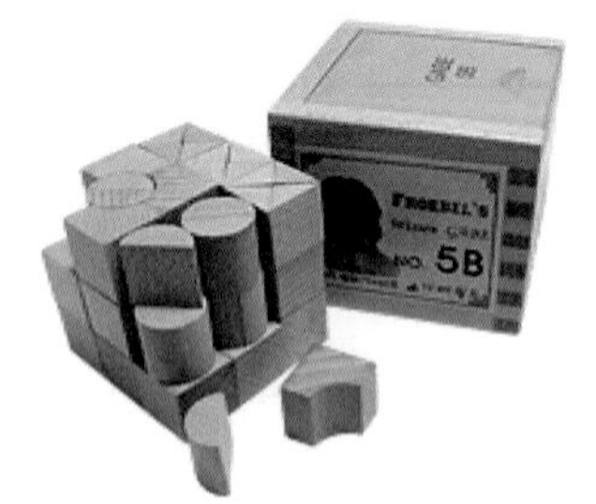 제5-B가베(입체)	• 12개의 정육면체(한 모서리의 길이 2.5cm), 12개의 삼각기둥(낱개의 정육면체의 1/4 크기), 8개의 홈이 파인 정육면체, 12개의 반원기둥으로 구성	• 정육면체와 삼각기둥, 홈이 파인 정육면체와 반원기둥을 결합하고 분리함에 따라 전체와 부분에 대한 개념 이해 • 여러 기둥 형태의 입체물 인지 • 곡면과 평면의 특성 이해 • 여러 형태의 표상물을 표현함으로써 구성 능력 향상

12) 회전하는 물체.

 제6가베(입체)	• 18개의 직육면체(1.25cm×2.5cm×5cm) • 12개의 직육면체(1.25cm×2.5cm×2.5cm) • 6개의 직육면체(1.25cm×1.25cm×5cm) 로 구성	• 여러 개의 직육면체를 결합하고 분리함에 따라 전체와 부분에 대한 개념 이해 • 여러 형태의 표상물을 표현함으로써 구성 능력 향상
 제7가베(면)	• 8색(빨강, 노랑, 파랑, 주황, 초록, 보라, 검정, 흰색) • 8종류(정사각형, 마름모, 직각이등변삼각형, 정삼각형, 둔각삼각형, 직각부등변삼각형, 원, 반원)으로 구성	• 다양한 다각형의 분별 능력 촉진 • 색깔 및 모양에 따른 분류 능력 배양 • 평면적 표현의 구성 능력 향상
 제8가베(선)	• 8색(빨강, 노랑, 파랑, 주황, 초록, 보라, 검정, 흰색)과 6가지의 길이(2.5cm, 5cm, 7.5cm, 10cm, 12.5cm, 15cm) 막대로 구성	• 막대 길이의 비교, 합, 차, 각, 도형의 구성 등 수학적 개념 이해 • 색깔 분류 능력 촉진 • 곧은 선을 통한 평면적 구성 능력 향상
 제9가베(선)	• 5색(빨강, 노랑, 파랑, 초록, 흰색)과 3가지 종류(지름이 각 2.5cm, 3.5cm, 5cm)의 고리와 반고리 형태로 구성	• 반고리를 결합함으로써 고리의 전체 부분 개념 이해 • 원주와 원의 크기 간 관계 파악 • 굽은 선을 통한 평면적 구성 능력 향상
 제10가베(점)	• 작은 원형(지름 1cm)으로 8개의 색(검정, 갈색, 주황, 노랑, 초록, 빨강, 파랑, 보라)으로 구성	• 점을 통해 모든 형태의 기본 요소 파악 • 점을 연결하면 선이 됨을 인지 • 점을 통해 평면적 구성 능력 향상 • 수량 등 수학적 개념 이해 • 손과 눈의 협응력 촉진

사진 출처: 가베월드(http://www.gabeworld.co.kr).

3) 몬테소리

몬테소리(Maria Montessori, 1870~1952)는 20세기 초 자연주의 사상과 코메니우스, 페스탈로치, 프뢰벨의 영향을 받은 교육실천가로, 프뢰벨 이후 교재 · 교구 개발에 큰 공헌을 하였다. 그는 영유아에 대해 의도하지 않아도 주어진 환경을 스스로 받아들이고 스스로 경험을 통해 학습할 수 있는 흡수정신이 있다고 보았다. 그리고 특정 시기에는 의도적인 노력없이 특별한 영역의 학습이 잘 이루어질 수 있는 민감기가 있다고 보았다.

이러한 사상을 바탕으로 영유아기는 감각의 지각[13]을 통한 경험으로써 사실을 확신할 수 있으며 지식들을 체계적으로 구성할 수 있다고 보았다. 즉, 주변 환경과 상호작용하는 경험은 곧 학습으로 이어지며, 언어나 기호와 같은 매개물[14]이 아닌 실재적[15]인 물질이 필요함을 강조하였다. 그러므로 교사는 영유아의 감각과 지적 발달을 도모하기 위해 의미 있는 환경과 반복적으로 상호작용할 수 있도록 준비된 환경을 제공할 것을 제안하였다. 이를 위해 영유아와 외부 세계 간의 관계를 맺어 주는 구체적 사물로 정비된 환경과 교구, 즉 준비된 환경이 몬테소리 교육의 핵심이며 자발적인 활동의 욕구로 출발하여 자기 활동을 통한 작업에 의해 학습이 이루어진다고 보았다(임경옥 외, 2018). 또한 몬테소리는 의미 있는 환경을 제공해 주기 위한 다양한 교구들을 고안[16]하고 교육을 실천하였는데, 이에 따른 교수 원리는 다음과 같다.

첫째, 자동교육이다. 영유아들이 교구와 상호작용하는 과정에서 교구 자체가 활동의 결과를 확인할 수 있도록 돕는다. 예를 들어, 도형을 틀에 끼워 맞추는 활동의 경우 그 결과를 교사 없이도 영유아 스스로 오류를 발견할 수 있다. 즉, 영유아가 스스로 교구에 몰두하고 상호작용함에 따라 자신의 내적 욕구를 충족시킬 수 있으며, 시행착오를 발견하여 수정할 수 있게 된다.

둘째, 자발적인 교육이다. 준비된 환경 속에서 영유아 스스로 교구를 선택하여 활동에 몰두함으로써 자신의 능력으로 내적 욕구를 충족시킬 수 있게 된다.

---

13) 알아서 깨달음. 또는 그 능력.
14) 매개가 되는 물건.
15) 실재하거나 실재로서의 특성이 있는 (것).
16) 연구하여 새로운 것을 생각해 냄. 또는 그것.

셋째, 능률적인 교육이다. 영유아는 다양한 감각에 의존하여 사물을 지각하기 때문에 감각적 자극을 제공하는 교구를 준비함으로써 구체적인 경험을 제공하며 능률적인 학습을 유도하는 것이다.

몬테소리가 감각[17]기관의 발달 및 활용을 목적으로 고안한 교구들은 대표적으로 감각훈련 교구, 일상생활 교구, 수 교구, 언어 교구, 지리 교구 등이 있다. 영유아의 감각 능력을 향상시키기 위해 고안[18]된 교구들을 소개하면 〈표 2-2〉와 같다.

표 2-2 감각 영역에 따른 감각 교구

영역	교구 및 명칭	구성	교육 효과
시각	기하도형-시범 쟁반	• 6개의 서랍이 분리되는 교구함으로 각 서랍에는 원, 삼각형, 사각형, 정다각형, 곡선도형 등 각 6개의 평면도형과 그 틀로 구성	• 틀에 적합한 도형을 찾아내고 도형을 회전시켜 끼워 넣음으로써 기하에 대한 직관 능력 및 추론 능력 향상 • 다양한 도형들을 관찰함으로써 기초 도형의 탐구 능력 향상
	기하도형 겹치기	• 지름이나 한 변이 1cm씩 점차 증가하는 원, 정삼각형, 정사각형이 각각 10개씩 빨강, 노랑, 파랑색으로 구성	• 색 이름과 관련된 어휘를 획득하고 색이 변화되는 혼합색 인지 • 도형들을 내접 혹은 외접함으로써 새로운 형태를 고안하여 미적 감각 및 창의력 증진
	꼭지달린 원기둥	• 꼭지 달린 원기둥 각 10개와 틀로 구성 • 밑면의 지름과 높이 동시 감소 • 높이 일정하나 밑면 지름 감소 • 높이 증가하나 밑면 지름 감소 • 높이 감소하나 밑면 크기 같음	• 밑면의 넓이와 기둥의 높이에 대한 시각적 변별력 기름 • 꼭지를 손으로 잡아 틀에 넣음으로써 눈과 손의 협응력 증진 • 높다-낮다, 굵다-가늘다 등의 수학적 어휘 획득

17) 감각기관을 통하여 바깥의 어떤 자극을 알아차리는 능력 〈시각 · 청각 · 미각 · 촉각 따위〉.

18) 연구하여 새로운 것을 생각해 냄. 또는 그것.

시각	 이항식 상자	• 크고 작은 사각기둥 8개로 구성, 사각기둥을 넣는 상자는 뚜껑이 분리되며, 옆면 2개는 바닥을 향해 펼쳐짐	• 사각기둥들을 정육면체의 기본 구조로 구성함으로써 전체와 부분에 대한 개념 형성 • 크기가 다른 사각기둥의 밑면, 높이에 따른 시각적 변별력, 응용력, 공간지각 능력 계발
	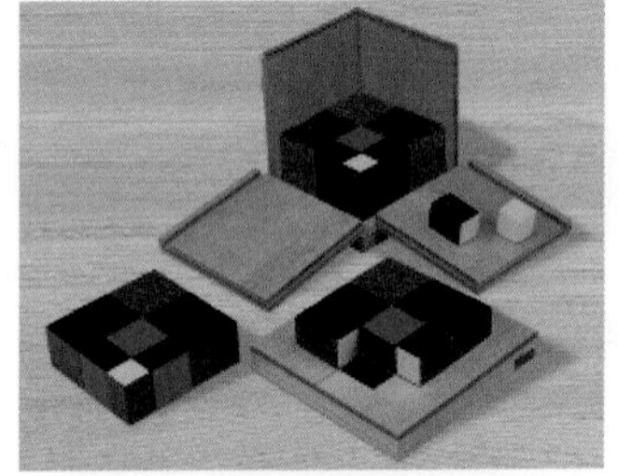 삼항식 상자	• 크고 작은 사각기둥 27개로 구성 • 사각기둥을 넣는 상자는 뚜껑이 분리되며, 옆면 2개는 바닥을 향해 펼쳐짐	• 이항식 상자와 활동방법 동일하나 좀 더 높은 수준의 활동 요구 • 다양한 크기의 사각기둥을 통해 공간 감각 배양
	 분홍탑	• $1cm^3$에서 $100cm^3$로 부피가 증가하는 정육면체 10개로 구성	• 큰 것부터 순서대로 쌓아 탑을 구성함으로써 크기와 순서, 서열화 개념 습득 • 크다/작다, ~보다 크다, 작다와 같이 크기 비교 어휘 획득 • 특정한 속성 안에서 차이의 정도를 비교하는 시각적 변별력 계발 • 눈과 손의 협응 능력 발달
	 갈색계단	• 가로의 길이가 20cm로 고정되어 있고 세로와 높이는 점차 줄어드는 10개의 갈색 직육면체로 구성	• 가로의 길이에 맞대어 높이(세로의 길이)의 순서대로 쌓음으로써 높이(폭)의 변화 변별 • 시각적으로 높이 및 세로의 길이가 변화됨을 관찰함으로써 부피에 대한 개념 습득
촉각	 촉각판 짝 맞추기	• 거칠기 정도에 따른 5단계의 촉각판이 각 2개씩 구성	• 손으로 만져 같은 느낌의 판끼리 짝을 맞춤으로써 촉각적 변별력 증진 • 촉각적 질감을 통해 거칠다, 부드럽다 등의 어휘 습득

촉각	 온도 감각판	• 표면에 금속, 나무, 타일, 펠트로 처리되어 있는 온도 감각 판을 각 2개씩 구성	• 온각과 냉각의 정도에 따라 같은 온도 판끼리 짝지음으로써 온도 변별 능력 향상 • 온도의 대립과 관련된 어휘 습득
	 비밀 주머니	• 속이 보이지 않는 주머니와 각기둥과 원기둥, 각뿔과 원뿔 등 13개의 기하입체도형으로 구성	• 촉각을 통해 기하입체도형의 성질과 공간 구조에 대한 이해 • 그림으로 제시된 기하입체도형을 촉각에 의존해 골라냄으로써 촉각 변별력 증진
청각	 소리 상자	• 강한 소리부터 약한 소리가 나는 원통이 각 2개씩 3쌍으로 구성	• 소리의 강약을 비교함으로써 청각적 변별력 증진 • 같은 소리가 나는 원통을 짝짓게 함으로써 청각적 변별력 배양
미각	 미각병	• 단맛, 신맛, 짠맛, 쓴맛의 음료가 들어 있는 스포이트 병이 각 2개씩 4쌍으로 구성	• 맛을 분별하여 같은 미각병을 짝짓게 함으로써 미각적 변별력 증진 • 맛을 표현하는 어휘 습득
후각	 후각병	• 냄새가 다른 물질이 들어 있는 병이 각 2개씩 3쌍으로 구성	• 같은 냄새의 병을 짝짓게 함으로써 후각적 변별력 증진 • 냄새와 관련된 다양한 어휘 습득

사진 출처: 하나몬테소리(http://www.hanamontessori.co.kr/).

2. 교재 · 교구의 이론적 배경

1) 지각과 주의집중

지각은 자극을 인지[19]하는 능력으로 외부 환경으로부터 감각적인 인상을 받아들이고, 이를 해석하는 정신적 과정을 의미한다. 흔히 감각과 지각[20]이라는 용어를 혼용[21]하는 경향이 있으나 두 용어의 의미는 차이가 있다. 감각은 감각 수용기의 직접적인 반응이며, 지각은 외부 환경으로부터 전달되는 감각 정보들이 선택되어 조직되고 해석되는 과정을 의미한다. 즉, 감각이 자극을 단순히 수용하는 것이라면 지각은 감각 자극에 대한 경험의 과정이라 볼 수 있다. 따라서 어떤 자극에 대해 기억이 잘 떠오르지 않는다면 그 감각 자극은 감각 단계에는 도달하였으나 그 자극에 주의를 기울이고 해석하는 지각 단계까지 이르지는 못한 것으로 판단할 수 있다.

우리 주변 환경은 다양하고 수많은 자극들이 항상 존재하고 있지만 이들을 모두 수용하고 의미 있는 정보로 산출하기는 불가능하다. 왜냐하면 인간은 자극의 정보를 수용하는 부분에 있어 그 범위가 제한적이므로 많은 정보들 중 자신이 선택한 자극의 정보만을 처리할 수 있다. 그리고 정보처리의 과부하를 예방하기 위해 자신에게 우선순위가 높은 정보를 선택하고 우선순위가 낮은 정보는 무시하게 된다. 그러므로 자극에 주의를 기울이는 경우 선행 경험이나 정보의 전후 관계, 중요성, 자극의 특성, 흥미, 관심, 정서적 상태 등이 영향을 미치게 된다.

영유아의 학습은 특정 주제에 대한 정보 획득을 위해 감각을 사용하는 것에 초점을 두고 있으므로 감각 및 지각의 중요성을 간과할 수 없다. 또한 지각의 과정을 통해 해당 대상에 대해 보다 구체적인 정보를 획득할 수 있어 학습에 매우 필수적이라 할 수 있다.

주의집중과 관련된 요소는 선택적 주의력과 지속적 주의력으로 분류될 수 있다.

---

19) 자극을 받아들이고, 저장하고, 인출하는 일련의 정신 과정. 인식(認識).
20) 알아서 깨달음. 또는 그 능력.
21) 잘못 혼동하여 씀.

선택적 주의력은 유아가 과제를 수행할 때에 방해가 되는 여러 가지 자극 등을 통제하여 효율적으로 과제에 집중하며 해결할 수 있는 것과 관련된 요소이다(맹주연, 2017). 따라서 영유아는 선택적 주의력을 발휘하여 불필요한 정보는 무시하고 필요한 정보에만 주의를 기울여 과제나 과업[22)]을 효율적으로 수행할 수 있게 된다. 반면, 지속적 주의력은 한 과제나 대상에게 주의를 오랜 시간 기울이는 것을 의미한다. 즉, 과제의 수행 목적을 달성하기까지 주의를 지속적으로 유지하는 것을 말한다.

영유아는 연령이 증가함에 따라 불필요한 자극을 여과[23)]하는 것과 더불어 과제에 필요한 자극을 효율적으로 받아들여 처리하고 해결하는 능력이 점차 발달된다. 적절한 학습이 이루어지기 위해서는 먼저 대상에 관심을 보이는 선택적 주의집중이 선행되어야 하며, 체계적인 탐색을 계획하고 적용하기 위해서는 지속적인 주의집중이 필요하다. 그러므로 영유아기의 주의력은 모든 과제 및 과업의 수행에 영향을 미치는 기본적인 능력이 되며, 주의집중 능력은 다음과 같이 발달된다.

첫째, 주의를 통제하는 능력으로 주변의 환경을 통해 자극되는 다양한 정보 중 자신이 선택한 정보에만 주의를 집중하는 반면, 원하지 않는 정보는 무시한다.

둘째, 주의분배에 대한 적응 능력으로 주변 상황에 따라 여러 개의 자극을 함께 지각하는 것과 더불어 하나의 특정 자극에만 주의를 기울이는 능력이 발달된다.

셋째, 체계적인 주의집중 능력으로 지각에 대한 탐색 전략을 다양한 상황에 적합하도록 계획을 세워 체계적으로 적용할 수 있게 된다.

넷째, 주의를 조절하는 능력으로 통제적이고, 적응적이며, 체계적인 능력의 발달이 이루어지므로 주의를 조정하거나 유도 및 수정할 수 있다.

영유아가 교재 · 교구에 관심을 갖고 집중을 유지하므로 학습의 목표를 성취하는데 영향을 미치는 교재 · 교구의 요인을 살펴보면 다음과 같다.

첫째, 체계성으로 교재 · 교구가 지닌 학습의 구성 요소가 분리되지 않고 체계적으로 잘 조직될수록 교육목표 성취가 보다 효과적이다.

둘째, 친숙도로서 교재 · 교구가 친숙할수록 영유아가 쉽게 집중할 수 있으며, 이

22) 마땅히 해야 할 일이나 임무.

23) 주로 부정적인 요소를 걸러 내는 과정의 비유.

로 인해 학습의 내용도 알기 쉽게 전달할 수 있다.

셋째, 다감각성으로 정보의 형태에 따라 적절한 감각을 기반으로 제시됨에 따라 학습의 지속화에 긍정적인 영향을 미치게 되며, 다감각적 자극은 학습의 즐거움을 느끼게 하여 주의집중에 보다 효과적이다.

2) 호반의 시각자료

호반(Hoban, 1937)은 교수 매체의 분류 기준을 최초로 제시한 학자로 효율적인 학습을 위해 시각자료가 필요하다고 제안하였다. 왜냐하면 시각 매체는 정보를 전달하는 데 있어 시공간의 제약을 크게 받지 않는다는 점과 더불어 영유아가 학습내용을 습득하기에도 효과적이라는 장점을 가지고 있기 때문이다. 이에 호반은 학습의 내용을 얼마나 구체적인 것으로 전달할 수 있는 자료인가에 따라 그 가치가 결정된다고 생각하였으며, 구체적인 것은 사실성의 정도에 따라 그 순서를 나열할 수 있다고 하였다. 그러므로 호반은 사실과 근접한 매체일수록 구체적인 매체로 분류하였으며, 실제로 지각할 수 있는 일정한 형태나 성질을 갖고 있지 않은 것들은 추상적인 매체로 분류하였다. 즉, 실제 장면이나 실물, 모형은 구체적인 매체에 속하고 지도, 도표, 언어는 추상적인 매체에 속한다. 따라서 자료가 구체적일수록 더 명확하게 잘 이해될 수 있으며, 추상적일수록 정보를 전달하는 데 애매모호하며 혼란을 가중[24]시킬 수 있다.

특히 지적 경험이 부족한 영유아는 추상적인 정보를 해석하는 데 어려움이 있다. 그러므로 영유아를 지도할 때는 구체적인 경험에서 추상적인 경험으로 전개하는 방식을 지향[25]하는 것이 필요하다. 즉, 높은 수준의 사고를 요하는 추상적인 자료가 아니라 구체적인 자료를 통해 직관적 판단을 내려 필요한 개념들을 학습할 수 있도록 독려[26]해야 한다. 호반의 매체 분류를 도식화[27]하면 [그림 2-3]과 같다.

24) 책임이나 부담 따위를 더 무겁게 함.
25) 어떤 목적으로 뜻이 쏠리어 향함. 또는 그 의지나 방향.
26) 감독하며 격려함.
27) 도식으로 만듦. 도식과 같은 것으로 되게 함.

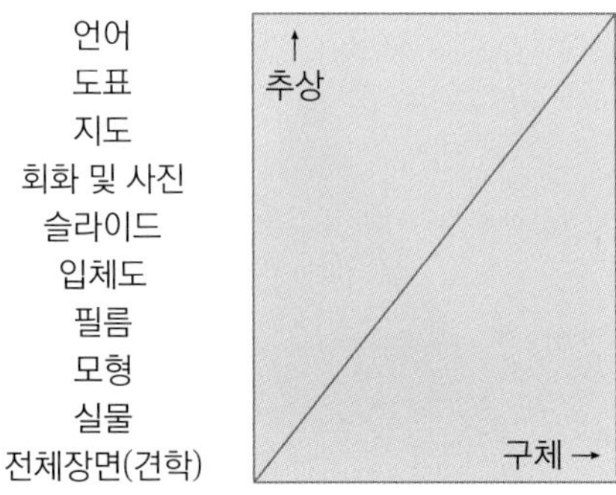

그림 2-3 호반의 매체 분류도

출처: 정동영 외(2016), p. 255.

3) 데일의 경험의 원추

데일(Dale, 1964)은 호반이 제시한 시각자료를 더욱 확장하여 학습의 경험을 체계화한 학자로 '경험의 원추(cone of experience)'모형을 제시하였다. 경험의 원추[28]는 학습자의 경험이 실제적인 참여에서부터 시작해서 실제적인 사건을 관찰하고, 어떤 매체에 의해 사건을 관찰하고 최종적으로 그 사건을 표현하는 상징을 관찰하는 순서로 이루어져 있다고 하였다(정동영 외, 2016). 즉, 행동적 경험에서 시청각적인 경험을 거쳐 상징적인 경험까지 교육 경험의 매개물을 구체성과 추상성의 수준에 따라 구분했다는 점에서 의의[29]를 가진다. 데일이 제시한 경험의 원추는 [그림 2-4]와 같다.

데일의 '경험의 원추'는 위로 올라갈수록 추상성이 높아지고, 아래로 내려갈수록 구체성이 높아지는 원추의 모양을 이루고 있는데, 아래부터 1~3단계는 직접적인 행동에 의한 학습, 4~9단계는 시청각적 정보를 통한 학습, 10~11단계는 상징에 의한 학습이 이루어진다고 하였다. 이를 구체적으로 살펴보면 〈표 2-3〉과 같다.

---

28) '원뿔'의 구용어.

29) 말이나 글의 속뜻.

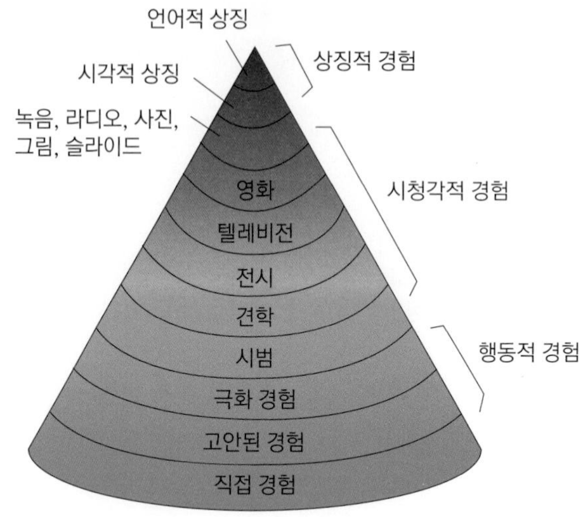

그림 2-4 데일의 경험의 원추

출처: 정연희(2014), p. 17.

표 2-3 경험의 원추 단계

단계	내용
직접 경험	• 경험의 원추에서 제일 아랫부분으로 직접 경험을 통해 학습이 이루어지는 단계 • 목적을 지닌 능동적인 행위를 통해 의미 있고 뚜렷한 활동으로 전개
고안된 경험	• 실제적으로 경험하기 어려운 상황을 인위적으로 구성하여 그와 유사한 경험을 하는 단계 • 모형, 견본, 실물, 표본 등을 통해 모의 경험을 함으로써 특정한 교수 목적을 위해 이해할 수 있도록 도움
극화 경험	• 복잡한 현상을 단순화시켜 다양한 형태, 즉 정지화면 연출, 연극, 인형극, 그림, 연극 등의 극화[30)]를 통해 참여하거나 관람을 하는 단계 • 특정 상황의 적절한 동작이나 행동을 재현함으로써 제한된 경험이나 개념을 보다 확장할 수 있게 됨
시범	• 기술이 어떻게 실행하는지에 대한 정보를 모델을 통해 보여 주는 과정 그대로 배울 수 있도록 제공 • 시범자를 주의 깊게 관찰하여 배우는 방식으로 물질적 대상뿐 아니라 어떤 사실, 생각, 일련의 사건 과정을 예시하여 추상적 개념의 이해 수준을 높임

30) 사건이나 소설 따위를 극의 형식으로 각색하는 일.

견학	• 활동 자체에 직접 참여하지는 않으나 실제 사건이 일어나는 곳에 가서 관찰함 • 견학에 참여한 영유아에게 흥미를 불러일으킬 수 있으며, 생생하게 직접 관찰을 해 볼 수 있어 학습목표에 대한 이해 촉진 가능
전시	• 사진, 그림, 포스터, 실물 등이 전시된 공간에서 제시된 자료를 관람함 • 수집된 자료를 제한된 공간에서 영유아가 관찰하여 학습이 이루어지게 됨
텔레비전	• 편집된 실제 현장을 생생하게 재생해 주는 것으로 문자해독 능력이 없어도 쉽게 접근 가능 • 시각적 이미지와 청각 기능을 바탕으로 여러 가지 사건을 보여 주므로 텔레비전의 프로그램에 따라 관련된 정보를 생생하게 느낄 수 있음 • 먼 지역에서 일어나는 사건과 상황을 즉각적으로 전달할 수 있음
영화	• 텔레비전과 유사한 기능을 지니고 있으나 영상의 제작기간이 필요하여 즉시성은 낮음 • 가작화[31]된 영상의 경우 실제성이 부족하여 사고를 역동적으로 자극하기 어려움 • 과거의 생활과 같이 당시의 모습을 실제로 보여 주기 어려운 경우 가작화된 영상을 매체화할 수 있다는 점에서 유용
녹음, 라디오, 사진, 그림, 슬라이드	• 녹음과 라디오는 음성을 이용해 지식과 정보를 제공하는 청각 매체이며, 사진, 그림, 슬라이드는 이미지를 통해 자신의 관점에서 해석을 요하는 시각 매체임 • 청각 매체는 시각적인 매체와는 달리 상징[32]성이 크게 개입되지 않음 • 시각 매체는 텍스트보다 이해가 빠르고 혼란이 없으며 기억력을 높여 줄 수 있음 • 시각이나 청각적인 요소를 단일적으로 경험하는 것은 구체성이 매우 감소된 것임
시각적 상징	• 지도, 도표, 차트와 같이 추상적으로 정보를 표현하는 것으로 인위적으로 생략되고 강조되거나 도식[33]화 등을 통해 나타낸 것을 의미 • 사건이나 사물을 인식하고 의미를 찾아내어 상징화하였기 때문에 시감각적 정보가 시각적 이미지를 동반하기 용이 • 언어보다 이해를 높여 주고 시각적 이미지의 재생산을 용이하게 해 줌
언어적 상징	• 직접 경험과 달리 가장 추상적이지만 의사소통의 기능이 있어 일상생활에서 아주 중요한 매체 • 언어는 약속된 언어체계에서 이탈되면 의사소통이 이루어지지 않음 • 문자 및 음성 부호에 그 의미를 압축한 것이므로 이에 대한 의미를 알고 있어야만 이해하고 사용될 수 있음 • 언어는 상징적인 기호이며, 관찰이나 생각을 전달하기 위해 사용되고 말과 글로 나뉨 • 말과 글은 둘 다 추상적이지만 말은 청각적인 요소 이외에도 제스처나 억양 등에 의해 전달하고자 하는 의미를 해석하는 데 단서들이 많음 • 글은 말보다 더 추상적이고, 상징적이며 시각적인 기호로만 제시 가능

31) 거짓 행동.

32) (사회 집단의 약속으로서) 말로는 설명하기 힘든 추상적인 사물 · 개념 따위를 구체적인 사물로 나타냄. 또는 그 대상물. 표상. 심벌.

33) 사물의 구조 · 변화 상태 따위를 일정한 양식으로 나타낸 그림. 또는 그 양식.

데일이 제시한 경험의 원추는 교육 경험을 구체성과 추상성에 따라 구분하고 배열하였다는 점에서 의의를 갖는다. 영유아의 교육 경험은 직접적인 경험에서부터 간접성의 정도가 점차 높아져 아주 추상적이고 상징적인 경험으로까지 이르는 원추의 모양을 이루게 된다는 것으로, 학습자의 목표 달성에 적절한 학습 경험을 주목하게 한다. 다시 말해, 학습자의 인지적 수준, 처한 상황에서 교육목표를 달성하기 위해 한 유형의 학습 경험만을 고집하는 것이 아니라, 유연하게 학습 경험을 선정해야 한다는 것이다. 즉, 구체성과 추상성에 따라 배열된 학습 경험 중 어느 경험이 반드시 우월하거나 유용하다고 본 것은 아니다. 학습의 과정에는 다양한 경험과 연습이 필요한데, 학습의 내용이나 방식, 집단의 크기 등 교육적 효과는 교수 매체의 결정에 큰 영향을 받기 때문이다.

직접 경험은 실제적인 지식을 구체화할 수 있는 경험이므로 인간의 학습에 매우 바람직한 교육방법으로 볼 수 있지만, 간접적인 경험이나 상징적인 경험은 실제 경험에서의 부정적인 측면이나 오류를 최소화할 수 있다는 점에서 효율적일 수 있다.

그러나 영유아기는 추상적인 사고를 하기에는 지적 능력에 한계가 있으므로 가능하면 구체적인 경험을 많이 제공하는 것이 바람직하다. 왜냐하면 영유아기에 실제적인 경험이 충분히 축적되면 이후 간접적인 경험이나 추상적인 경험을 보다 효율적으로 받아들일 수 있게 되기 때문이다.

3. 교재 · 교구와 영유아 발달 이론

1) 성숙주의 이론

성숙주의 이론은 루소(J. J. Rousseau)의 자연주의 교육철학에 뿌리를 두고 있다. 홀(Stanley Hall)은 다윈에게 영향을 받아 인간 발달은 예정되어 있다는 이론을 발달시켰고, 홀의 제자였던 게젤(Arnold Gesell)은 성숙주의 이론을 체계화했다.

성숙주의는 인간의 발달은 '성숙'[34]이라는 내적인 힘에 의해 작용된다고 본다.

34) 생물이 충분히 발육됨.

따라서 인간 발달에 영향을 미치는 환경적 요소를 최소로 인정하였으며, 발달의 가장 중요한 힘은 태어나면서 이미 가지고 있다고 보았다.

그러므로 교육도 영유아의 흥미, 욕구, 능력을 중요시하며 자발적인 활동에서 생기는 경험의 체계를 존중하고 있다. 왜냐하면 인간의 발달과 성장은 유전적인 힘에 의해 이루어지며, 생물학적 성숙 과정에 따라 결정된다고 보았기 때문이다. 즉, 성장[35]은 유전적 요소에 의해 기본적인 방향이 이미 결정되어 있고, 환경적 요인인 부모, 교육 및 사회적 환경 등은 단지 유아의 성장을 돕고 촉진해 주거나 지지 및 지원할 뿐 환경이 개인의 발달을 바꿀 수는 없다는 관점이다.

따라서 환경보다는 유전적 요인을 더 중요시하고 있기 때문에 학습 환경은 영유아의 능력과 흥미에 부합되어야 하며 학습과정에서 개인의 자유로운 사고 활동을 지원하는 개별화 수업을 제공하는 데 초점을 두고 있다.

이들은 영유아의 발달 과정에 대해서도 개인적인 차이는 있지만 일반적으로 동일한 순서에 의해 이루어진다고 봄으로써 연령과 발달 단계에 따라 나타나는 표준 행동을 중심으로 교육이 진행되어야 한다고 보았다. 그러므로 영유아의 행동을 변화시키거나 발달에 직접적인 영향을 미치는 구체적인 행동지침은 있을 수 없다고 보았다.

성숙주의에서는 '학습준비도'라는 개념을 제시하면서 영유아는 유전적으로 결정된 발달 프로그램을 가지고 태어나므로 발달이 질서정연하게 이루어지기 위해서 성인의 간섭을 최소화할 것을 강조하였다. '학습준비도'란 영유아가 학습 상황에 효율적으로 대처할 수 있고, 또 알고자 하는 욕구가 있을 때 학습이 이루어질 수 있다는 원리로 설명된다. 그리고 학습을 위한 신체적 · 인지적 준비를 포함하고 있다.

'학습준비도'는 성인의 관찰이나 게젤(Gesell)이 제시한 발달 규준[36]을 통해 평가될 수 있다. 발달 규준이란 발달 시기에 따른 보편적 발달 특징에 대한 관습적 지식으로 발달의 흐름, 발달의 정도, 발달의 늦음과 빠름을 판단할 수 있다. 더불어 발달적 규준에서 파악되지 못하는 발달적 특성은 관찰을 통해 이루어진다.

성숙주의적 관점에서는 영유아는 시간이 지나면 자연적으로 성숙되기 때문에 교

35) 사람이나 동물 따위가 자라서 점점 커짐.

36) 본보기가 되는 표준.

사는 인내와 허용적인 태도로 기다려야 하며 교재 · 교구를 제공할 때도 다음과 같은 점을 고려해야 한다.

첫째, 영유아의 발달, 흥미와 요구를 고려하여 잠재되어 있는 가능성을 적절하게 펼칠 수 있는 교재 · 교구를 준비해 두어야 한다.

둘째, '학습준비도'나 '성숙'과 같이 생물학적 발달 순서에 근거하여 이에 적합한 교재 · 교구를 제공해 주어야 한다.

셋째, 지적 호기심, 즉 내적 동기[37)]를 자극할 수 있는 교재 · 교구를 제공해 주어야 효과적이다.

넷째, 영유아의 요구 및 시행착오가 허용되는 수용적인 분위기에서 스스로 교재 · 교구에 대해 반응이 유발될 수 있도록 기다려 주어야 한다.

다섯째, 비구조화[38)]된 환경 속에서 영유아가 교재 · 교구에 반응을 보이는 과정에 있어 교사의 개입이 최소화되도록 해야 한다.

2) 행동주의 이론

행동주의 이론은 파블로프(Pavlov)의 영향을 받은 왓슨(John Watson)에 의해 1913년 체계적으로 제시되었으며, 대표적인 학자로 손다이크(Thorndike), 스키너(Skinner), 밴듀라(Bandura) 등이 있다.

행동주의 이론은 외적 자극에 의해 인간의 발달이 동기화된다는 관점으로 스키너(Skinner)에 의해 과학적이고 총체적[39)]인 규명[40)]이 이루어졌다. 행동주의에서 학습은 경험의 결과로 나타나는 관찰 가능한 행동의 변화로 정의하고 있으므로 유전적 요인보다는 교수목표 설정을 통한 교수의 체계, 교수과정에서의 강화, 효과적인 교수방법, 교사의 능력 등의 교수환경을 강조하였다. 이는 의식이나 무의식[41)]은 무시한 채 인간을 상과 처벌에 의해 유지되는 기계적인 존재라고 본 것이며, 훈련이

37) 의사 결정이나 어떤 행위의 직접적인 원인. 계기.
38) 부분적 요소나 내용이 서로 관련되어 통일된 조직을 이루지 못함. 또는 이루지 못하게 함.
39) 관련된 모든 것을 하나로 통합한 (것).
40) 어떤 사실을 캐고 따져서 밝힘.
41) 자기의 행위를 자신이 의식하지 못하는 상태.

나 환경에 의해 인간의 행동이 전적으로 결정된다고 보았다. 즉, 영유아의 학습은 모방과 연습 혹은 상과 벌의 과정을 통해서 습득된다고 본 것이다.

행동주의 학습 이론에 내재되어 있는 원리는 자극과 반응 간의 연합으로 볼 수 있다. 행동주의의 많은 실험들이 후천적인 교육과 학습의 힘을 강조하고 있으며, 학습은 곧 관찰 가능한 행동의 변화이므로 반응의 결과에 따르는 강화의 역할을 중요시하였다. 즉, 영유아에게 제시되는 모든 감각적 자극은 영유아로 하여금 반응을 불러일으키며, 자극과 반응과의 연합이 반복되고 이를 유지해 줄 수 있는 강화물(예: 스티커, 칭찬)이 제공될 때 학습이 이루어지는 것으로 이해하고 있다.

따라서 행동주의에서는 구조화된 학습 환경과 더불어 영유아는 수동적인 학습자이므로 교사의 역할을 강조했다. 즉, 인간 행동을 통제, 조작[42]할 수 있다는 관점에서, 교육을 인간 행동을 개발하는 것이라고 보았기 때문에 교사가 주도적으로 영유아를 지도해야 한다.

행동주의 이론은 학습은 환경적 자극에 대한 행동 반응체계이며, 이로 인해 발달이 이루어진다고 본다. 즉, 발달은 자극과 반응에 의해 이루어지며, 유전적인 요인보다는 영유아가 가진 능력이나 경험의 준비도가 영향을 끼친다.

학습의 동기도 성숙주의와 달리 외적 동기를 필요로 하며, '학습준비도'를 위해 영유아가 성숙될 때까지 기다리는 것이 아니라 적절한 경험을 제공해야 한다. 왜냐하면 영유아는 강화에 의해 영향을 받는 수동적 존재로 궁극적으로 주변 환경에서의 자극이 학습의 주된 요소가 되기 때문이다.

행동주의적 관점에서 교사는 영유아의 발달과 학습을 위해서 교사는 기대되는 목표를 선정하여 외적 환경이나 학습조건을 조절함으로써 목표를 달성하고자 노력해야 한다. 이러한 점에서 교사는 학습과정에서 활용할 여러 가지 방법을 선택하는 데 매우 핵심적인 역할을 수행해야 한다. 그러므로 교재 · 교구 제시 시 교사가 주의해야 할 사항은 다음과 같다.

첫째, 영유아가 도달할 교육적 목표에 필요한 교재 · 교구를 선정해야 한다.

둘째, 영유아의 학습 경험을 구성하는 지적자극은 교사가 선택한 교재 · 교구와 상호작용에 의해 질적 수준이 결정될 수 있으므로 영유아에게 학습목표의 성취에

42) 어떤 일을 사실인 듯이 꾸며 만듦.

부합[43)]되는 교재 · 교구를 제공해야 한다.

셋째, 교사가 원하는 방향으로 영유아의 변화를 이끌어내기 위해서는 학습목표의 성취에 부합되는 교재 · 교구를 제시해 주어야 한다.

넷째, 외적 동기를 자극할 수 있는 교재 · 교구를 제공해 주어야 영유아의 발달에 효과적이다.

3) 구성주의 이론

구성주의는 피아제(Piaget)의 인지발달이론, 비고츠키(Vygotsky)의 사회문화적 발달이론등을 기초로 정립되었다. 이들은 영유아의 주체적인 지식 구성을 강조하고 있으며, 영유아의 발달에 있어 생득적[44)] 요인인 성숙과 더불어 환경적 요인을 중시하고 있다.

그러므로 교육을 위해서 영유아에게 스스로 성장하고 생활할 수 있는 풍부한 환경을 제공하는 것이 필요하다고 주장하였다. 그리고 영유아는 자신의 경험에 의한 반성(reflection)을 통해서 지식을 구성[45)]해 간다고 보기 때문에 교사는 반성적 사고를 위해 영유아와 질문을 주고받으며, 적극적으로 상호작용해야 한다. 이러한 관점은 전통적인 교육, 즉 이미 규정된 지식을 교사가 영유아에게 직접 전달함으로써 교육이 이루어질 수 있다는 인식을 변화시켰다. 이로 인해 수동적인 교수자 중심의 교육관으로부터 벗어나기 시작하여 영유아 스스로 지식을 구성하고 생산하도록 돕는, 능동적인 학습자 중심의 교육관으로 변화된 것이다.

두 학자는 학습과 발달은 서로 상호작용한다는 공통의 의견을 가지고 있다. 그러나 인지발달의 초점을 피아제는 보편적인 발달순서를 통해 영유아가 발달한다고 주장한 반면, 비고츠키는 사회적 상호작용이 중요하게 작용한다고 인식한 점에서 차이가 있다.

피아제는 영유아 스스로가 세계를 구조화[46)]하고 이해할 수 있는 존재로 보면서

---

43) 사물이나 현상이 서로 꼭 들어맞음. 계합(契合).

44) 타고난 (것). 본유적(本有的).

45) 몇 가지 부분이나 요소를 조립하여 하나로 만드는 일. 또는 그 결과.

46) 부분적 요소나 내용이 서로 관련되어 통일된 조직을 이룸. 또는 이루게 함.

인지의 발달을 동화와 조절이라는 개념으로 설명하였다. 동화란 이미 알고 있는 지식 구조에 비슷하거나 새로운 개념을 받아들이는 과정으로 새로운 자극을 이해하는 사고 과정의 양적 증가라 할 수 있다. 한편 조절이란 예상치 못한 경험을 통해 기존의 지식 구조를 변화시키는 과정으로 외부 자극에 의한 자신의 사고과정의 질적 변화라고 할 수 있다. 그러므로 영유아의 학습은 동화[47)]와 조절[48)]을 통해 인지적 균형 상태를 이루게 하려는 영유아의 보편적 심리에서 발생되는 것으로 능동적인 역할을 강조하였다. 즉, 일반적으로 학습은 영유아의 능동적 발견과정이기 때문에 효과적인 학습을 위해 교사는 영유아의 흥미와 관심을 고려한 환경을 제공해 주어 스스로 탐색할 수 있도록 해 주어야 한다.

피아제는 지식의 형성 과정에서 인간의 인지적 작용을 주요 요인으로 보았다. 따라서 영유아기에 교사의 언어에 의존한 지식 전달은 지식을 내면화하기 어렵기 때문에 적절한 교재 · 교구가 필요하다고 할 수 있다.

비고츠키는 영유아를 타인과의 관계 속에서 성장해 나가는 사회적 존재로 인식하였다. 더불어 인지적 발달을 사회적 상호작용의 결과로 보고, 근접 발달 영역(zone of proximal development: ZPD)과 비계(Scaffolding)의 개념으로 설명하였다.

근접 발달 영역이란 영유아가 스스로 문제해결을 통해서 성취되는 실제적 발달 수준과 유능한 또래나 성인의 도움을 받아 성공할 수 있는 잠재적 발달 수준의 차이를 의미한다. 예를 들어, 현재는 영유아가 블록으로 집을 완벽하게 만들 수 없지만(실제적 발달 수준), 교사의 작은 도움(비계)을 받아 블록을 나열하거나 쌓아 집을 만들게 되는 것(잠재적 발달 수준)이다. 따라서 비고츠키는 처음 학습을 도모할 때에는 영유아의 현재 수준을 파악하여야 하며, 최소한의 도움인 비계를 제공하여 영유아의 효율적인 학습을 지속적으로 점검해야 하는 주변인의 역할을 강조한다. 그러므로 스스로 수행하기 어려운 교재 · 교구는 주변인들과의 사회적 상호작용을 유발하며, 이를 통해 잠재적 수준을 높일 수 있다고 본다. 즉, 교재 · 교구는 영유아의 발달 수준을 확인하기보다 앞으로 배울 수 있는 잠재적 능력을 발휘하도록 도울 수 있다.

---

47) 어떤 의식의 요소가 다른 요소를 자기의 것으로 만듦.

48) 균형을 잡아 어울리게 바로잡음. 또는 적당하게 맞추어 나감.

그러므로 구성주의 관점에서 교재 · 교구와 관련하여 교사는 다음과 같은 사항을 유념해야 한다.

첫째, 교사는 교재 · 교구 지도 시 영유아에게 적절한 질문과 피드백을 통해 상호작용을 꾸준히 할 수 있도록 계획하는 것이 중요하다.

둘째, 영유아의 발달을 촉진하기 위해서 영유아의 내부에서 일어나는 학습과정을 이해하고 이를 촉진하기 위한 교재 · 교구를 준비해야 한다.

셋째, 영유아의 인지발달 단계를 파악하고 이에 따라 적절한 교재 · 교구를 제시하는 것이 효과적이다.

넷째, 교사는 영유아 개개인의 근접 발달 영역을 파악하여 이에 적합한 교재 · 교구를 제공하므로 협력자, 촉진자로서의 역할을 해야 한다. 즉, 영유아의 수준보다 조금 더 높은 수준의 교재 · 교구를 제공함으로써 영유아의 지적 발달과 성장을 촉진시킬 수 있어야 한다.

다섯째, 영유아가 스스로 원리를 발견할 수 있도록 이에 적절한 교재 · 교구를 제시해야 한다.

여섯째, 교재 · 교구 탐구 시 영유아의 주도적이고 역동적인 상호작용을 통해 영유아의 갈등 해소 및 성취감이 충족될 수 있도록 해야 한다.

위에서 살펴본 각 발달 이론은 영유아의 발달을 각각의 관점에서 고려하여 발달적 특성에 적합하게 교재 · 교구를 언제, 어떻게, 제공해야 하는지에 대해 방향을 설정해 준다. 뿐만 아니라 교재 · 교구를 효과적으로 지도할 수 있는 지침을 제공해 줄 수 있다는 측면에서 우리에게 시사하는 바가 크다고 할 수 있다.

요점정리

1. 교재 · 교구의 역사

1) 코메니우스의 『세계도회』

- 코메니우스는 감각적 실학주의의 대표적 인물로 영유아기에는 감각적 직관을 기초로 효율적인 학습이 이루어질 수 있다고 주장
- 세계 최초로 감각기관을 활용하는 그림책 『세계도회』 고안

2) 프뢰벨과 가베(은물)

- 영유아의 자발적인 활동이 이루어질 수 있도록 이상적 놀잇감인 가베(Gabe)를 고안
- 10종류로 구성되어 있는 가베는 기하학적인 도형을 조작함으로써 감각적 인식 도움

3) 몬테소리의 감각 교구

- 준비된 환경에서 상호작용하여 학습이 이루어질 것을 제안
- 감각 교구를 고안하여 감각기관의 능력 및 발달 도움

2. 교재 · 교구의 이론적 배경

1) 지각과 주의집중

- 지각은 감각 자극에 대한 해석과정을 의미하며, 구체적인 정보를 얻는 데 중요한 역할
- 주의집중은 방해 자극을 무시하고 필요한 자극에 주의를 기울이는 것으로 학습에 있어 필요한 능력

2) 호반의 시각자료

- 최초로 교수 매체를 구체적-상징적 기준에 따라 분류하고 제시함

3) 데일의 경험의 원추

- 호반의 시각자료를 더욱 확장하여 체계화함
- 11가지의 학습 경험을 구체적인 경험, 간접적인 경험, 상징적인 경험으로 분류하고 나열

3. 교재 · 교구와 영유아 발달 이론

1) 성숙주의 이론

- 유전적 요인을 중요시하며 학습자의 흥미, 욕구, 능력에 기초를 둔 교재 · 교구가

제공될 것을 강조

2) 행동주의 이론

- 외부 자극인 환경에 의해 행동이 결정된다고 보아 효율적인 학습을 위한 교재 · 교구가 제공될 것을 강조

3) 구성주의 이론

- 유전적 요인과 환경을 함께 고려하여 영유아의 능동적 학습을 유발하는 교재 · 교구가 제공될 것을 강조

참고문헌

강기수, 김선희(2014). J. A. Comenius 세계도회의 아동교육적 의미 고찰. 교육철학연구, 36(4), 1-34.

김병희, 김유라(2013). 세계 최초의 그림책 세계도회에 나타난 언어교육론 고찰. 어린이문학교육연구, 12(3), 95-112.

문지영(2017). 프뢰벨 '은물'의 신적 통일성에 대한 탐구. 교육철학, 62권, 1-26.

맹주연(2017). 손끝놀이 활동이 유아의 소근육 운동기능 발달과 주의집중력에 미치는 영향. 덕성여자대학교 교육대학원 석사학위논문.

염정은(2018). 낭만주의 교육철학에 기초한 프뢰벨의 유아기 인간교육. 서울교육대학교 교육전문대학원 박사학위논문.

임경옥, 박지은, 김미정(2018). 특수교구교재제작. 서울: 학지사.

임상도(2018). 세계도회(世界圖會) 내용구성이 누리과정의 내용구성과 교육방법에 미치는 시사점 탐구. 아동교육, 27(3), 367-392.

정동영, 강경숙, 남윤석, 박중휘, 오세웅, 유장순, 이미선, 이옥인, 정인숙, 정해동, 조규영, 진홍신(2016). 특수교육 교과 교재연구 및 지도법. 경기: 교육과학사.

제3장

영유아 놀이와 교재·교구 및 설비 기준

영유아 교육의 의미는 발달에 대한 통찰과 교재·교구를 통한 놀이 모습을 통해 비로소 알 수 있다. 즉, 영유아의 교육은 일방적으로 주입하는 과정이 될 수 없으며, 개별적 발달과 상황에 적합한 놀이를 통해 이루어진다. 이때, 교재·교구는 교육현장에서 질적으로 향상된 놀이에 영향을 미치게 되며, 긍정적 학습 결과에 기여하게 된다.

이 장에서는 영유아기 교육과 교재·교구 간 관계의 이해를 돕기 위해 영유아기 교육의 중요성 및 원리를 바탕으로 교재·교구의 필요성을 제시하였다. 그리고 다양한 영역별 놀이에 적합한 교재·교구들을 살펴봄으로써 설비 기준에 대한 지식을 갖추고자 한다.

마인드 맵

영유아 놀이와 교재 · 교구 및 설비 기준

1. 영유아기 교육의 중요성과 원리
- 영유아기 교육의 중요성
- 영유아기 교육의 원리와 교재 · 교구

2. 영유아기와 교재 · 교구
- 영아기 영역별 놀이와 교재 · 교구
- 영아기 발달 특징과 교재 · 교구

3. 유아기와 교재 · 교구
- 유아기 영역별 놀이와 교재 · 교구
- 유아기 발달 특징과 교재 · 교구

4. 교재 · 교구의 설비 기준
- 우리나라 보육시설의 평가인증 지표에 따른 교재 · 교구 설비 기준
- 미국의 교재 · 교구 설비 기준

/ 학습목표 /

1. 영유아기 교육의 중요성을 설명할 수 있다.
2. 영유아기 교육의 원리와 교재·교구의 관련성을 제시할 수 있다.
3. 영유아기 놀이 특성에 적합한 교재·교구를 나열할 수 있다.
4. 우리나라 보육시설의 교재·교구 설비 기준을 적용할 수 있다.

/ 주요용어 /

- **교육의 원리**: 교육을 실행하는 과정에서 고려되거나 실천해야 하는 규범이나 원칙
- **결정적 시기**: 특정한 특성이나 행동을 습득하는 데 매우 민감한 시기
- **사회화**: 사회구성원으로 적응하기 위한 정보와 가치를 습득하는 과정
- **대상연속성**: 어떤 대상이 시야에서 사라져도 소멸되지 않고 존재함을 아는 것
- **표상 능력**: 감각적 경험을 통해 이미지로 처리할 수 있는 정신적 능력

1. 영유아기 교육의 중요성과 원리

1) 영유아기 교육의 중요성

영유아기는 다른 발달 단계에 비해 발달이 가장 활발하고 왕성하기 이루어지는 시기이며, 결정적 시기로 불린다. 결정적 시기란 어느 특정 영역의 발달이 가장 쉽고 빠르게 일어나는 최적의 시기를 의미하는 것으로, 영유아기는 인간의 발달에서 반드시 획득하여야 할 심리적 특성이나 행동이 발달하는 데 매우 민감한 시기를 일컫는다.

결정적 시기는 발달의 영역에 따라 다르게 나타난다. 예를 들어, 신체의 발달이나 애착의 형성은 영아기에 주로 이루어지며, 언어 및 인지의 능력은 유아기에 급속히 발달한다. 만약 특정 능력이 발달하는 결정적 시기를 놓치게 되면, 그와 관련된 발달 영역은 지체되고, 다음 단계로의 발달이 저지[1]되는 상황에 직면하게 된다. 이와 같은 이유로 인간의 발달과정에는 반드시 성취해야 하는 발달 과업이 있다. 인간의 발달 과업은 특정한 시기에 기대되는 행동 과업[2]으로 그 시기 동안 반드시 성취해야 하는 과업을 의미한다. 발달 과업은 신체적 성숙과 더불어 심신의 발달과정에 따라 사회의 새로운 요구와 기대에 직면함으로써 발생하는데, 일반적으로 영유아들이 이루어야 할 과업은 연속되는 것으로 질서와 계열[3]성을 지니고 있다. 그러므로 이전의 발달 과업 성취가 미진할 경우 후일[4]의 발달에 부정적인 영향을 미치게 되나 발달 과업이 잘 수행되면 다음 단계의 발달 과업의 수행에도 도움을 주게 되어 긍정적인 발달을 도모할 수 있다. 즉, 발달 과업과 관련된 결정적 시기를 놓칠 경우 이를 보상하기 위해 더 많은 시간과 노력을 필요로 하며, 어떠한 과업은 그 달성이 매우 어려워진다. 따라서 현 단계의 발달 과업은 다음 단계의 발달에 선행되는 조건으로 볼 수 있다. 모든 영역의 발달은 일정한 방향성을 지니고 있으며,

1) 어떤 행동을 막아서 하지 못하게 함.
2) 마땅히 해야 할 일이나 임무.
3) 한 갈래로 이어지는 계통 또는 조직.
4) 뒷날.

그 방향성은 점진성[5)]과 누적성을 유지하고 있기 때문이다.

이상을 종합하면 영유아기는 인간 발달의 근본과 기초를 형성하는 데 결정적인 시기이므로 바람직한 발달로의 이행[6)]에 적절한 경험이 반드시 필요함을 알 수 있다. 또한 발달의 민감도에 따른 적합한 자극과 환경은 다양하므로 전인적인 발달을 도모하기 위한 환경 또한 다양할 수밖에 없다. 따라서 영유아기의 발달 단계를 고려한 내용을 기초로 교육과정이 구성되어야 하며, 개별의 발달적 요구 및 특성이 신중히 검토된 교육환경을 조성하는 것은 매우 중요하다. 즉, 결정적 시기에 요구되는 적절한 자극과 정보가 제공되지 않으면 특정 영역의 발달이 이루어지는 데 큰 어려움이 생기며, 어느 것으로도 보상받기 힘들다는 것을 의미하므로 영유아기의 교육은 매우 중요하다고 할 수 있다.

인간의 발달은 선천적인 유전적 요인과 후천적인 환경적 요인과의 상호작용에 의해 이루어진다. 영유아의 발달을 도모[7)]하는 교사는 영유아가 지닌 유전적 요인에는 대처하기 어렵지만 환경적 요인은 충분히 조절과 대처가 가능하다. 영유아의 환경은 물리적 공간을 포함한 면대면 상황의 교수-학습과정까지 포함한 것으로, 교사의 의도적인 계획과 실행을 통해 영유아의 성장 및 발달에 밀접한 영향을 미치게 된다. 따라서 교사에게는 결정적 시기인 영유아 발달을 위해 높은 질의 교육환경을 구성하고 제공하는 역할이 무엇보다 중요하다고 볼 수 있다.

2) 영유아기 교육의 원리와 교재 · 교구

(1) 개별화의 원리

교육은 영유아의 성장과 발달을 도모하는 것으로 그들에게는 삶의 질을 향상시키는 것을 목적으로 한다. 즉, 개인의 능력을 충분히 발휘함으로써 내면의 잠재력을 계발하여 개성을 증대해 주는 작용이다. 영유아는 같은 연령이라 할지라도 다양한 사회적 배경과 경험을 가지고 있으며, 지능, 흥미, 성격 등 개인적인 특성을 지니고 있다. 따라서 교사는 영유아의 개인적 특성과 능력을 파악하는 것이 필요하

5) 조금씩 앞으로 나아감.
6) 행하여 나가기 쉬움.
7) 어떤 일을 이루려고 수단과 방법을 꾀함.

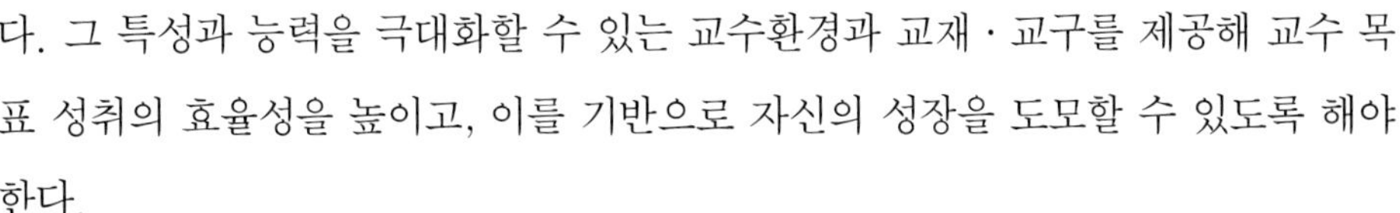

다. 그 특성과 능력을 극대화할 수 있는 교수환경과 교재 · 교구를 제공해 교수 목표 성취의 효율성을 높이고, 이를 기반으로 자신의 성장을 도모할 수 있도록 해야 한다.

(2) 사회화의 원리

영유아는 놀이를 통해 규칙을 따르며 사회성을 발달시켜 나간다. 사회성의 발달은 단순히 인적 환경에만 영향을 받는 것이 아니라 물리적인 환경을 어떻게 접하느냐에 따라서도 지대한 영향을 미치게 된다. 특히 교재 · 교구는 또래와 의사소통을 유발하는 사건 혹은 정보로써 작용한다. 즉, 교재 · 교구를 활용함으로써 또래 간 의사소통의 욕구를 자극하며 실제적으로 협동하고 배려하는 과정을 통해 사회성을 신장시킬 수 있다. 따라서 교재 · 교구를 신체 · 정서 · 언어 · 인지적 발달뿐 아니라 사회성 발달을 도모[8]할 수 있는 활동 내용을 포함하여 제공하는 것이 필요하다.

(3) 타당성의 원리

영유아들은 자신에게 의미 있고 추구해야 할 목표가 명확히 제시되었을 때 보다 적극적으로 참여한다. 따라서 교사는 영유아들에게 교재 · 교구를 통해 성취할 수 있는 타당한 도전 목표를 제시하여야 하며 의도했던 교육목표에 부합[9]되는지를 점검해 보는 것이 필요하다.

(4) 직접 경험의 원리

영유아는 직접적인 경험을 통해 배워 나갈 때 가장 효과적으로 학습해 나갈 수 있다. 따라서 단순히 지필[10]식의 학습이나 설명과 같은 추상적 학습보다 추상적인 사고[11]과정의 기초가 되는 구체적인 자료와 더불어 직접적인 활동이 제공되어야 한다. 즉, 교재 · 교구를 통해 학습한 내용을 실제 생활의 현상들과 연결하거나 관련된 상황과 연결 지어 개념이나 기술을 습득할 수 있어야 한다.

---

8) 어떤 일을 이루려고 수단과 방법을 꾀함.
9) 사물이나 현상이 서로 꼭 들어맞음. 계합(契合).
10) 종이와 붓.
11) 생각하고 궁리함.

(5) 흥미의 원리

흥미는 주의집중의 원동력[12]으로 세상 및 사물을 이해하고 지식을 얻고 능력을 키우는 데 중요한 조건이다. 따라서 영유아의 흥미를 끄는 대상이나 사물을 중심으로 학습 경험을 구성하는 것이 필요하다. 영유아교육기관에서도 이 원리[13]에 기초하여 교실을 여러 흥미 영역으로 나누고 흥미를 끌 수 있는 교재 · 교구를 배치함으로써 운영한다.

2. 영아기와 교재 · 교구

1) 영아기 영역별 놀이와 교재 · 교구

(1) 신체놀이와 교재 · 교구

영아기는 신체적 변화와 더불어 운동 능력이 급격히 발달하는 시기이나. 출생 후 약 1개월까지는 빨기 반사, 찾기 반사, 모로 반사, 잡기 반사 등의 선천적인 반사[14]행동만 가능하다. 이 시기에는 누워 있는 상태에서 소리가 나는 방향으로 고개를 돌리거나 모빌 및 양육자를 쳐다보는 초보적 감각놀이가 주로 이루어진다. 하지만 4개월 이후가 되면 자신의 시야에 있는 놀잇감을 잡으려고 손을 뻗기도 하며, 자신의 손과 발 등의 신체를 움직이는 놀이로 확장된다. 그리고 기기, 앉기, 서기 등의 대근육 운동 기술의 향상과 함께 손과 눈의 협응 능력이 발달하기 시작하여 점차 놀잇감을 잡고 탐색하는 감각적 놀이와 끼우기, 꺼내기, 넣기 등의 간단한 조작놀이가 가능해진다. 이동 능력을 획득한 이후에는 협응 능력이 더욱 향상되어 다양한 놀잇감으로 소근육의 조절이 더 요구되는 발전된 형태의 놀이가 이루어진다. 또한 낮은 평균대, 바퀴 달린 끌차를 밀고 당기며 평형 감각 및 대근육의 운동 기술 등 운동 능력이 조화롭게 발달된다. 이처럼 영아기에는 놀이를 통해 자연스럽게 앉기, 서기, 걷기, 달리기, 던지기 등의 신체활동을 통해 기본적 운동 기술을 익히게

12) 사물의 활동을 일으키는 근원이 되는 힘.

13) 사물의 기본이 되는 이치나 법칙. 원칙.

14) 의지(意志)와는 관계없이 자극(刺戟)에 대하여 기계적으로 일어나는 반응.

된다.

이를 바탕으로 놀잇감과 신체 · 운동영역의 놀이의 발달을 정리하면 다음과 같다.

첫째, 다양한 반사행동이 나타난다.

둘째, 놀잇감에 주의를 기울이며, 놀잇감을 탐색하기 위한 신체적 움직임이 나타난다.

셋째, 여러 운동 기술을 습득하고 협응하여 자신의 의지대로 놀잇감을 활용한다.

영아기에는 움직임을 창출[15)]하고 이를 통해 신체의 발육과 발달을 촉진하기 위한 교재 · 교구가 요구된다. 이에 따른 적절한 교재 · 교구는 다음과 같다. 대근육의 발달을 촉진하기 위해 밀고 끌 수 있는 끌차, 발로 차거나 손으로 들어 던질 수 있는 공들은 몸과 팔다리의 중요한 근육이 발달하도록 도울 수 있다. 소근육이 발달하기 시작할 무렵에는 컵 쌓기, 도형 끼우기, 블록 쌓기 등을 제공하여 손을 세밀히 움직일 수 있도록 돕는다.

(2) 인지 · 언어 놀이와 교재 · 교구

영아기의 인지발달은 주로 감각운동적 놀이를 통해 이루어진다. 연령이 높은 아동은 언어와 같은 상징을 사용하여 세상을 이해할 수 있으나 영아는 감각기관을 통해 얻어진 구체적인 경험을 통해서만 주변 세상을 이해하고 적응할 수 있기 때문이다. 피아제(Piaget)는 이러한 점에서 영아기의 인지발달 단계를 감각운동기라 명명하였다. 즉, 영아기의 인지발달을 초래하는 기본적인 기제는 말 그대로 감각운동인 것이다. 따라서 영아들의 인지 능력 향상을 위해 감각운동적 놀이가 충분히 제공되어야 함이 매우 강조된다.

감각운동기 중에 이루어지는 가장 중요한 인지발달의 성취는 대상영속성과 환경 통제 능력이며, 대개 이러한 능력은 생후 7~8개월경에 형성된다. 대상영속성이란 사물이 자신의 시야에서 사라진다 해도 그 대상은 없어지는 것이 아니며 자신과는 별개의 실체로써 어딘가에 존재하고 있음을 이해하는 것이다. 놀잇감을 천이나 수건 등으로 가려 놓아 보이지 않게 했다가 가려 놓은 놀잇감을 나타나게 하는 까꿍 놀이를 반복함에 따라 '대상영속성'의 개념을 학습하게 된다. 대상영속성의 개념

15) 처음으로 만들어 내거나 지어냄.

이 형성되기 전에는 자신의 시야에서 사물이 보이지 않으면 존재하지 않는다고 여기므로 찾아보려고 하지 않는다. 하지만 대상연속성의 개념을 획득한 후에는 주위를 살피는 등, 보이지 않는 사물을 찾으려 애를 쓰는 모습을 관찰할 수 있다. 즉, 영아가 대상영속성을 획득하였는지는 영아가 가지고 노는 놀잇감을 활용한 간단한 실험으로 판단해 볼 수 있다. 한편, 환경 통제 능력은 자신의 행동을 스스로 조절함으로써 환경을 선택하고 변화시킬 수 있는 능력을 의미한다. 영아 자신이 보고 있는 놀잇감을 잡기 위해서는 어느 정도 손을 뻗어야 하는지, 바구니를 엎어 놓으면 그 안에 들어 있는 놀잇감에 어떤 일이 벌어지는지, 테이블 위에 있는 놀잇감을 밀면 어떻게 되는지에 대한 여러 반복적 놀이를 해 보는 과정에서 점차 자신의 행동이 어떠한 결과를 빚게 되는지를 경험하게 된다. 대상영속성 및 환경 통제 능력의 발달은 지각한 대상에 대한 도식을 형성할 수 있음을 의미한다. 자신의 지각[16]영역 내에 있는 사물만을 의식하는 것 뿐 아니라 정신적으로도 그 대상을 표상할 수 있게 되는 것으로 간주되며, 인지능력의 기초가 된다. 더불어 상징[17]적인 의사소통능력의 발달도 이루어지게 된다. 주위 환경을 지각함과 동시에 환경을 변화시키는 데 자신의 의도에 의한 몸짓 또는 발화에 따라 성인에게 영향을 미칠 수 있음을 알게 됨으로써 의사소통 행동이 증가되는 것이다.

독립적인 이동 능력이 갖춰지면 움직임을 창출할 뿐 아니라 인지 능력의 발달을 더욱 촉진시키게 된다. 영아 초기에는 수의운동[18]이 아닌 반사적 운동의 성격이 강하게 나타나지만 이후 자신의 의지에 따른 운동 능력의 발달로 인해 새로운 세계를 발견하는 데 흥미를 가지게 된다. 그리고 반복적인 놀이는 연습의 과정이 되며 점차 모방놀이에서 내적인 표상에 따른 상징놀이의 단계까지 이르게 된다. 영아기에서 발달되는 놀이 형태를 단계별로 살펴보면 〈표 3-1〉과 같다.

16) 알아서 깨달음. 또는 그 능력.
17) (집단의 약속으로서) 말로는 설명하기 힘든 추상적인 사물 · 개념 따위를 구체적인 사물로 나타냄. 또는 그 대상물. 표상. 심벌.
18) 자신이 마음먹은 대로 할 수 있는 운동.

표 3-1 감각운동기 영아의 단계별 놀이 형태

단계	놀이 형태
출생~1개월	• 선천적인 반사행동
1~4개월	• 우연히 자신의 신체와 관련된 경험을 하게 된 후 그것을 반복하여 즐김 • 손을 입으로 가져갈 수 있게 되면서 손가락을 반복하여 빨며 즐거워함
4~8개월	• 자신의 행동에 의해 주변에서 나타난 결과에 흥미를 가지고 즐거움을 느껴 행동을 반복함 • 딸랑이를 흔들어 소리를 내거나 인형을 당겨 모빌을 움직여 보고 흥미를 느껴 반복함
8~12개월	• 행동 자체에 흥미를 느껴 여러 상황에서 반복하는 데 처음의 목적은 잊어버리기도 함 • 방해물을 치우며 원하는 물체를 찾을 수 있음 • 까꿍놀이(숨바꼭질)를 즐김
12~18개월	• 같은 행동을 반복하는 대신 다양한 시도를 함 • 놀잇감 북을 북채로만 두드리거나 블록이나 색연필로 두드려 봄
18~24개월	• 초보적인 상징놀이가 나타나기 시작함 • 부모가 운전하는 모습을 기억하여 놀잇감 운전대로 자동차 놀이를 함

출처: 권혜진 외(2016), p. 63.

영아는 교재 · 교구를 통한 놀이를 통해 주변 세계의 정보 및 지식을 확장함과 동시에 의사소통 능력도 함께 발달한다. 새로운 어휘를 습득하고 언어를 이해하며 더불어 상황에 따른 언어를 사용할 수 있는 기회가 주어지기 때문이다. 따라서 영아기의 인지 · 언어 놀이를 지원하기 위해 다양한 의사소통의 기회를 확대시키며, 의사소통을 통해 지식의 구성하는 계기를 마련해 줄 수 있는 교재 · 교구가 요구된다. 이에 따른 적절한 교재 · 교구는 다음과 같다. 대상영속성이 발달하는 영아를 위해 제공될 수 있는 교재 · 교구는 대표적으로 수건과 담요 및 인형, 작은 놀잇감을 활용될 수 있다. 영아의 눈앞에서 놀잇감을 보여 준 후 그 앞에서 놀잇감을 수건이나 담요로 덮어 그 안에 놀잇감을 찾게 하는 놀이를 전개할 수 있으며, 이외에도 까꿍판, 비밀주머니를 활용하여 대상영속성의 형성[19]을 촉진할 수 있다. 그리고 직관적인 사고과정을 통해 감각적 경험을 제공해 줄 수 있는 놀잇감, 의사소통 경험이 창출될 수 있도록 돕는 인형, 모방놀이를 위한 역할놀잇감과 생활용품의 모형, 영아기의 생활주제를 다룬 헝겊책 등이 제공될 수 있다.

(3) 사회적 놀이와 교재 · 교구

영아기의 사회적 놀이는 자의식[20]을 형성하는 것으로 시작된다. 초기엔 수동적인 존재로 어머니와 미분화[21]된 상태인 공생[22]관계에 있다가 점차 어머니와 분리됨으로써 다른 사람과 구분되는, 즉 자신이 개별적인 존재임을 인식하게 된다. 거울에 비친 자신을 관찰하고 놀이함으로써 자신의 모습을 지각하며, 자신과 동일시하는 과정을 경험하게 되고, 이러한 초보적인 자의식은 인지 능력이 발달함에 따라 타인과 자신을 구별하는 능력으로 확대되는 것이다. 또한 영아는 놀이 장면에서 함께 있는 타인의 표정, 말, 행동에 관심을 가지고 주의를 기울여 관찰함으로써 자신이 타인에게 끼친 영향을 가늠해 보기도 한다. 이러한 발달 과정은 사회적 상호작용의 기초가 되며, 대인관계를 맺고 유지하는 과정으로 확대될 수 있다. 상호작용의 질이 높아짐에 따라 양육자와 교사 또래들과 긍정적인 관계를 맺게 되며, 놀잇감으로 놀이하는 또래들의 모습을 관찰하거나 함께 참여함으로써 자연스럽게 사회적 가치, 사회적 지식과 기술을 자연스럽게 익히게 된다.

자의식을 바탕으로 타인과 상호작용하는 사회적 놀이는 중요한 발달과제인 애착 관계에 따라 질이 달라질 수 있다. 애착이란 자신을 돌보아 주는 양육자가 자신의 필요에 의해 민감하게 반응해 주리라는 믿음을 형성하는 것이다. 영아가 보이는 행동과 양육자에 의한 피드백은 애착을 형성하는 과정이 되며, 이후 대인관계의 기초가 된다. 애착은 크게 안정 애착과 불안정 애착으로 구분된다. 타인이 믿을 만한 존재인가, 믿을 수 없는 존재인가를 판단하는 인식을 말하는 것으로, 신뢰감의 형성에 의해 나뉜다. 불안정 애착 유형의 영아는 양육자를 신뢰하지 못하므로, 충동

19) 어떤 모양을 이룸.
20) 자신이 처한 위치나 자신의 행동 · 성격 따위에 대해 깨닫는 일. 자기 의식.
21) 단순하거나 동질적인 것이 복잡하거나 이질적인 것으로 갈라져 나감.
22) 서로 도우며 함께 삶.

적이고 수동적이며 의존적인 성격을 형성할 수 있다. 그리고 타인을 믿지 못하므로 극도의 불안을 보이며, 다른 사람에 대한 적개심이나 반사회적 행동을 보일 우려가 있다. 즉, 불안정 애착 관계에 놓인 영아는 정서적으로 미성숙할 뿐 아니라 또래들과 함께하는 놀이 장면에서 사회적 상호작용이 원만하지 못할 수 있다. 반면, 양육자와의 깊은 신뢰감을 쌓고 안정적인 애착을 형성한 경우 두려움 없이 낯선 상황을 적극적으로 탐색할 수 있으며, 타인들과의 사회적 교류를 시도하게 된다. 다시 말해 기본적인 신뢰감이 원만히 형성된 영아는 다음 단계인 사회성의 발달에서도 보다 성공적으로 적응할 수 있게 된다.

영아의 사회적 놀이 단계와 놀이 특성은 〈표 3-2〉와 같다.

표 3-2 영아기 사회적 놀이 단계와 특성

사회적 놀이 단계	특성
지켜보기 단계	• 다른 또래의 놀이를 지켜봄
혼자놀이	• 혼자 놀이하며 주변의 또래와 상호작용이 거의 나타나지 않음
병행놀이	• 영아들이 같은 장소에서 놀이하되 각각 나름의 놀이를 함
연합놀이	• 또래와 무리지어 같은 놀이를 함 • 의사소통은 하지만 진정한 관계를 통한 놀이가 이루어지지 않음
협동놀이	• 다수의 영아가 관계를 형성하고 그 안에서 자신의 역할을 수행하며 놀이함 • 조직적으로 놀이의 공동의 목표와 규칙을 공유함 • 영아 후기에 나타나며 교사의 개입 및 지원을 통해 활발한 상호작용을 통해 초보적인 협동놀이가 이루어짐

영아기의 사회적 놀이는 이후 전 생애에 걸쳐 원만한 인간관계의 형성 및 유지에서 중요한 기초와 출발점이 될 수 있다. 따라서 자신의 감정을 조절하고 또래와 함께 상호작용할 수 있는 기회, 자신의 능력에 적절한 활동을 통해 독립심을 증진할 수 있는 놀이를 제공하는 교재 · 교구가 요구된다. 이에 따른 적절한 교재 · 교구는 다음과 같다.

부정적인 정서를 해소하고 즐거운 정서를 느낄 수 있도록 돕기 위해서는 영아가 자신을 스스로 표현할 수 있는 교재 · 교구가 제공될 수 있다. 실로폰, 마라카스, 드럼은 간단한 조작만으로도 소리가 나는 악기이며, 무독성 크레파스, 색연필 등은 영아의 손에 잘 쥐어지고, 문지르기만 해도 쉽게 색을 표현할 수 있다. 아름다운 소리 및 다양한 색의 자극은 정서 함양에 도움이 될 뿐 아니라 자기인식[23]과 자기조절 능력을 향상시킬 수 있다. 긍정적인 정서를 유발할 수 있는 교재 · 교구와 더불어 일상생활에서 경험한 것을 토대로 역할놀잇감을 제공해 주면 타인의 감정과 태도에 통찰[24]을 갖게 하는 기회를 제공해 줄 수 있다.

2) 영아기 발달 특징과 교재 · 교구

영아기 발달 특징을 바탕으로 교재 · 교구를 제공함으로써 기대되는 효과는 다음과 같다.

첫째, 교재 · 교구를 탐색함으로써 주변 환경을 영아 나름대로 파악하고 사물에 대한 호기심을 유발한다.

둘째, 교재 · 교구를 조작함으로써 신체 · 운동적 기능을 함양시키므로 탐색활동을 지원하는 기초적인 운동 능력과 더불어 자조[25] 기술의 발달을 촉진시킨다.

셋째, 교재 · 교구는 놀이의 시작 및 지속을 도우며 또래와의 상호작용을 유도한다.

넷째, 교재 · 교구를 활용하면서 잘못된 부분은 스스로 시행착오[26]를 통하여 깨닫고 해결함으로써 문제해결 능력을 기를 수 있다.

다섯째, 교재 · 교구에서 풍부한 감각자극을 제공받으며 자율적인 활동을 지원받는다.

여섯째, 교재 · 교구를 통해 일상적 행동을 모방하고 연습할 수 있는 기회를 제공받는다.

---

23) 인식 사물을 분별하고 판단해서 아는 일.

24) 전체를 환하게 내다봄. 예리하게 꿰뚫어 봄.

25) 자기를 스스로 돕는 일.

26) 학습 원리의 하나. 학습자가 어떤 목표나 과제를 해결할 방법을 모르는 채 본능 · 습관 따위에 따라 시행과 착오를 되풀이하다가 우연히 성공한 동작을 계속함으로써 점차 시간을 절약하여 목표에 도달할 수 있다는 원리.

일곱째, 교재 · 교구를 조작하면서 적절한 협응 능력의 발달을 도모[27]할 수 있다.

영아의 발달 특징과 이에 적합한 교재 · 교구를 제시하면 0~1세의 발달 특징과 교재 · 교구는 〈표 3-3〉, 2세의 발달 특징과 교재 · 교구는 〈표 3-4〉와 같다.

표 3-3 0~1세 영아의 발달 특징과 교재 · 교구

발달 영역	발달 특징	대표적인 교재 · 교구
신체 · 운동	• 손과 입을 통해 사물을 탐색한다. • 기초적인 운동 능력(대소근육, 신체조절 , 눈과 손의 협응)을 형성한다.	치아발육기, 딸랑이, 푹신한 공, 바퀴 달린 놀잇감, 두 발로 밀고 타는 탈것, 끌차 등
인지 · 언어	• 주변인들의 행동을 모방한다. • 대상연속성의 개념을 획득한다. • 비언어적 행동과 짧은 문장으로 의사소통할 수 있다. • 끼적거리기를 한다. • 친숙한 사물에 관심을 보이고 놀잇감으로 활용한다.	헝겊책, 비닐책, 일상생활 물건의 모형(전화기, 그릇, 컵, 싱크대 등), 쌓을 수 있는 커다란 블록, 누르면 튀어나오는 놀잇감, 헝겊 인형(사람, 동물), 거울, 일상생활 관련 그림책 등
사회 · 정서	• 다른 사람에게 주의를 기울인다. • 친숙한 사람에게 관심을 받고 싶어 한다. • 무서움이나 기쁨 등의 정서적 표현을 할 수 있다. • 다른 사람의 행동을 모방한다. • 까꿍놀이와 같은 사회적 게임에 참여한다.	흔들거나 두드려서 소리가 나는 악기, 손으로 잡을 수 있는 말랑한 공, 소리가 나는 악기, 헝겊 인형, 색연필, 크레용 등

표 3-4 2세 영아의 발달 특징과 교재 · 교구

발달 영역	발달 특징	대표적인 교재 · 교구
신체 · 운동	• 스스로 이동할 수 있는 범위가 넓어진다. • 사물을 적극적으로 탐색하며 조작한다. • 종이에 그리기 도구로 끼적인다. • 블록 몇 개를 위로 쌓는다. • 뛰거나 큰 공을 발로 찰 수 있다.	나무 블록, 종이 블록, 우레탄 블록, 큰 구슬 꿰기, 마라카스, 음악 테이프, 리본 막대, 이동식 목마, 미끄럼틀, 끌차, 공, 친숙한 인쇄물 등

27) 어떤 일을 이루려고 수단과 방법을 꾀함.

인지 · 언어	• 사물의 차이를 변별할 수 있다. • 표상 능력이 발달하여 상징놀이를 한다. • 글자 형태의 끼적거리기를 한다. • 타인과 음성적 의사소통이 가능하다. • 한 두 낱말이나 간단한 문장으로 말한다.	여러 가지 그림책(헝겊책, 동물, 가족, 일상생활에 관한 책), 촉감책, 3~5조각 퍼즐, 색연필, 크레용, 끼적거리기 판, 여러 종류의 종이, 여러 가지 자연물, 돋보기
사회 · 정서	• 자신의 감정을 상대방에게 표현한다. • 남자와 여자의 차이에 관심을 가지며 자신의 성별을 안다. • 자신의 고유성과 독특성을 소중하게 인식한다. • 다른 사람들의 감정에 공감 반응을 보인다. • 또래와 놀이하는 것을 즐긴다.	역할놀잇감(부엌 소품, 인형, 옷과 가방 등), 여러 가지 소품 영아가 안정감을 느낄 수 있는 애착물

3. 유아기와 교재 · 교구

1) 유아기 영역별 놀이와 교재 · 교구

(1) 신체놀이와 교재 · 교구

유아기는 영아기에 비해 신체의 양적 성장률은 떨어지지만 운동 능력은 두드러지게 발달하는 시기이다. 자율성과 독립적인 행동의 욕구가 늘어나 신체놀이의 양이 급격히 증가하며, 주위 환경에 대한 관심으로 직접 만지거나 새로운 동작을 시도하는 것을 즐기게 된다.

활발한 신체놀이는 신체 움직임, 협응, 신체 조절, 공간지각,[28] 균형감각 등의 능력이 수반된다. 그러므로 신체놀이는 신체 발달 및 운동 능력과 밀접한 관계를 지닌다. 이를 살펴보면 다음과 같다.

첫째, 신체를 활용함으로써 골격이나 근육 계통의 발달을 조화롭게 높일 수 있다.

둘째, 신체를 효율적으로 사용하기 위해 운동 기술은 더욱 분화[29]되고 정교해

28) 공간에 있는 물건의 방향 · 위치 · 크기 · 모양 · 거리를 인식하는 심적 경험. 공간각.
29) 단순하거나 동질적인 것이 복잡하거나 이질적인 것으로 갈라져 나감.

진다.

셋째, 이미 습득한 운동 기능에 필요한 기술을 확장시킨다.

넷째, 다양한 동작을 통해 기본적인 운동 능력과 근력이 강해진다.

유아기는 신체 및 운동 기술의 발달은 미흡하지만 추후 생애 운동 기능 발달의 기반이 된다. 또한 유아 자신의 신체 인식은 신체놀이와 동일시되므로 유아기는 운동 기능을 발달시키기 위한 이상적인 시기이며, 중요한 시기라 할 수 있다. 유아기의 신체 · 운동영역과 놀이의 발달을 살펴보면 다음과 같다.

첫째, 신체적 자극을 통해 균형 감각이 발달함으로써 다양한 자세를 유지할 수 있을 뿐만 아니라 유연성[30)]이 강화된다.

둘째, 소근육이 발달함으로써 정교한 조작놀이 활동이 가능해진다.

셋째, 효율적인 신체 움직임을 통해 민첩한 동작이 요구되는 놀이가 가능해진다.

따라서 다양한 신체놀이를 통해 신체의 움직임을 유발하고 효율적인 기능의 연습을 도우며 자신의 신체에 대한 소중함을 느끼도록 해 주는 것이 중요하다. 이에 따른 적절한 교재 · 교구는 다음과 같다.

첫째, 서기, 걷기, 던지기, 뛰기, 잡기 등과 같은 기초적인 기능과 더불어 균형감각, 방향감각을 발달시키기 위한 신체놀이는 평균대, 공, 자전거, 미끄럼틀, 훌라후프 등이 제공될 수 있다.

둘째, 소근육 발달 및 협응 능력을 위한 신체놀이는 그리기 도구, 오리기 도구, 구슬 꿰기, 퍼즐 등이 제공될 수 있다. 이는 유아기의 신체 · 운동 발달적 기대에 부응하기 위한 놀이의 도구로 대근육 발달 및 운동감각, 소근육 및 능숙한 협응 능력이 분화될 수 있는 경험과 연습을 제공해 주게 된다.

(2) 인지 · 언어 놀이와 교재 · 교구

유아기의 인지발달은 직관적 사고에 의한 놀이를 통해 이루어진다. 이 시기는 개념의 조직 능력이 아직 미흡하여 체계적이고 논리적으로 사고하는 능력은 결여되어 있다. 따라서 놀잇감의 내재적인 연관성, 규칙 또는 조작[31)]을 이해하지 못하며,

---

30) 부드럽고 연한 성질. 또는 그런 정도.

31) 물건을 지어 만듦.

사물이나 상황을 지각[32]할 때 한 가지 차원이나 세부사항에만 초점을 둔 채 다른 주요한 특성 및 속성[33]은 고려하지 못하는 경향을 보인다.

피아제는 감각기관을 통하여 사물을 인지하는 영아기에서 점차 직관적 사고로 이행하는 유아기를 '전조작기'로 명명하였다. 피아제가 제시한 '조작'이라는 용어는 논리적으로 사고하는 능력을 의미하는데, 유아기에는 이러한 조작 능력이 발달하지 못하였으며 직관적 행동이 나타남을 의미한다.

전조작기의 주요한 인지적 특징으로는 '중심화 경향'을 들 수 있다. 중심화 경향이란 자신의 입장이나 관점에서만 사건이나 사물을 파악하는 것으로, 타인의 입장이나 관점은 이해하지 못하는 경향을 의미한다. 예를 들어, 인형의 정면에는 자신이 인형의 후면에는 타인이 위치해 있을 때, 타인이 자신처럼 인형의 앞모습을 바라보고 있다고 판단하는 것이다. 이러한 중심화 경향은 유아의 놀이 상황에서 다양하게 나타날 수 있다. 앞서 예로 들었던 공간지각 영역뿐 아니라 사회적 관계, 의사소통에서 다른 사람의 입장을 파악하지 못하며 비논리적인 추리를 하는 등 타인의 입장이나 생각은 자신과 다를 것임을 고려하지 못한다. 하지만 중심화 경향은 입체도형 블록, 이야기 책이나 협동놀잇감을 통해 물리적 조망 및 타인의 입장이나 관점을 파악하는 경험이 축적됨으로써 극복된다. 즉, 인지적 놀이와 더불어 타인과의 의사소통 경험은 직관에 의존하지 않고도 타인의 입장이나 관점을 기술적으로 사용될 수 있는 능력을 향상시키게 된다.

유아기에는 중추신경계[34]가 성숙됨에 따라 이와 부수[35]하여 다양한 인지적 능력이 향상된다. 기억용량이 증가되며 다양한 기억전략을 사용하고, 정보의 저장 및 인출과정에 보다 효율적인 전략을 사용할 수 있게 된다. 또한 이전 경험에 대한 감각적 기억을 현실화된 이미지로 형성하는 정신적 표상[36]능력이 발달한다. 즉, 직접적으로 사물이나 사건을 경험하지 않아도 이전의 경험을 통해 유사하게 재현[37]해 지

32) 알아서 깨달음. 또는 그 능력.
33) 사물의 특징이나 성질.
34) 동물의 신경계가 집중하여 중심부를 형성하고 있는 부분(강장(腔腸)동물인 해파리 이상의 동물에서 볼 수 있음).
35) 주된 것에 붙어서 따라감.
36) 외부 세계의 대상을 마음속에 나타내는 것.
37) 다시 나타나거나 나타냄.

각할 수도 있다. 정신적 표상 능력의 발달은 내적 상상에 의한 사고와 표현하는 능력을 획득하였음을 의미한다. 예를 들어, 유아는 기다란 블록을 실제 전화기처럼 가지고 놀 수 있으며, 인형을 실제 아기처럼 돌보아 주면서 놀 수 있다. 즉, 실제는 아니지만 놀잇감을 가지고 "~인 척" 하는 놀이, 상황 설정을 통해 역할을 수행하는 역할극놀이가 가능해진다.

기억에 의한 표상 능력은 언어발달과도 밀접한 관련이 있다. 실제 사물을 가리켜 나타내기 위한 언어가 아닌 자신의 이전 경험이나 예측의 이야기를 타인에게 전달하는 데 표상 능력이 활용되기 때문이다. 현실에서 지각된 상황 외에 이전 경험을 표상하여 사고하고 이를 언어로 표현하므로 어휘량의 증가 및 문법 구조의 습득 등 효율적인 의사소통 능력도 함께 발달한다.

언어는 인지적 이해에 근거하여 표현되고 수용될 수 있다는 점에서 언어와 인지의 발달은 매우 밀접한 관련이 있다. 언어가 미숙하거나 인지적인 능력이 결여되었을 때, 언어의 정보를 처리하는 데 문제가 발생할 수 있고, 의사소통을 통한 놀이가 제한될 수 있기 때문이다. 그러므로 인지와 언어가 상호 촉진될 수 있는 교재 · 교구가 요구된다. 이에 따른 적절한 교재 · 교구는 다음과 같다.

역할놀잇감, 인형, 그림책은 의사소통의 기회 및 다양한 어휘를 확장해 줄 수 있으며, 언어 능력이 발달함에 따라 더 많은 상상과 내면적 사고를 촉진시킬 수 있다. 더불어 체계적이고 논리적으로 사고하는 능력이 미흡하다는 점을 감안함으로써 구체적인 경험을 제공할 수 있는 놀잇감을 제공하는 것이 필요하다.

(3) 사회적 놀이와 교재 · 교구

유아기에는 점차 혼자놀이, 병행[38]놀이, 연합[39]놀이, 협동놀이에 이르기까지 집단의 구성원으로 참여되는 놀이 형태로 발달해 간다. 또래들과 사회적 상호작용이 증가되면서 함께 놀이 과정에 융합[40]될 수 있도록 사회적 기술, 역할, 가치를 배우게 된다. 따라서 유아기는 영아기보다 사회적 관계의 범위가 확장됨으로써 사회화를 촉진할 수 있는 매우 이상적인 시기라 할 수 있다.

38) 둘 이상이 나란히 감.

39) 둘 이상의 단체나 조직을 합하여 하나의 조직을 만듦. 또는 그런 조직체.

40) 여러 종류의 것이 녹아서 하나로 합침.

사회화 과정은 출생과 동시에 시작되며 인간 발달에 중요한 영향을 미친다. 특히 유아기는 영아기보다 사회적 관계의 범위가 확장됨으로써 사회화를 더욱 촉진하게 된다. 영아기에는 주로 양육자와 맺어지는 사회적 놀이에서 개인의 욕구를 충족하기 위해 의존적인 성향을 보였다면 유아기에는 교육기관, 학급 내 또래들에게 적응할 수 있는 사회적 규범이나 습관을 형성해 나가는 과정이 나타난다. 특히 또래들과 놀이 장면에서 유아는 한정된 놀잇감을 나누거나 함께하는 놀이의 역할 분담, 놀이의 규칙을 세우는 데 다양한 갈등이 빚어진다. 또래가 포함된 집단에서 자연스럽게 효과적인 사회 참여를 위한 갈등 해결 방법 및 사회적 행동을 습득하게 되고, 상호 대응적[41]인 행동을 익히게 된다. 즉, 또래와 함께하는 놀이는 자기중심적 사고에서 벗어나 자신과 상황을 보다 객관적으로 바라보도록 돕는다. 또래들과 즐거운 놀이를 시작하고 유지하기 위해서는 규칙의 준수와 협동, 타협이 요구되므로 의존적이거나 자기중심적 성향을 스스로 자제하고 지양[42]하도록 촉구되기 때문이다. 그러므로 사회적 놀이는 자연스러운 사회화 과정을 이끌어내고 교사의 의도적인 교수 계획과 실행에 대가 없이 행동의 변화를 유도할 수 있는 이점이 있다.

유아는 다른 사람들에게 긍정적으로 인정을 받으려는 욕구가 자연스럽게 발생하며 이를 충족함에 따라 자아존중감이 발달한다. 자아존중감이란 자신에 대한 포괄적이고 광범위한 평가를 포함하는 것으로, 자신이 중요하고 가치 있다는 믿음을 의미한다. 또래들과 놀이하는 과정에서 신체적 차이, 능력의 차이를 비교하며 열등감 및 우월감을 느끼기도 하며 구조화된 놀이를 통해 자신에 대한 긍정적인 가치를 발견하게 된다. 자아존중감은 또래들과의 관계에 적극적인 태도를 나타낼 뿐만 아니라 나아가 사회의 적응 능력에 직접적인 영향을 미치게 된다.

유아기의 다양한 사회적 놀이에서 비롯된 기초적인 사회화[43] 과정은 전 생애에 걸쳐 사회성의 발달 및 다른 영역의 발달에도 지대한 영향을 미치게 된다. 그러므로 유아기의 주요 발달 과업인 사회구성원으로서 요구되는 사회적 행동의 습득, 자신에 대한 긍정적인 인식을 지원하기 위한 교재 · 교구가 요구된다. 이에 따른 적절한 교재 · 교구는 다음과 같다.

---

41) 어떤 일이나 사태에 알맞은 조치를 취함.

42) 더 높은 단계로 오르기 위하여 어떤 것을 하지 않음.

43) 개인의 상호작용으로 집단이나 사회가 형성되어 가는 과정.

원만한 대인관계를 갖는 능력의 기초를 형성하기 위해서는 사회적 기술을 적용해 볼 수 있는 협동놀잇감, 적절한 사회적 기술을 확인하고 모방할 수 있는 동화책, 자신의 정서를 조절하며 자유롭게 표현할 수 있는 표현 자료가 필요하며, 수행의 과정과 결과에서 성취감이 제공될 수 있는 교재 · 교구가 필요하다.

2) 유아기 발달 특징과 교재 · 교구

유아기 발달 특징을 바탕으로 교재 · 교구를 제공함으로써 기대되는 효과는 다음과 같다.

첫째, 직접 교재 · 교구를 조작[44]함으로써 다양한 외부 정보를 탐색하고 지식을 구성함으로써 창의적 사고를 촉진할 수 있다.

둘째, 교재 · 교구를 통해 상호작용함으로써 자신의 의사를 자유롭게 표현하는 기회를 제공하여 의사소통 능력 및 사회성 발달을 촉진할 수 있다.

셋째, 또래와 함께 교재 · 교구를 활용함으로써 규칙을 지키는 등 자기조절 능력을 함양[45]한다.

넷째, 교재 · 교구를 통해 놀이함으로써 안정감을 얻고 정서를 발달시킬 수 있다.

유아의 발달 특징과 이에 적합한 교재 · 교구를 제시하면 3세의 발달 특징과 교재 · 교구는 〈표 3-5〉, 4~5세의 발달 특징과 교재 · 교구는 〈표 3-6〉과 같다.

표 3-5　3세 유아의 발달 특징과 교재 · 교구

발달 영역	발달 특징	대표적인 교재 · 교구
신체 · 운동	• 오르기, 걷기, 뛰어넘기 등과 같은 대근육의 운동 조절 능력이 증진된다. • 흔들기, 굽히기, 비틀기 등과 같은 몸의 균형감각 능력이 증진된다. • 초보적인 가위질과 그리기가 가능하다.	그네, 미끄럼틀, 간단한 조작 놀잇감, 볼풀공, 안전가위, 평균대, 훌라후프, 그리기 및 쓰기 도구 등

44) 물건을 지어 만듦.

45) 능력이나 성품을 기르고 닦음.

인지 · 언어	• 대상을 한 가지 특성에 의존하여 탐색하며 관찰한다. • 블록으로 간단한 구성물을 만드는 등의 쌓기 기술이 발달한다. • 친숙한 글자에 관심을 갖는다. • 세 단어로 문장을 표현할 수 있으나 단어나 문장 등을 이해하지 못하는 경우도 많다. • 이야기를 주의 깊게 듣고 새로운 단어에 관심이 많다.	퍼즐(5~10조각), 다양한 블록, 소품, 역할놀잇감(가게놀이, 병원놀이, 음식점놀이, 미용실놀이 등), 그림책, 그림 자료, 손인형, 막대 인형, 융판, CD플레이어와 이야기 CD, 글자퍼즐, 필기도구, 10개가량의 셀 수 있는 구체물, 숫자 카드, 짝 맞추기 자료
사회 · 정서	• 창의적으로 자신의 생각과 느낌을 표현하고 싶어한다. • 다양한 주제의 상상놀이 및 사회극놀이를 할 수 있다. • 자율성이 증진되며 자신의 정서를 풍부하게 표현한다. • 스스로 자신의 물건과 놀잇감을 꺼내고 정리할 수 있다. • 또래들과 함께하는 놀이에 즐거움을 느낀다.	표현 재료(다양한 종이류, 그리기 도구, 폐품 자료, 점토류, 접착제류, 구성 재료 등), 일상생활 훈련 자료(단추 끼우기, 지퍼 올리기, 나사 조이기 등), 간단한 보드게임 등

표 3-6 4, 5세 유아의 발달 특징과 교재 · 교구

발달 영역	발달 특징	대표적인 교재 · 교구
신체 · 운동	• 신체 · 운동 기술이 발달하여 독립적이고 새로운 신체적 활동을 선호한다. • 손과 눈의 협응력과 소근육의 발달이 점차 정교해진다. • 신체적 활동이 보다 안정되며, 균형적인 움직임이 가능하다. • 정교한 가위질과 그리기가 가능하다.	평균대, 보조바퀴가 달린 자전거, 바느질하기, 다양한 블록과 소품, 퍼즐(10~20조각),
인지 · 언어	• 인과관계의 이해나 관점을 유추할 수 있다. • 구체적 사물을 지각하여 사물 간의 관계성을 이해할 수 있으며, 여러 대상과 한 대상을 비교할 수 있다. • 기억력, 언어 표현력의 발달이 이루어진다. • 완전한 문장을 구성할 수 있으며, 읽기와 쓰기에도 관심을 보인다. • 탐색적 사고와 결과에 대한 예측을 시도한다.	규칙이 있는 보드 게임, 그림 동화책, 막대인형, 단어 카드, CD플레이어와 이야기 CD, 마이크, 숫자 카드, 융판 자료, 각종 표지판, 20개가량의 셀 수 있는 구체물, 다양한 필기구 및 종이, 관찰 및 측정 도구(돋보기, 저울, 온도계 등), 자연물과 같은 관찰 자료 등

사회 · 정서	• 협동놀이가 증가하며 자신의 정서를 상황에 따라 조절할 수 있다. • 또래나 타인의 인정과 칭찬을 받고자 한다. • 사회적 규칙과 기술이 발달한다. • 직접 경험하지 않고 상상만으로도 감정을 예측할 수 있다.	역할놀잇감(가게놀이, 병원놀이, 음식점놀이, 미용실놀이 등), 표현 재료(다양한 종이류, 그리기 도구, 폐품 자료, 점토류, 접착제류, 구성 재료 등), 다양한 악기와 악보 등

4. 교재 · 교구의 설비 기준

1) 우리나라 보육시설의 평가인증 지표에 따른 교재 · 교구 설비 기준

(1) 교재 · 교구 설비 기준의 점검 항목

보육시설에서의 교재 · 교구의 의무적 비치 기준은 제시되어 있지 않으나 질적 수준을 가늠해 볼 수 있는 평가인증 지표를 기준으로 살펴보면 다음과 같다(보건복지부, 한국보육진흥원, 2019).

첫째, 영역별 활동자료는 영유아의 연령별 발달 수준과 흥미 등을 고려하여 적합한 것을 구비하고 있다.

둘째, 활동자료는 영아의 경우 영역별로 각각 3종 이상, 유아의 경우 영역별로 각각 4종 이상 구비되어 있다.

셋째, 계획안의 주제와 관련된 활동자료들이 만 0~1세의 경우 2개 이상, 만 2세의 경우 4개 이상, 만 3~5세의 경우 5개 이상 다양하게 준비되어 있다.

(2) 영역에 따른 적합한 교재 · 교구들의 예

'제3차 어린이집 평가인증 통합지표(한국보육진흥원, 2019)'에서 제시된 흥미 영역에 따른 적합한 교재 · 교구들의 예시를 각 연령별로 구분하여 살펴보면 다음과 같다. 〈표 3-7〉 신체(대근육)활동 자료 예, 〈표 3-8〉 언어활동 자료 예, 〈표 3-9〉 미술활동 자료 예, 〈표 3-10〉 음악 및 동작활동 자료 예, 〈표 3-11〉 감각 · 탐색활동 자료 예, 〈표 3-12〉 수 · 조작활동 자료 예, 〈표 3-13〉 과학활동 자료 예, 〈표 3-14〉 역할 및 쌓기놀이 자료 예와 같다.

표 3-7 신체(대근육)활동 자료 예

영아(만 0~1세)	기어오를 수 있는 계단이나 경사로(부드러운 솜이나 스펀지를 넣은 것), 운동기구(손이나 발동작으로 이동, 비이동, 조작 운동을 할 수 있는 것), 잡고 걸을 수 있도록 벽을 따라 설치된 봉, 스펀지 블록, 큰 공(천이나 플라스틱), 밀고 당기는 놀잇감(단순하고 손에 쥘 수 있는 크기) 등
영아(만 2세)	미끄럼틀, 점핑 바운서, 조합놀이대, 볼풀놀이대 등 고정식 놀이기구, 목마, 자동차, 끌차 등 이동식 놀이기구, 공, 후프 등의 운동기구, 종이벽돌 블록, 스펀지 블록 등
유아(만 3~5세)	조합놀이대, 놀이집, 그네, 미끄럼틀, 낮은 철봉, 시소 등 고정식 놀이기구, 차량 모형, 운전대, 타이어 오름대, 드럼통 터널, 안전 널빤지, 받침대, 사다리, 점핑 바운서, 평균대, 흔들목마, 구르기용 매트, 자전거, 손수레, 끌차, 이동식 농구대, 다양한 크기의 블록류(플라스틱 공간 블록 등), 크기와 종류가 다양한 공류, 줄넘기, 훌라후프, 던지기용 고리 등

출처: 보건복지부, 한국보육진흥원(2019)에서 재구성.

표 3-8 언어활동 자료 예

영아(만 0~1세)	그림 자료, 사진 자료, 전화기, 짧은 이야기와 노래 테이프, 입으로 물거나 던져도 좋을 만큼 안전하고 견고한 재질과 형태의 그림책(헝겊책, 촉감책, 비닐책, 스펀지책, 소리나는 책 등), 다양한 그림이나 사진 자료(영아에게 친숙한 인물, 동식물), 영아가 물거나 빨아도 안전한(무독성) 짧고 굵은 크레용이나 부드럽게 써지는 색연필, 쓰기판 등
영아(만 2세)	손 인형, 사진 자료, 친숙한 일상생활 용품의 사진과 이름이 있는 그림 카드, 전화기, 녹음된 목소리를 들어볼 수 있는 카세트, 짧은 이야기와 노래 테이프, 글자 수가 많지 않은 다양한 주제의 그림책을 포함하여 재질과 형태가 다양한 책(촉감책, 퍼즐책, 소리나는 책 등), 그림이나 사진 자료(그림책의 주인공, 영아에게 친숙한 인물, 지역사회, 자연물), 굵은 크레용, 굵은 색연필이나 4B 연필, 자석 쓰기판, 종이 등
유아(만 3~5세)	교사나 부모 등 친근한 사람의 목소리가 녹음된 테이프, CD 플레이어와 이야기 CD, 헤드폰, 유아가 스스로 이야기를 꾸미거나 자신이 아는 이야기를 반복하도록 촉진시키는 소품(막대 인형이나 테이블 인형, 융판이나 자석인형, 손인형, 손가락 인형, OHP 그림, 인형극 틀 또는 언어놀이를 할 수 있는 수수께끼 상자나 순서대로 사건을 연결하여 이야기해 보는 그림 카드, 목소리를 녹음해 볼 수 있는 녹음기, 마이크 등), 다양한 주제의 각종 그림책(창작 그림책, 전래동화, 글 없는 그림책, 과학동화, 생활동화 등), 사진첩, 유아들이 만든 그림책, 주제에 따른 화보 모음 책, 동요, 동시집, 어린이집 잡지나 카탈로그, 간판, 메뉴판, 광고나 포스터 등 실생활에서 볼 수 있는 환경 인쇄물, 각종 글자나 모양과 글자 퍼즐, 크기와 모양이 다양한 종이, 굵은 색연필, 사인펜 등의 다양한 필기도구, 소형 화이트보드와 마커 펜, 글자 상자, 단어 카드, 자 · 모음 카드, 독서 카드, 글자 도장, 컴퓨터와 프린터 등

출처: 보건복지부, 한국보육진흥원(2019)에서 재구성.

표 3-9 미술활동 자료 예

영아(만 0~1세)	벽이나 바닥, 책상 위에 넓게 붙인 큰 도화지와 무독성 크레파스, 부드럽게 써지는 색연필, 밀가루 점토, 스티커, 여러 가지 모양 도장 등
영아(만 2세)	다양한 재질과 색깔의 종이류, 색연필, 크레용, 크레파스 등 그리기 도구, 우유팩, 잡지책, 안전가위, 풀, 밀가루 점토, 스티커, 모양 도장 등
유아(만 3세)	필기구류(크레파스, 색연필, 연필, 사인펜 등), 물감류(수채화물감, 먹물 등), 종이류(도화지, 두꺼운 도화지, 색 도화지, 신문지, 한지, 화선지, 색종이, 골판지, 박스종이, 소포지, 포장지, 광고지, 이면지, 잡지류 등), 만들기 도구류(풀, 가위, 펀치, 고무줄, 클립, 테이프 등), 만들기 재료류(수수깡, 모루, 솜, 나무젓가락 등), 점토류(찰흙, 지점토, 밀가루 점토 등), 폐품류(우유팩, 요구르트병, 상자 등)

출처: 보건복지부, 한국보육진흥원(2019)에서 재구성.

표 3-10 음악 및 동작활동 자료 예

영아(만 0~1세)	소리 나는 물건을 흔들거나 두드리는 것을 좋아하므로 딸랑이나 안전한 방울, 마라카스, 녹음기, 음악 테이프, 소리가 나는 놀잇감, 주변에서 볼 수 있는 소리 나는 물건
영아(만 2세)	흔들고 두드릴 수 있는 단순한 리듬 악기(리듬 막대, 마라카스, 탬버린 등), 녹음기, 음악 테이프, 동작 표현을 돕는 소품(여러 가지 색 보자기, 스카프, 리본 막대, 부드러운 수건 등)
유아(만 3~5세)	리듬악기(리듬막대, 우드블록, 마라카스, 캐스터네츠, 탬버린, 트라이앵글, 소고, 작은북 등), 가락악기(실로폰, 멜로디언, 피아노, 키보드, 기타 등), 전통악기(소고, 장구, 북, 징, 꽹과리 등과 같은 우리나라 전통악기와 외국의 전통악기), 음악가 및 악기 사진이나 악기 연주 또는 노래 부르는 모습의 사진, 그림이 있는 노래가사, 그림 악보, 음악 포스터 등, 이 밖에 다양한 음악을 감상하는 기회를 갖도록 녹음기, 헤드폰, 다양한 카세트/CD 플레이어, 음악 테이프 등, 동작활동을 위한 여러 가지 색 보자기, 스카프, 리본 테이프, 리본 막대, 한삼, 부드러운 수건, 각종 동물 가면이나 탈출 소품, 거울 등

출처: 보건복지부, 한국보육진흥원(2019)에서 재구성.

표 3-11 감각 · 탐색활동 자료 예

영아(만 0~1세)	감각활동 자료(여러 가지 재질과 질감의 촉각판, 다양한 소리가 나는 플라스틱 통 등), 탐색 및 조작활동 자료(누르면 튀어나오는 놀잇감, 오뚝이, 고무나 플라스틱으로 된 고리 끼우기, 모양 찾아 맞추기 등)
영아(만 2세)	감각활동 자료(오감을 이용한 여러 가지 감각놀잇감, 소리 상자, 촉감판 등), 탐색활동 자료(돋보기, 식물, 동물, 주변에서 찾아낸 여러 모양의 나무껍질, 조개껍질 같은 여러 가지 자연물), 조작활동 자료(큰 조각 퍼즐, 모양 찾아 맞추기, 크기 순으로 고리 끼우기, 색깔 맞추기 등)

출처: 보건복지부, 한국보육진흥원(2019)에서 재구성.

표 3-12 수 · 조작활동 자료 예

유아(만 3~5세)	1~10까지 셀 수 있는 구체물(작은 동물 모형, 조개류, 솔방울 등), 크기가 점차 커지는 10개의 컵, 숫자 카드, 수 세기 자석판, 빨래집게 수 세기판, 양팔 저울, 큰 글자의 시계, 달력 등, 다양한 퍼즐(조각 끼우기, 그림 맞추기, 숫자 퍼즐, 색 퍼즐, 도형 퍼즐 등), 판 게임이나 게임 자료(예: 주사위 게임, 가위바위보 게임, 윷놀이, 칠교놀이) 등

출처: 보건복지부, 한국보육진흥원(2019)에서 재구성.

표 3-13 과학활동 자료 예

유아(만 3~5세)	거울, 자석, 돋보기, 프리즘 등의 도구, 바퀴와 부속품, 자연물과 식물 관련 자료(꽃, 야채, 나뭇잎, 열매, 씨앗, 나뭇가지, 꽃잎, 솔방울 등), 거북이, 금붕어, 달팽이 등 기르는 동물과 먹이 등의 동물 자료, 자연현상 사진, 온도계, 습도계와 관찰 용지, 필기도구, 간단한 도구와 기계, 기계와 도구를 만들 수 있는 주변의 여러 가지 물건(나무토막 상자) 등

출처: 보건복지부, 한국보육진흥원(2019)에서 재구성.

표 3-14 역할 및 쌓기놀이 자료 예

영아(만 0~1세)	세탁이 용이한 재료로 만들어진 다양한 크기와 촉감의 인형(가족 인형, 소리 나는 인형, 동물 인형), 자동차류, 우레탄 블록이나 스펀지 블록, 종이벽돌 블록, 헝겊으로 감싸져 있는 블록 등
영아(만 2세)	일상생활에서 경험한 단순한 역할놀이용 자료(여러 가지 모양의 그릇 등의 소꿉놀잇감, 전화기, 인형, 나무 블록, 종이벽돌 블록, 우레탄 블록, 스펀지 블록, 재질이 부드럽고 구멍이 큰 끼우기형 블록 등

유아(만 3~5세)	기본 가구류(유아 크기의 화장대, 식탁과 의자, 소품을 넣을 수 있는 장, 모형 씽크대 등), 소꿉놀이류(질감이 다양한 인형류, 유모차, 우유병과 각종 소꿉놀이 그릇류, 모형 주방기구들, 모형 음식, 각종 역할놀이 소품(옷입기 놀이를 위한 의상류, 다양한 신발류, 장신구 및 소품), 농장 동물원, 음식점, 기차역, 인형집, 소방서 등 각종 모형, 종이벽돌 블록, 유니트(단위) 블록, 우레탄 블록, 손이 빈 공간 블록, 스펀지 블록, 우유팩 블록 등 쌓기놀이형 블록과 자석 블록, 와플 블록, 띠 블록, 꽃 블록, 눈송이 블록, 인형류, 기타 보육 주제와 관련된 소품들(동물 가면, 표지판, 신호등, 간판 표시물, 운전대, 경찰이나 오토바이용 모자, 소방관 모자, 모형 건물이나 집 등)

출처: 보건복지부, 한국보육진흥원(2019)에서 재구성.

2) 미국의 교재 · 교구 설비 기준

(1) NAEYC

NAEYC(National Accreditation of Education for Young Children, 미국 유아교육 협회)는 전체적인 수업환경에 관심을 지닌 민간 아동교육 단체로 보육시설의 인증을 담당하고 있다. 즉, 인증과 관련된 절차와 실내외의 시설 설비에 대한 일반적인 기준을 제시하고 있으며, 영역별, 주제별, 연령별 구체적인 교재 · 교구는 소개되어 있지 않고 간략히만 기술되어 있다. 이를 소개하면 〈표 3-15〉와 같다.

표 3-15 NAEYC Standard 교재 · 교구의 특징

구분	교재 · 교구의 특징
기준	• 내구성이 있고 관리 유지 • 학습활동을 위해 장애아를 포함한 모든 아이에게 적절히 제공 • 다양한 연령과 발달에 적합한 교재 · 교구를 하루 일과에 맞게 제공
항목	• 역할놀이 교구 • 감각놀이 교구(모래, 물, 찰흙, 물감, 블록 등): 교과 영역의 교육목표와 목적에 부합 • 대근육 운동 놀이기구 • 학습 증진과 놀이 기회 확장을 위해 교재 · 교구 위치를 바꾸어 줄 것 • 혼자 놀이 또는 또래와 함께하는 놀이에 중점을 두고 활용 • 활동에 참여하는 영유아를 위해 충분한 양 • 교과과정을 지원하고 프로그램의 목표에 적합 • 영유아의 성장을 촉진

출처: 김성은(2019), p. 52.

(2) TURCE

TURCE(Teachers Resising Unhealthy Children's Entertainment)은 미국의 보육교사들로 구성된 모임으로 영유아에게 적절한 놀잇감 및 부적절한 놀잇감에 대한 선별 기준을 제시하고 있다. 구체적으로 정서의 발달에 유해한 놀잇감과 비폭력적 행동을 장려하는 놀잇감에 대한 선별과 더불어, 영유아에 대한 마케팅을 줄이고 폭력적인 놀잇감 판매를 줄이기 위한 정보를 제공하고 있다.

2018년도에 출간된 자료에서는 양질의 놀이가 무엇인지, 유아를 위한 최고의 놀이와 장난감은 무엇인지, 어떤 장난감을 피해야 하는지에 대한 내용을 다루고 있었다(http://www.truceteachers.org/). 그러나 발달의 영역별, 연령 및 수준별, 주제 및 활동방법의 차원 등 체계적으로 제시된 교재 · 교구 선정 기준은 다루지 않고 교재 · 교구의 제품을 소개하는 수준이다.

요점정리

1. 영유아기 교육의 중요성과 원리

1) **영유아기 교육의 중요성**

- 인간 발달의 근본과 기초가 형성되는 시기
- 발달 과업은 연속적이고 누적적

2) **영유아기 교육의 원리와 교재 · 교구**

- **개별화의 원리**: 개별적인 특성과 능력에 초점
- **사회화의 원리**: 사회적 상호작용 촉진을 통해 사회성을 신장
- **타당성의 원리**: 명확히 제시된 의미 있는 목표가 참여를 높임
- **직접 경험의 원리**: 직접 경험으로 효과적인 학습을 촉진
- **흥미의 원리**: 흥미있는 학습은 몰입과 주의력을 높임

2. 영아기와 교재 · 교구

1) **영아기 영역별 놀이와 교재 · 교구**

(1) **신체놀이와 교재 · 교구**: 다양한 반사행동, 놀잇감을 탐색하기 위한 신체적 움직임이 나타나고, 자신의 의지대로 놀잇감을 활용하려 하므로 대 · 소근육의 발달을 촉진하기 위한 교재 · 교구 제공

(2) **인지 · 언어 놀이와 교재 · 교구**: 감각적 탐색을 통한 이해, 주변통제 능력 및 대상영속성 개념 형성, 의사소통 경험이 창출될 수 있도록 돕는 교재 · 교구 제공

(3) **사회적 놀이와 교재 · 교구**: 자의식을 형성하기 시작하므로 긍정적인 정서를 유발할 수 있는 교재 · 교구와 간단한 역할놀잇감 제공

2) **영아기 발달 특징과 교재 · 교구**

- 기초적인 운동 능력 및 자조기술 발달의 촉진, 놀이 및 상호작용의 유도, 감각적 경험 촉진, 일상적 행동 모방, 운동 협응 능력의 발달을 도모할 수 있는 교재 · 교구

3. 유아기와 교재 · 교구

1) **유아기 영역별 놀이와 교재 · 교구**

(1) **신체놀이와 교재 · 교구**: 운동 능력이 급격히 발달하는 시기이므로 서기, 걷기, 던지기, 뛰기, 잡기, 균형감각, 방향감각을 발달시키기 위한 교재 · 교구 제공

(2) **인지 · 언어 놀이와 교재 · 교구**: 중심화 경향의 극복, 표상 능력과 관련된 인지 능력 향상 및 의사소통 능력이 발달을 촉진할 수 있는 교재 · 교구 제공

(3) **사회적 놀이와 교재 · 교구**: 사회적 상호작용의 증가, 사회 적응력 발달, 자아존중감의 형성을 돕기 위한 협동놀잇감, 사회적 기술을 향상시킬 수 있는 교재 · 교구 제공

2) 유아기 발달 특징과 교재 · 교구

- 직접 조작 가능, 또래와 함께 활용하여 상호작용 촉진 및 자기조절 능력 향상, 안정감을 얻을 수 있는 교재 · 교구

4. 교재 · 교구의 설비 기준

1) 우리나라 보육시설의 평가인증 지표에 따른 교재 · 교구 설비 기준

- 신체(대근육)활동, 언어활동, 미술활동, 음악 및 동작활동, 감각 · 탐색활동, 수 · 조작활동, 과학활동, 역할 및 쌓기놀이 자료를 연령으로 구분

2) 미국의 교재 · 교구 설비 기준

- NAEYC에서는 시설 설비에 대한 일반적인 기준 및 항목, 발달 특징에 따른 놀잇감 제시
- TURCE에서는 양질의 놀잇감 제품 소개

참고문헌

권혜진, 김경은, 우현경, 전가일, 전숙영, 정윤주, 한유진(2016). 아이와 교사가 즐거운 놀이지도. 경기: 양서원.

김성은(2019). 영아 통합 발달을 위한 어린이집 평가제 교재교구 개발 및 적용 효과. 숙명여자대학교 대학원 박사학위논문.

보건복지부, 한국보육진흥원(2019). 제3차 어린이집 평가인증 통합지표.

TURCE (http://www.truceteachers.org/)

제4장

교재 · 교구 제작

교재 · 교구를 제작하는 과정은 계획에서부터 출발된다고 해도 과언이 아니다. 특히 상품화된 교재 · 교구가 지닌 한계를 상쇄[1]하기 위해 교사는 영유아의 특성과 발달에 적합한 다양한 교재 · 교구를 제작해야 한다. 따라서 경제적 · 교육적 측면과 더불어 한정된 업무 시간 내 효율적으로 교재 · 교구를 제작하기 위해서 반드시 구체적인 계획이 선행되어야 한다.

이 장에서는 교재 · 교구 제작계획의 필요성 및 단계와 특별히 고려해야 할 사항을 언급하고자 한다. 그리고 이를 바탕으로 구체적인 교재 · 교구 제작계획서의 작성방법을 살펴보았으며, 제작 시 활용할 수 있는 다양한 재료들을 제시하였다.

1) 상반되는 것이 서로 영향을 주어 효과가 없어지는 일.

마인드 맵

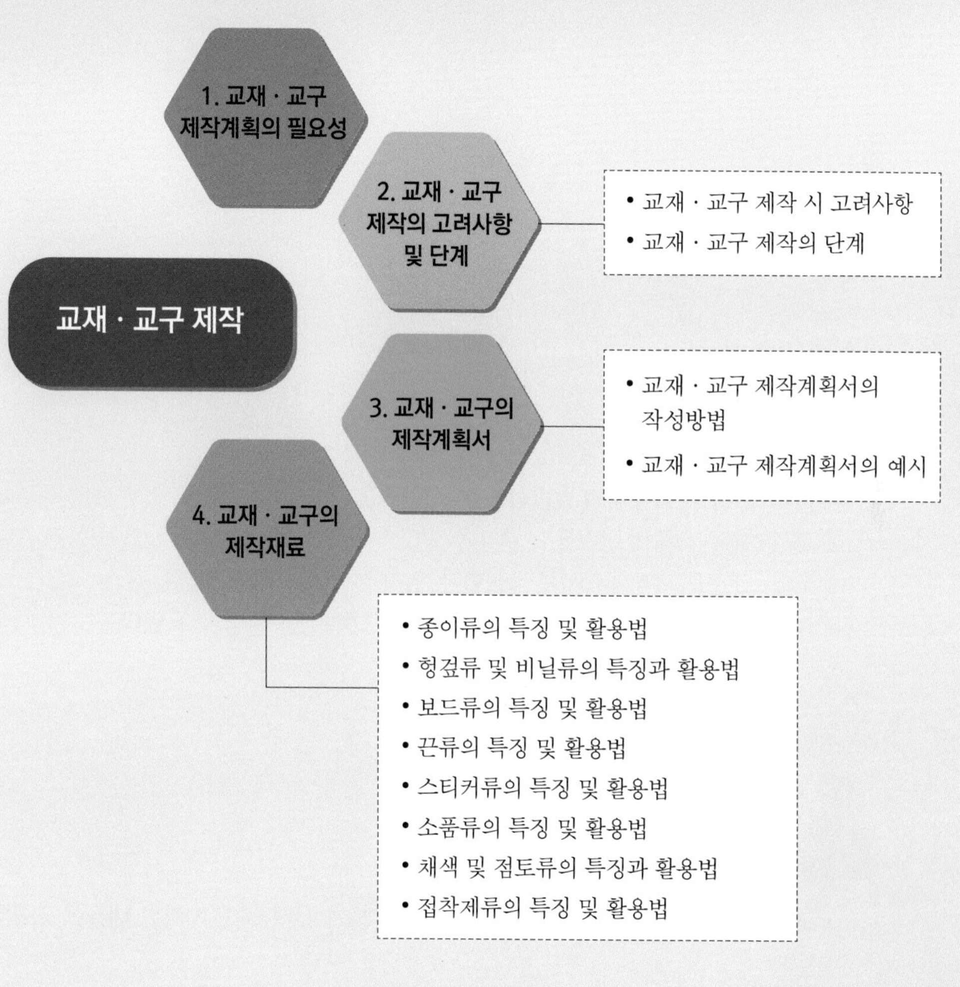

교재 · 교구 제작
1. 교재 · 교구 제작계획의 필요성
2. 교재 · 교구 제작의 고려사항 및 단계
• 교재 · 교구 제작 시 고려사항
• 교재 · 교구 제작의 단계
3. 교재 · 교구의 제작계획서
• 교재 · 교구 제작계획서의 작성방법
• 교재 · 교구 제작계획서의 예시
4. 교재 · 교구의 제작재료
• 종이류의 특징 및 활용법
• 헝겊류 및 비닐류의 특징과 활용법
• 보드류의 특징 및 활용법
• 끈류의 특징 및 활용법
• 스티커류의 특징 및 활용법
• 소품류의 특징 및 활용법
• 채색 및 점토류의 특징과 활용법
• 접착제류의 특징 및 활용법

/ 학습목표 /

1. 교재 · 교구 제작계획의 필요성을 제시할 수 있다.
2. 교재 · 교구 제작의 단계를 나열할 수 있다.
3. 교재 · 교구의 제작계획서를 작성할 수 있다.
4. 교재 · 교구의 제작에 활용할 수 있는 재료들의 특성을 설명할 수 있다.

/ 주요용어 /

- **교재 · 교구 제작계획서**: 교재 · 교구를 제작하기 전에 미리 계획한 내용을 기재한 문서
- **효율적**: 들인 노력과 비용에 비해 얻어지는 결과가 큼
- **제작과정**: 다양한 재료들을 활용하여 결과물을 구체화시키는 작업의 절차나 변화 단계
- **심미감**: 아름다움의 본질을 추구하는 것을 느낌

1. 교재 · 교구 제작계획의 필요성

교재 · 교구는 영유아의 발달을 도모[2]하는 데 있어 중요한 영향을 미치는 도구이다. 그러므로 영유아의 발달에 기초하여 감각을 통해 탐구를 할 수 있도록 적절한 교재 · 교구를 제공해야 한다. 따라서 교재 · 교구 제작을 계획한다는 것은 영유아의 발달을 도모하기 위해 교사가 제작하고자 의도하는 명확한 목적을 가지고, 주어진 시간과 예산, 능력 내에서 이를 구체화하는 작업이다. 이러한 작업을 통해 실제 제작 시 효율적이고 합리적인 제작이 가능하게 된다. 다시 말해, 교재 · 교구 제작에 대한 계획을 수립할 때는 영유아의 발달과 흥미에 적합한지를 적절히 살펴보아야 한다. 그리고 시간 및 제작비용에 대한 여건이 잘 맞는지 점검하며, 제작과정을 통해 교육적 의도에 따른 활용과정의 적합성[3]을 판단해 보아야 한다. 이를 통해 완성도 높은 교재 · 교구를 제작하고, 제작과정에서 발생할 수 있는 시행착오를 줄일 수 있다. 그러므로 교재 · 교구 제작계획은 실제적인 작업의 기초 과정이며, 이를 위해 치밀한 제작 절차를 계획해야 할 필요성이 있다. 이에 교재 · 교구 제작계획의 필요성을 구체적으로 살펴보면 다음과 같다.

첫째, 효율적인 제작이 가능한지를 확인할 수 있다. 즉, 상품화된 교재 · 교구보다 실제 제작 시 여건이 보다 더 효율적인지를 살펴보아야 한다. 왜냐하면 제작과정에서 사전 준비가 철저히 이루어질수록 경비와 시간, 노력을 절약할 수 있어 매우 유익하다.

둘째, 제작과정에서의 시행착오를 줄일 수 있다. 계획을 세우지 않고 임의대로 교재 · 교구 제작을 시도하게 된다면 예상치 못한 상황이 벌어질 수 있다. 그러므로 계획절차에 따라 제작하게 되면 문제 상황을 미리 예방할 수 있다.

셋째, 제작과정이 어느 정도 남아 있는지 파악할 수 있다. 제작방법을 치밀하게 계획하면 소요되는 제작과정의 시간을 산정[4]할 수 있고, 목표한 기간 내의 완성 여

2) 어떤 일을 이루려고 수단과 방법을 꾀함.
3) 알맞게 들어맞는 성질.
4) 셈하여 정함.

부를 확인할 수 있을뿐더러 제작의 속도를 조절하는 데 유용하다.

넷째, 제작방법에 대한 전반적인 정보를 쉽게 공유할 수 있다. 교재 · 교구 제작을 지원하는 동료교사가 있거나 갑자기 다른 교사가 제작을 맡게 될 경우, 구체적인 제작방법을 계획서를 통해 효과적으로 전달할 수 있다. 더불어 일일이 설명할 필요가 없으므로 시간도 절약할 수 있다는 이점이 있다. 그리고 교재 · 교구가 완성된 뒤, 부속품을 분실하였거나 보수가 이루어질 경우에도 제작방법을 참고하여 보완할 수 있다.

다섯째, 창의적인 교재 · 교구를 구상할 수 있도록 돕는다. 즉, 제작계획서를 통해 전반적인 계획에 대한 반성과 분석이 이루어지므로 보다 다양한 활용 방안 및 제작방법들을 개발할 수 있게 된다. 상상력을 통해 발상된 아이디어에 제작재료와 디자인, 제작방법을 새롭게 조합하여 창의적인 교재 · 교구를 제작할 수 있다.

여섯째, 교재 · 교구의 활용 방법을 공유할 수 있다. 제작계획서에는 교재 · 교구를 효율적으로 활용할 수 있는 다양한 방법들이 제시되어 있다. 견고하게 제작된 교재 · 교구는 다년간 활용되기도 하므로, 추후 다른 교사가 이를 활용하고자 할 때 제작계획서에 제시된 활용 방법을 참고하여 효과적으로 활용할 수 있는 정보를 얻을 수 있다.

2. 교재 · 교구 제작의 고려사항 및 단계

1) 교재 · 교구 제작 시 고려사항

교사는 많은 시간을 할애[5]하여 영유아들의 교육적 필요에 적합한 교재 · 교구를 제작하기 위하여 끊임없이 연구하고 계획한다. 그러나 교재 · 교구 제작 외에도 여러 가지 업무를 병행하고 있으므로 교재 · 교구를 제작하려면 먼저 효율적인 설계와 계획이 선행되어야 한다. 그러므로 실제적인 제작과정에 앞서 교재 · 교구를 제작하기 위한 준비 및 검토 작업이 반드시 이루어져야 한다. 그리고 이를 바탕으로

5) 소중한 시간 · 돈 따위를 아까워하지 아니하고 선뜻 내어 줌.

구체적인 제작계획서가 작성되어야 한다.

교사는 교재 · 교구 제작 시 다양한 측면에서 여러 가지를 고려해야 한다. 즉, 영유아의 발달 수준, 안전과 견고성, 교육의 목적과 부합[6] 여부, 흥미 유발, 성취감, 조작 및 사용의 편리성, 활용성, 경제성, 위생적인 측면, 전시 및 보관 등이다. 이와 관련된 각 사항을 구체적으로 살펴보면 다음과 같다.

첫째, 영유아의 발달 수준에 적절한가?

발달 수준은 독립적으로 행할 수 있는 실제적 발달 수준과 약간의 도움을 받아 수행할 수 있는 잠재적 발달 수준으로 나뉠 수 있다. 교재 · 교구는 실제적 발달 수준과 잠재적 발달 수준을 고려하여 계획하는 것이 바람직하다.

둘째, 안전과 견고성에 문제가 없는가?

안전과 견고성이 결여되어 있다면 영유아의 활동이 제한되어 적극적인 참여를 보장하기 어렵다. 예를 들어, 안전에 문제가 있을 경우 살을 베이거나, 찔림, 삼킴 등 위험 상황이 유발될 수 있으며, 색채 스티로폼은 견고성에 문제가 있어 장기간 사용할 교재 · 교구로는 부적합하다. 특히 무심코 사용하는 접착제 등도 안전의 문제를 유발할 수 있으므로 교재 · 교구 제작계획 시에는 이러한 부분을 간과하지 말아야 한다.

셋째, 교육 목적에 적합한가?

교재 · 교구는 영유아의 적절한 발달을 도모[7]하기 위하여 교육적인 목적을 내포하고 있어야 한다. 그러므로 교육적 효과를 얻기 위한 매개체[8]로서 현재 실행되고 있거나 앞으로 수행되어야 할 프로그램을 고려하여 계획하여야 한다.

넷째, 영유아의 흥미를 유발할 수 있는가?

영유아는 관심 있는 대상을 분주히 관찰하고 적극적으로 탐색하며 민감하게 반응한다. 그러므로 교재 · 교구 제작계획 시 영유아의 관심 및 흥미를 끌 수 있도록 다양한 색상, 모양, 크기, 질감 등을 고려하여야 한다. 즉, 제작방법 및 소재의 다양성을 통해 영유아들의 흥미를 유발할 수 있는지 점검해 보아야 한다.

---

6) 사물이나 현상이 서로 꼭 들어맞음.
7) 어떤 일을 이루려고 수단과 방법을 꾀함.
8) 둘 사이에서 어떤 일을 맺어 주는 구실을 하는 것.

다섯째, 영유아들이 조작[9]하고 사용하기에 편리한가?

영유아들이 스스로 교재 · 교구를 쉽게 조작할 수 있도록 이를 고려하여 계획되어야 한다. 더불어 자유선택활동 및 자유놀이 시간에는 영유아들이 직접 교구장에서 교재 · 교구를 꺼내고 정리하는 일이 반복된다. 그러므로 쉽게 이동시킬 수 있도록 크기 및 무게를 고려하여 계획되어야 한다.

여섯째, 다양하게 활용할 수 있는가?

교재 · 교구 제작 시에는 교사의 많은 노력이 요구된다. 그러므로 하나의 교재 · 교구로, 예를 들어, 색깔과 수, 모양, 크기 등을 지도할 수 있도록 다양하게 활용할 수 있는 방안을 염두에 두고 제작되어야 한다. 따라서 교사가 창의적으로 활용할 수 있는 방법을 강구[10]하여 이를 반영하도록 한다.

일곱째, 성취감을 줄 수 있는가?

수준이 너무 쉬우면 영유아가 지루하거나 성취감을 얻을 수 없고, 너무 어려우면 실패나 좌절감을 경험하여 추후 도전 과제에서 포기부터 먼저 하게 되므로 부정적인 학습 태도를 지닐 수 있다. 그러므로 영유아의 발달을 고려하여 적절한 난이도[11]를 염두에 두어야 한다.

여덟째, 경제성을 고려하였는가?

시중에서 판매되고 있는 교재 · 교구와 비교하여 작업의 시간, 소요되는 경비 및 인력, 활용성, 교육적 효과, 심미[12]감 등을 고려하여 구매하는 것보다 제작하는 것이 더 효율적인지 판단해 보아야 한다.

아홉째, 위생적인 측면을 보장할 수 있는가?

영유아는 성인에 비해 일반적으로 감염에 취약하다. 그럼에도 불구하고 교재 · 교구를 입에 넣기도 하며, 반복적으로 사용한다. 그러므로 위생적으로 관리하기 위해 오염 시 세척이 가능해야 하며, 쉽게 더러움을 제거할 수 있는 재료를 선택해야 한다.

열 번째, 전시 및 보관이 용이한가?

---

9) 물건을 지어 만듦.
10) 좋은 대책과 방법을 연구함.
11) 어려움과 쉬움의 정도. 난도.
12) 아름다움을 살펴 찾음.

교실 내 교구장의 폭과 높이 등 공간의 크기에 적절하도록 제작하여야 한다. 아울러 활용 기간이 지난 후 보관도 용이해야 하는데, 크기가 큰 교재 · 교구의 경우 분리가 가능하거나 접을 수 있도록 제작하여야 한다.

2) 교재 · 교구 제작의 단계

보육현장에는 발달에 영향을 미치는 다양한 교재 · 교구가 배치되어 있고, 이로 인해 끊임없이 상호작용이 일어나며 이는 곧 학습으로 이어진다. 그러므로 영유아의 관심과 흥미를 유발하여 교육적인 효과를 극대화할 수 있는 대소집단 및 개별 활동에 적절한 교재 · 교구를 제공할 필요가 있다. 이를 위해 교재 · 교구 제작계획은 효율적인 과정을 거쳐 수립하고, 제작되어야 한다. 따라서 제작계획의 효율성을 극대화하기 위해 각 단계를 필요성 인지 단계, 기존 교재 · 교구 점검 단계, 제작 결정 단계, 계획서 작성 단계, 재료 구입 단계, 제작 실행 단계로 나누어 정리하면 [그림 4-1]과 같다.

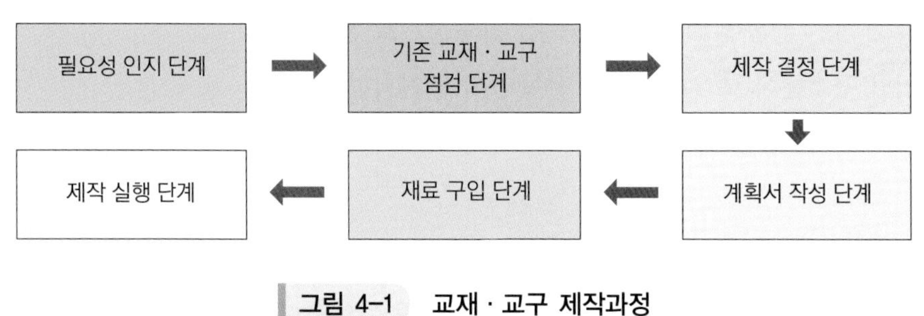

그림 4-1 교재 · 교구 제작과정

[그림 4-1]에서 제시된 교재 · 교구 제작과정을 단계별로 나누어 정리하면 다음과 같다.

(1) 필요성 인지 단계

교재 · 교구는 영유아가 반복적으로 탐색하고 조작하는 과정에서 학습 경험을 이끌어 낼 수 있으므로 제작을 하기 전에 필요성에 대한 부분을 먼저 검토해야 한다. 이는 전반적인 운영 계획에 맞추어 영유아의 발달 및 흥미, 수준에 적합한 교재 ·

교구의 필요성을 고려하여 제작 여부를 결정하는 단계이다. 즉, 계획한 활동 진행에 요구되는 교재 · 교구를 파악하는 과정이다. 이 과정에서 영유아에게 효율적인 교육 활동이 이루어지기 위해 필요한 교재 · 교구는 무엇인지 평가하며, 영유아의 발달 단계 및 능력 등을 준거[13]로 교육 활동 실행 효과의 타당성[14]과 유용성[15] 여부를 알아보아야 한다.

(2) 기존 교재 · 교구 점검 단계

교육계획안에 따라 활동주제와 발달 영역별 목표 및 내용 등에 적합한 교재 · 교구가 필요하다는 사항을 인지하였다면, 이에 적합한 교재 · 교구의 보유 여부를 확인하여야 한다. 따라서 교재 · 교구를 제작하기 전에 반드시 기존의 교재 · 교구 목록을 확인해 보아야 한다. 왜냐하면 활동에서 요구되는 교재 · 교구가 이미 기관 내에 구비되었는지를 파악함으로써 차후 불필요한 비용 및 노력을 예방할 수 있기 때문이다. 즉, 굳이 새로 만들지 않아도 기존의 교재 · 교구들을 활용함으로써 교육 활동의 기대를 충족시킬 수 있다면 교사의 업무 효율은 보다 높아질 수 있다.

기존의 교재 · 교구를 그대로 사용할 경우에는 직접 살펴보고 조작[16]해 봄으로써 실제적인 활용에 지장이 없는지를 최종적으로 점검해 보아야 한다. 조작이 되지 않거나 구성품이 분실되는 등의 문제점이 발견되면 미리 조치를 취해 놓을 수 있기 때문이다.

(3) 제작 결정 단계

이전 단계에서 필요한 교재 · 교구가 확보되지 않았다면, 우선순위를 구분하여 제작되어야 할 교재 · 교구를 선정하여야 한다. 그리고 제작에 필요한 소요시간과 활용의 시기를 가늠하여 제작 방안을 구체적으로 모색하는 단계이다.

---

13) 표준을 삼아 따름.
14) 어떤 판단이 가치가 있다고 인식되는 일.
15) 쓸모가 있는 성질이나 특성.
16) 물건을 지어 만듦.

(4) 계획서 작성 단계

유아교사들은 제작될 교재 · 교구를 선정한 후에도 구체적인 제작계획 과정에서 여러 측면을 고려해야 한다. 즉, 영유아의 흥미 및 발달 수준을 고려하여 형태 및 사용될 재료에 대한 부분을 계획하여야 한다. 특히 재료와 제작방법을 어떻게 선택하느냐에 따라 교재 · 교구의 완성도가 좌우될 수 있으므로 신중한 계획서 작성이 요구된다.

(5) 재료 구입 단계

보다 완벽한 교재 · 교구를 제작하기 위한 교사의 노력 중 하나는 충분한 시간을 할애하여 재료 탐색을 하는 것이다. 이를 위해 교사는 각 재료의 특성에 대한 사전 지식을 풍부히 갖추고 있어야 하며, 각 재료의 특성에 맞추어 이를 적재적소에 사용할 수 있어야 한다. 따라서 제작될 교재 · 교구에 필요한 재료 목록을 작성하여 영유아들에게 위해가 되지 않는 재료들을 구입하면 된다.

(6) 제작 실행 단계

'좋은 교재 · 교구'는 교육적 가치 외에도 안전성, 견고성, 다양한 활용성, 심미[17]감, 경제성 등을 필수적으로 갖추고 있어야 한다. 그러므로 제작 실행 단계에서는 이러한 부분을 고려하여 교재 · 교구 제작계획서에 맞추어 실제 제작을 시행하면 된다. 이때 주의해야 할 점은 신중하게 제작방법을 탐색함과 아울러 탄탄한 기초 작업이 선행되어야 재작업을 사전에 방지할 수 있다는 사실을 염두에 두어야 한다.

17) 아름다움을 살펴 찾음.

3. 교재 · 교구의 제작계획서

1) 교재 · 교구 제작계획서의 작성방법

교재 · 교구의 효율성을 높이기 위해서는 체계적이고 분석적인 제작계획이 필요하다. 또한 동료 교사들의 비판적인 시각을 통해 제작계획이 검토된다면 보다 긍정적인 성과를 달성할 수 있을 것이다. 그러므로 제작계획서를 작성할 때에는 충분한 시간을 갖고 구상한 제작방법을 개선할 방안을 찾는 자세가 필요하다. 즉, 효율적인 제작과 더불어 교육목표의 성취를 위해 면밀히 검토한 후 수정되고 보완되어야 한다.

교재 · 교구 제작계획은 제작계획서의 양식에 맞추어 글로 작성하거나 도식화[18] 하여 동료 교사와 함께 공유하고 의견을 주고받을 수 있어야 한다. 왜냐하면 제작계획에 대한 적절성을 검토할 수 있고, 보다 합리적인 제작계획의 방안을 강구[19] 할 수 있으며, 간과[20]될 수 있는 세부사항을 보강할 수 있기 때문이다.

일반적으로 교재 · 교구 제작계획서에는 활동명(교재 · 교구명), 활동영역, 활동대상의 연령, 활동목표, 제작에서의 실제적 과정인 제작재료와 제작방법, 학습을 촉진시키는 전략과 관련된 활동방법이 작성되어야 한다. 이와 더불어 제작된 교재 · 교구로 활동을 심화하거나 연계[21]시킬 수 있는 경우에는 활동방법 다음에 확장활동을 기입하고, 주의 및 유의점이 있으면 기록하도록 한다. 이를 구체적으로 살펴보면 다음과 같다.

(1) 활동명

활동명(교재 · 교구명)은 활동의 특성 및 교육적 목적, 즉 주제와 관련된 정보를 제공할 수 있어야 한다. 이러한 정보가 잘 드러나는 교재 · 교구명은 직접적인 탐색

---

18) 도식으로 만듦. 도식과 같은 것으로 되게 함.
19) 억지로 구함.
20) 깊이 유의하지 않고 예사로 내버려둠.
21) 서로 밀접한 관련을 가짐. 또는 그러한 관계.

없이도 활동방법 및 구성물에 대한 예측을 가능하게 한다. 따라서 교재 · 교구명은 어떤 목적 및 방법으로 활용될지 쉽게 이해할 수 있도록 간결하게 작성되어야 하며, 특성을 강조할 수 있는 부분에 초점을 두어야 한다. 예를 들어, 사고 팔 수 있는 물건 및 돈의 모형들로 구성된 교재 · 교구는 '가게놀이' 여러 동물들로 구성된 교재 · 교구는 '동물친구들'로 명명하면 어떤 활동인지 쉽게 유추할 수 있다.

(2) 활동영역

어느 활동영역에서 활용될 수 있는지를 작성한다. 유아들을 대상으로 한 교재 · 교구인 경우, 자유선택활동 영역 중 하나를, 영아들을 대상으로 한 경우 자유놀이 영역을 구체화하여 작성한다. 활용될 수 있는 영역이 중첩되는 경우, 2가지 이상 작성하면 된다.

(3) 대상연령

교재 · 교구를 직접 활용할 대상의 연령을 작성하는 것으로 보편화된 발달 규준을 기준으로 작성한다. 그러나 실제적으로 활용할 경우에는 각 영유아의 발달 수준에 적합한 교재 · 교구를 선택할 수 있는 융통성 있는 태도가 필요하다. 즉, 대상연령에만 제한하여 활용하기보다는 활동의 방법 및 목표를 조절함으로써 융통성[22]있게 제시할 수 있다.

(4) 활동목표

활동목표는 교재 · 교구를 활용함으로써 얻게 될 것으로 기대되는 행동 목표를 의미한다. 일반적으로 활동목표는 영유아 교육의 안내선이 되는 표준보육과정 및 누리교육과정 내의 관련 요소[23]에 맞추어 제시한다. 그리고 활동목표는 교사가 추구하고자 하는 의도 및 영유아가 교재 · 교구를 활용한 결과 요구되는 성취 수준을 구체화한 것이다. 그러므로 목표의 내용을 객관적으로 평가할 수 있도록 구체적으로 작성하여야 한다.

---

22) 형세에 따라 일을 처리하는 재주.

23) 사물의 성립이나 효력 발생 따위에 꼭 있어야 할 성분 또는 조건.

(5) 제작재료

교재 · 교구를 제작하기 위해 필요한 재료명을 구체적으로 작성해야 한다. 즉, 제작하고자 계획한 교재 · 교구에 소요될 재료들을 빼놓지 않고 각각 구체적으로 명시[24)]해야 한다. 이 과정에서 기관 내에 구비되어 있는 재료들을 점검하여 활용해야 비효율적인 경비 지출을 방지할 수 있다. 그리고 재료 예산을 미리 작성하게 되면 지출의 범위를 통제할 수 있다. 즉, 구체적으로 작성된 재료는 재료의 준비에서 구입까지 최상의 선택을 하도록 도울 수 있다.

그러나 재료가 미리 확보되어 있지 않으면 제작 수행 과정 도중 재료 준비의 중복으로 인해 여러 가지 문제점이 발생 될 수 있고 제작 기간이 길어질 수 있다.

(6) 제작방법

교재 · 교구의 제작과정은 교사의 많은 노력과 시간이 요구된다. 그러므로 업무의 효율성을 극대화할 수 있도록 제작방법을 전반적으로 고려하여 제작순서에 따라 구체적으로 작성하도록 한다. 제작방법을 구체적으로 작성함으로써 생기는 이점은 다음과 같다.

첫째, 계획적으로 제작을 추진할 수 있다.

둘째, 계획대로 제작되고 있는지 점검이 가능하다.

셋째, 효율적인 제작과정을 제시할 수 있다.

넷째, 제작방법에서 동료 교사의 도움을 받게 될 경우, 제작과정에 대한 정보 공유와 수정 및 보완에 대한 피드백을 받을 수 있다.

다섯째, 완성된 교재 · 교구를 사용하다가 추후 변형 혹은 보완할 필요가 있을 경우 참고할 수 있다. 따라서 제작방법은 구체적인 설명과 더불어, 관련된 사진을 붙여 놓아 제작과정을 쉽게 파악할 수 있도록 해야 한다.

(7) 활동방법

교재 · 교구를 영유아에게 제시할 때 어떻게 탐색하고 활용되는지에 대한 방법을 구상하여 작성한다. 교사가 의도하는 활동목표를 달성하기 위해서는 철저한 계

24) 분명하게 드러내 보임.

획이 필요하며, 효과적인 활용 전략과 방안이 강구[25)]되어야 한다. 즉, 영유아의 수준에 적절한 교수방법과 전략들을 포함하는 것으로 동기 및 흥미를 유발할 수 있는 주의집중, 흥미나 관심을 가질 수 있는 활동의 전개, 또래와의 상호작용, 활동과 관련된 지식 등 활동의 목표 달성을 위한 구체적인 방법들을 포함한다.

또한 영유아의 수준에 따라 확장활동이 가능하거나 필요한 경우 이를 함께 작성함으로써 효과적인 수업 진행을 도모할 수 있도록 해야 한다.

(8) 주의 및 유의점

제작하는 과정에서 수반[26)]되는 위험성 및 제작을 위한 참고사항들을 언급함으로써 특별히 주의해야 할 점이나 신중해야 할 부분을 참고하도록 돕는다. 구체적으로 교재 · 교구의 제작 환경, 안전에 대한 유의 사항, 대체 재료, 대안적인 제작방법 등을 제시할 수 있다.

2) 교재 · 교구 제작계획서의 예시

앞서 살펴보았듯이 교재 · 교구 제작계획서에는 활동명(교재 · 교구명), 활동영역, 대상연령, 활동목표, 제작재료, 제작방법, 활동방법, 주의 및 유의점이 포함되어야 한다. 교재 · 교구 제작계획서의 예를 제시하면 〈표 4-1〉과 같다.

표 4-1 교재 · 교구 제작계획서의 예

활동명	숲속 동물의 얼굴 반쪽을 찾아보아요.		
활동영역	언어 영역/ 자연탐구 영역	대상연령	만 2세
활동목표	• 같은 동물의 얼굴을 완성할 수 있다. • 다양한 종류의 동물 이름을 말할 수 있다. • 각 동물이 어떤 행동을 하였는지 말할 수 있다.		
제작재료	펠트지(연보라색, 초록색, 분홍색, 노랑색, 갈색, 검은색, 흰색, 주황색), 솜, 다양한 색상의 실, 바늘, 글루건, 글루건 심, 가위, 쵸크(연필)		

25) 조사하여 구함.
26) 어떤 일과 더불어 생김.

제작방법	〈동물 얼굴 제작〉 ① 마분지에 여우, 개구리, 사자, 사슴의 얼굴 도안을 그린 후 각각 오려 놓는다. ② 여우, 개구리, 사자, 사슴의 얼굴 색을 결정한 후 펠트지를 각각 두 장씩 겹친 다음 각 동물의 얼굴 도안을 펠트지에 본을 대어 그린 후 오린다. ③ 두 겹으로 겹쳐진 동물 얼굴을 사진처럼 다양한 모양으로 오린다. ④ 오린 동물 얼굴을 각각 두 겹으로 겹친 후 솜 구멍을 남겨 놓고 버튼홀 스티치로 테두리를 바느질한다. ⑤ 솜 구멍에 솜을 채워 넣은 후 솜 구멍을 버튼홀 스티치로 바느질해서 동물 얼굴을 각각 완성한다. ⑥ 같은 방법으로 각 동물 얼굴 반쪽도 완성한다. ⑦ 흰색 펠트지에 각 동물의 눈 모양 8개, 검은색 펠트지에 각 동물의 눈동자 8개를 동물의 특색을 잘 나타낼 수 있도록 그린 후 오린다. ⑧ 오린 눈모양과 눈동자를 글루건을 이용하여 붙여 각 동물의 눈을 완성한다. ⑨ 동물의 특징을 잘 나타낼 수 있는 부위(예: 사슴뿔, 여우 귀 등)의 색을 결정한 후 펠트지를 각 두 장씩 겹친 다음 필요한 부위를 도안하여 오린다. ⑩ 각 동물의 오린 부위 중 바느질이 필요한 부위는 각각 두겹으로 겹친 후 테두리를 버튼홀 스티치로 바느질하여 완성한다. ⑪ 바느질하여 완성한 부위는 각 반쪽 동물 얼굴에 바느질하여 완성한다. ⑫ 오린 부위 중 바느질이 불필요한 부위(예: 사자 수염)는 글루건으로 각 동물에 붙여 마무리한 후 각 동물을 완성한다. 
활동방법	① 이솝우화 동화를 보여 주기 전 흥미를 유발하기 위해 동물에 대해 이야기를 나눈다. - 친구들은 어떤 동물들을 알고 있나요? - 어디에서 그 동물을 보았나요? - 어떤 동물을 좋아하나요? - 싫어하는 동물이 있나요? - 친구들이 본 동물은 어떻게 생겼나요?

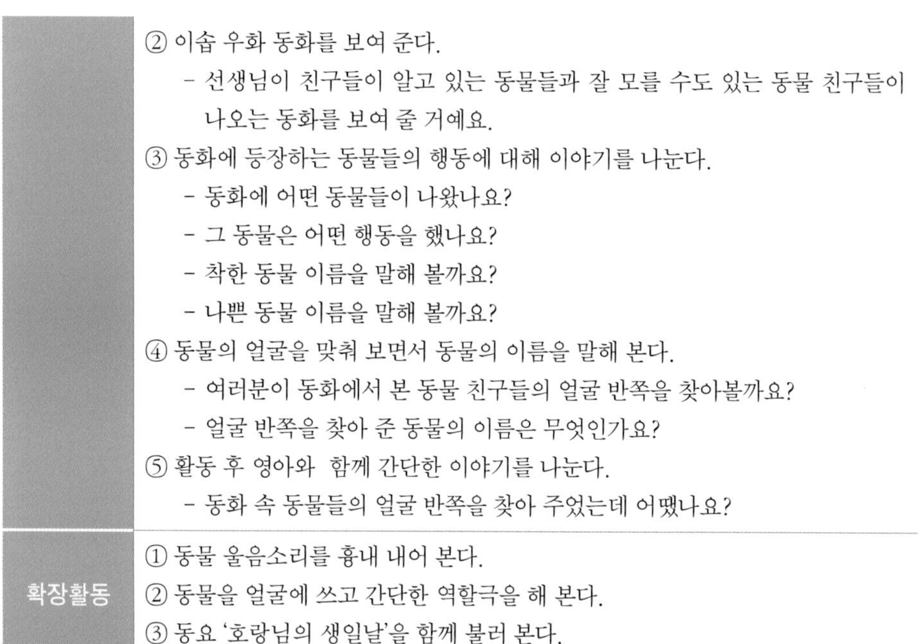

	② 이솝 우화 동화를 보여 준다. - 선생님이 친구들이 알고 있는 동물들과 잘 모를 수도 있는 동물 친구들이 나오는 동화를 보여 줄 거예요. ③ 동화에 등장하는 동물들의 행동에 대해 이야기를 나눈다. - 동화에 어떤 동물들이 나왔나요? - 그 동물은 어떤 행동을 했나요? - 착한 동물 이름을 말해 볼까요? - 나쁜 동물 이름을 말해 볼까요? ④ 동물의 얼굴을 맞춰 보면서 동물의 이름을 말해 본다. - 여러분이 동화에서 본 동물 친구들의 얼굴 반쪽을 찾아볼까요? - 얼굴 반쪽을 찾아 준 동물의 이름은 무엇인가요? ⑤ 활동 후 영아와 함께 간단한 이야기를 나눈다. - 동화 속 동물들의 얼굴 반쪽을 찾아 주었는데 어땠나요?
확장활동	① 동물 울음소리를 흉내 내어 본다. ② 동물을 얼굴에 쓰고 간단한 역할극을 해 본다. ③ 동요 '호랑님의 생일날'을 함께 불러 본다.
주의 및 유의점	① 이야기를 나누는 과정에서 질문에 대한 답변을 어려워하는 영아가 있을 수 있으므로 수준을 고려하여 질문한다. ② 각 동물에 솜을 너무 많이 넣으면 확장활동 시 가면으로 사용하기 불편하므로 제작 시 유의하도록 한다. ③ 동물을 얼굴에 쓸 수 있도록 미리 고무줄을 준비하도록 한다.

4. 교재 · 교구의 제작재료

1) 종이류의 특징 및 활용법

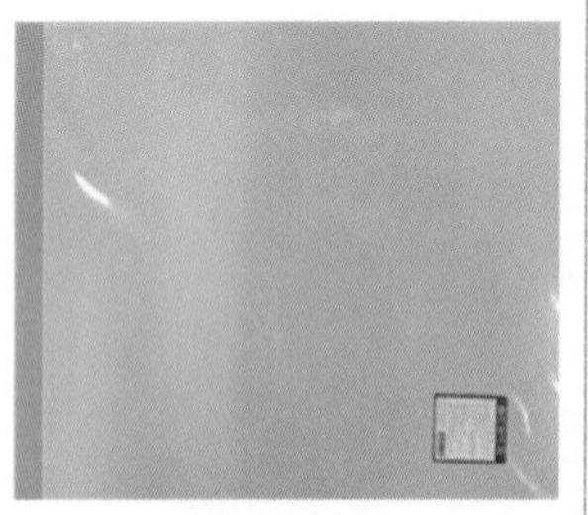		
하드보드지	골판지	머메이드지
• 특징 - 두께가 약 1mm로 다른 종이에 비해 견고함 - 습기에 약함 • 활용법 - 보드게임판이나 카드, 퍼즐판 등을 제작하는 데 용이	• 특징 - 한 면에 골심지가 접착되어 있으며, 밀도가 낮아 장기적인 보관 및 활용은 어려움 • 활용법 - 평면 및 다양한 입체적 표현 가능	• 특징 - 도화지보다 두꺼우며 표면에는 일정한 무늬가 있음 • 활용법 - 북아트의 겉표지나 바람개비의 날개 등으로 활용함
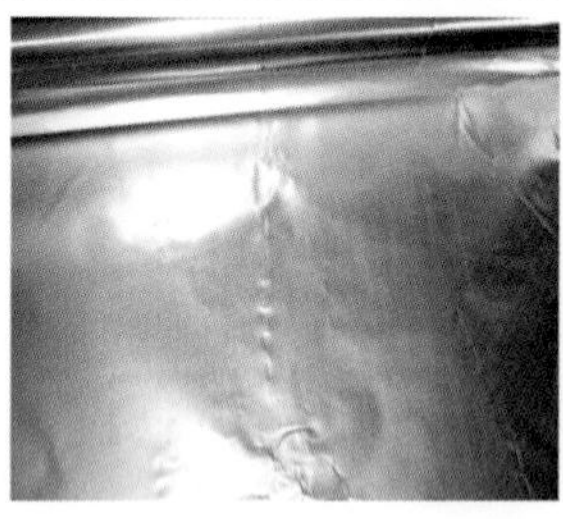		
포일지	흑마분지	색종이
• 특징 - 얇게 펴 놓은 은색 알루미늄으로 빛을 반사시킴 - 쉽게 구겨지고 뭉쳐짐 • 활용법 - 쉽게 뭉쳐지므로 공이나 다양한 입체물 표현 가능	• 특징 - 두꺼운 도화지로 양면 모두 검은색 • 활용법 - 야광스티커를 붙이는 바탕 재료로 활용 - 빛을 완전히 차단하는 암상자를 감싸는 데 활용	• 특징 - 다양한 색상과 무늬가 들어간 종이로 얇음 • 활용법 - 게시판 및 환경판을 포함한 다양한 평면 자료에 오려 붙임 - 종이접기를 통해 갖가지 입체적 형태 제작 가능

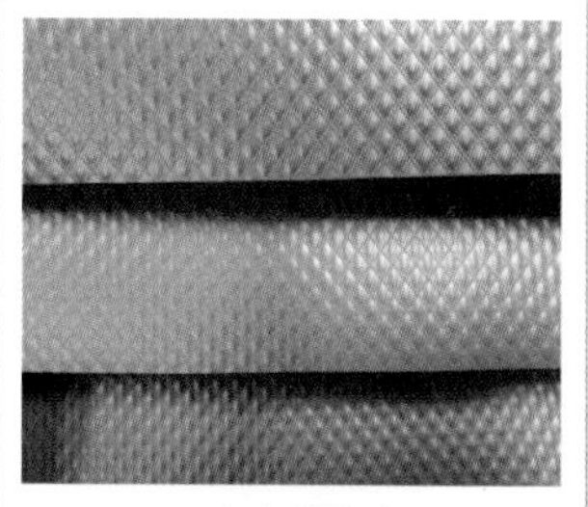 파인애플지	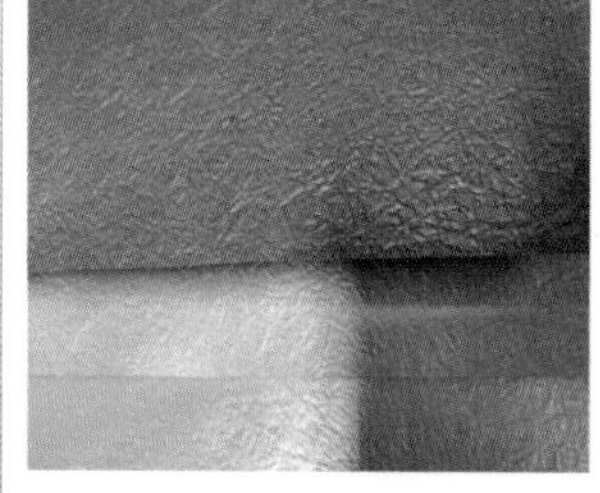 구김지	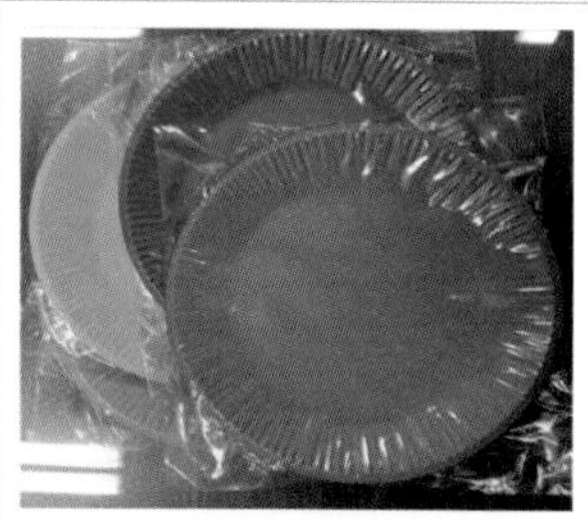 종이 접시
• 특징 - 입체적인 격자무늬가 들어가 있음 • 활용법 - 종이접기나 포장 및 꾸미기 재료로 활용	• 특징 - 얇은 종이에 구김 처리를 한 것으로 광택이 남 - 쉽게 찢어지지 않음 • 활용법 - 북아트 등의 겉표지, 종이접기 재료로 활용	• 특징 - 두꺼운 판지의 주변을 구부려 접시 모양으로 성형 • 활용법 - 가면을 만들거나 돌림판, 원형 차트를 만드는 데 활용

2) 헝겊류 및 비닐류의 특징과 활용법

 융	 펠트지	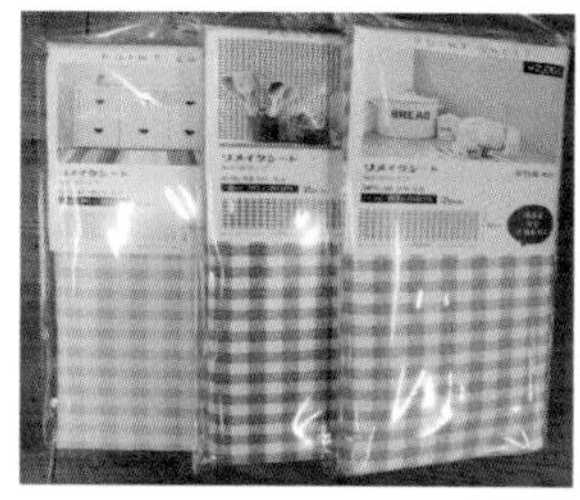 무늬 시트지
• 특징 - 보풀이 일어난 천으로 신축성이 있음 - 벨크로의 까끌이와 잘 붙으며, 뒷면에 접착면이 있음 • 활용법 - 우드락보드 또는 하드보드지에 씌워 융판으로 제작 가능	• 특징 - 부드럽고 따뜻한 느낌이 나는 헝겊으로 바느질 가능 - 글루건 본드나 목공풀로 접착 • 활용법 - 오려진 도안을 겹쳐 속(솜, 콩알)을 넣고 실로 꿰매 입체 및 평면 자료 제작 가능	• 특징 - 격자모양의 패턴이 인쇄되어 있으며, 쉽게 찢어지지 않고 습기에 강함 • 활용법 - 교재 · 교구의 상자나 역할놀이의 식탁보 등에 활용

 나무 무늬 시트지	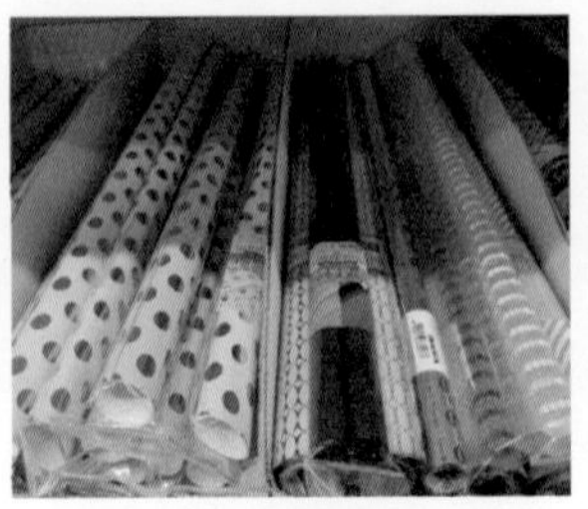 포장지	 투명 · 색 시트지
 • 특징 - 나무의 결을 표현하기에 용이 • 활용법 - 나무의 기둥 및 나뭇가지 모양을 오려 나무 표현 - 플라스틱이나 재활용품의 표면에 붙여 나무 블록 제작 가능	• 특징 - 종이 혹은 비닐에 화려한 패턴이 인쇄되어 있음 • 활용법 - 다양한 상자 포장 가능 - 양면테이프나 셀로판테이프를 사용하여 고정시킬 수 있음	• 특징 - 투명 및 다양한 색을 지닌 비닐 시트로 접착 면이 있음 • 활용법 - 코팅이 어려운 두꺼운 자료 감싸기 및 오려서 스티커처럼 활용 가능
 에어캡	 아세테이트지	 손코팅 필름  기계코팅 필름
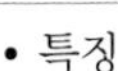 • 특징 - 공기를 담고 있는 비닐 캡이 촘촘이 붙어 있음 • 활용법 - 감각 탐색 자료 및 용기의 빈 공간을 채우거나 그림 그리기 등에 활용	• 특징 - 투명하고 두꺼운 비닐 • 활용법 - 속이 훤히 비치는 물 속을 표현 - 비닐 가방 및 우산 등을 만드는 데 활용	• 특징 - 각 두 장의 비닐의 안쪽 면에 있는 보호필름을 떼어내면 접착제가 도포되어 있음 • 활용법 - 두 장의 비닐 사이에 얇은 평면 자료를 끼워 넣은 후 고온의 코팅기기 롤을 통과시키거나 손으로 문질러 압축

3) 보드류의 특징 및 활용법

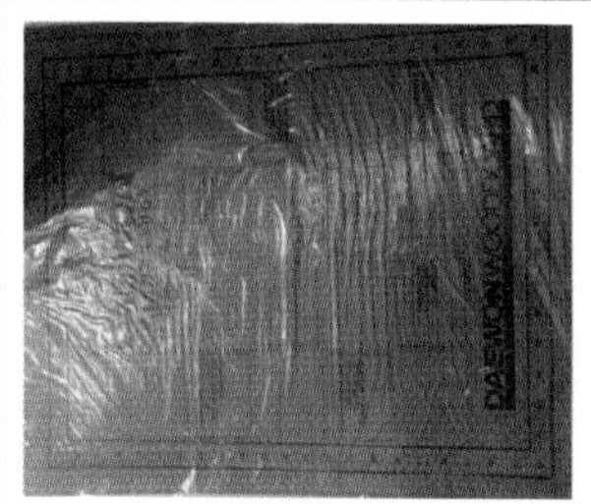 우드락	 함석판	 융판
• 특징 - 스티로폼을 압축하여 만든 것으로 가볍고 절단이 매우 쉬움 • 활용법 - 습기에 강하므로 동시판, 노랫가사판, 게시판 등으로 제작 - 내구성을 높이기 위해 시트지로 마감해야 함	• 특징 - 금속성 물질로 자석 자료를 쉽게 붙이고 떼어낼 수 있음 • 활용법 - 자석 자료는 함석판 위에서 붙여진 상태로 이동 가능 - 다양한 자료에 자석을 부착하여 다양한 용도로 활용	• 특징 - 표면이 부드럽고 털이 난 융이 덧대어져 있음 • 활용법 - 다양한 자료에 벨크로를 부착하여 쉽게 붙이고 떼어낼 수 있음
 코르크보드	 화이트보드	
• 특징 - 코르크 분말을 가공하여 압축해 놓은 보드 • 활용법 - 압정이나 압핀으로 지탱할 수 있는 게시물들을 꽂아 전시하는 데 활용	• 특징 - 보드 전용 마커로 쓰거나 그릴 수 있으며, 극세사 패드가 붙어 있는 지우개로 지움 • 활용법 - 보드와 마커 자체로 영유아들이 자유롭게 글자를 쓰거나 그리기를 연습하는 교재 · 교구로 활용	

4) 끈류의 특징 및 활용법

 털실	 리본 끈	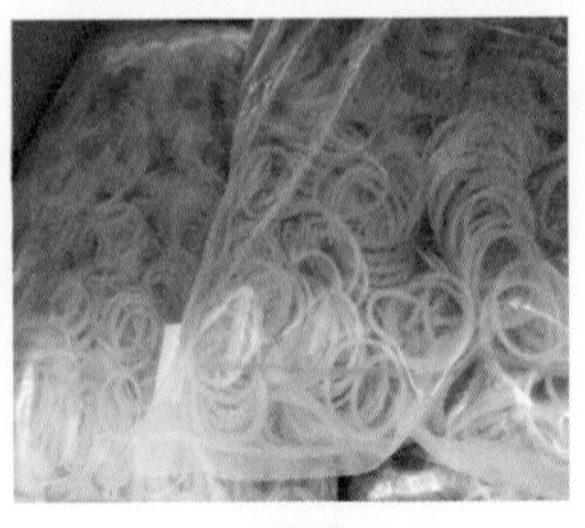 고무줄
• 특징 - 뜨개실 중 털을 원료로 만들어진 실로, 두껍고, 부드러움 • 활용법 - 털실로 감기, 꿰매기 등을 하여 다양한 조형물 제작 가능 - 본드로 고정시킴으로써 글자 및 다양한 선 표현 가능	• 특징 - 부드러운 천 재질로 만들어진 띠 • 활용법 - 막대의 끝에 끈을 연결하여 리본 막대로 제작 가능 - 게시판이나 교재 · 교구의 테두리 장식 - 다양한 꾸미기 재료로 활용	• 특징 - 고무로 고리 모양이 만들어져 있음 • 활용법 - 탄력성을 이용하여 튀어나오도록 고안된 교재 · 교구(로켓의 발사, 자동차의 이동 등)의 제작에 활용 • 가면 제작 시 귀에 고정시키는 용도로 활용
 공예 철사	 운동화 끈	 보석줄
• 특징 - 여러 가지 색을 입힌 구리선 • 활용법 - 원하는 형태로 자유롭게 구겨지기 때문에 견고한 조형물의 제작에 활용	• 특징 - 탄성은 없으나 매우 견고하며 꼬임이 적음 • 활용법 - 구슬꿰기 및 조작 영역의 활동자료 등으로 활용	• 특징 - 화려하고 다양한 보석들이 연결된 끈 • 활용법 - 가위로 쉽게 잘라지며, 인형 옷, 가방, 신발 등을 다양한 꾸미기 재료로 사용

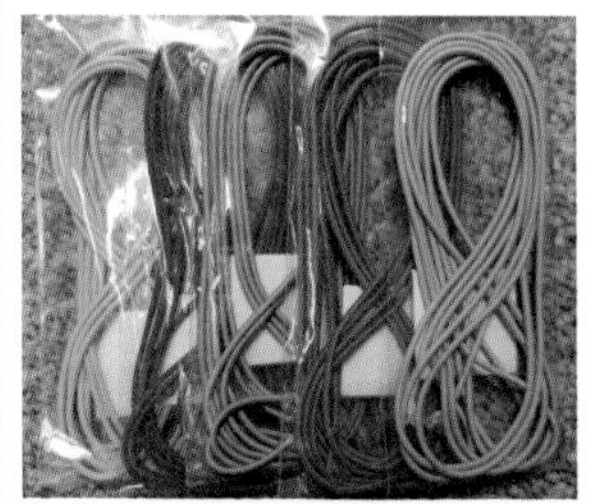 색 고무줄	 모루	 낚싯줄
• 특징 - 고무줄에 다양한 색상의 헝겊이 덧대어져 있어 부드러움 • 활용법 - 교재 · 교구 제작 시 탄성이 필요한 경우에 활용(예: 가면 및 머리띠 착용하기)	• 특징 - 융천이 감싸져 있는 철사 • 활용법 - 모양 찍기 및 꾸미기 자료, 테두리를 감싸는 용도로 활용 - 쉽게 구부러져 글자 및 도형들을 자유롭게 구성	• 특징 - 가느다랗고 질긴 줄 • 활용법 - 모빌을 연결하거나 움직이는 교재 · 교구 제작 시 활용 - 현악기의 모형을 제작할 때 줄로 표현

5) 스티커류의 특징 및 활용법

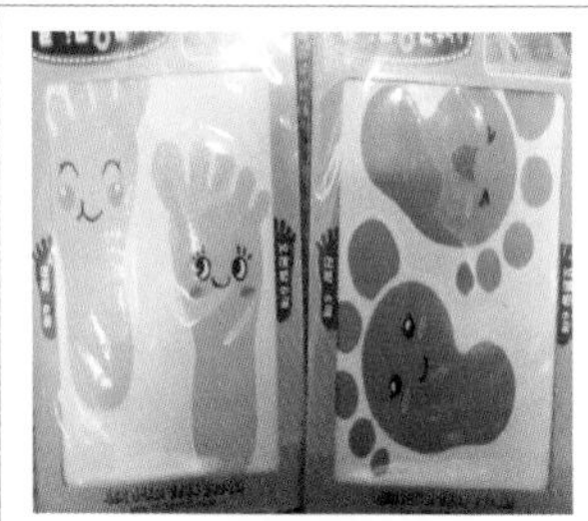 미끄럼 방지 발바닥 스티커	화살표 스티커	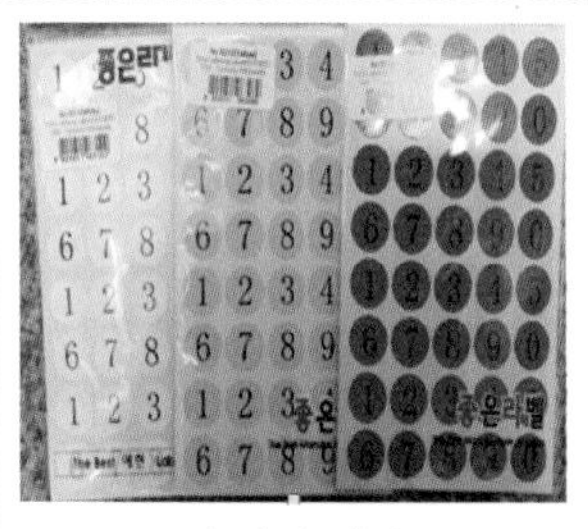 숫자 스티커
• 특징 - 표면에 돌기가 나 있는 발바닥 모양의 스티커 • 활용법 - 물기가 많은 공간에서 미끄럼 방지 - 바닥에서 이동 방향 및 고정 위치 표시	• 특징 - 다양한 색을 지닌 화살표 모양의 스티커 • 활용법 - 이동의 방향 및 가리키기를 지도하는 데 활용 - 순서를 나타내는 경우에 사용	• 특징 - 숫자가 쓰여 있는 스티커 • 활용법 - 달력 및 게임 교구에서 순서적 표현이나 수량을 표현할 때 활용 - 0~9까지 숫자 스티커를 조합하여 여러 자릿수 표현

 야광 스티커	 견출지
• 특징 - 어둠 속에서 빛을 발함 • 활용법 - 암막 혹은 블라인드가 있는 공간 및 상자 안에 붙여 놓아 별자리나 우주 공간에 대한 간접 경험의 자료로 활용	• 특징 - 표기할 수 있는 공간이 있음 • 활용법 - 교재 · 교구 등에 부착하여 제목 및 이름 등을 표기하는 데 사용

6) 소품류의 특징 및 활용법

 주사위	 쇠구슬	 퐁퐁이
• 특징 - 정육면체의 각 면에는 1~6까지의 숫자 혹은 구멍 점 표시 • 활용법 - 게임 시 다양하게 활용 가능 - 주사위를 던져 수 비교	• 특징 - 금속으로 만든 구슬로 잘 굴러가며 밀도가 높아 무거움 • 활용법 - 자석에 붙거나 물에 가라앉거나 굴러가는 성질을 이용하여 다양한 교재 · 교구 제작	• 특징 - 작은 공 모양으로 푹신푹신한 털이 뭉쳐 있음 - 색과 크기 매우 다양함 • 활용법 - 꽃, 입체 표현 등 다양한 꾸미기 재료로 활용

 백업	 단추	 눈알
• 특징 - 긴 막대 모양의 스펀지로 두께가 다양함 - 열에 쉽게 녹고, 잘 휘어지나 강도가 높음 • 활용법 - 다양한 조형물 제작에 용이 - 본드나 글루건 등으로 접착 시 녹을 수 있으므로 셀로판테이프 사용	• 특징 - 다양한 모양과 색을 지닌 단추로 중앙에 구멍이 있음 • 활용법 - 다양한 의상에 실로 꿰매어 여밈 장치로 활용 - 단추 끼우기와 관련 교재 · 교구 제작 시 활용 - 모양, 색, 크기 분류로 활용	• 특징 - 플라스틱 재질로 만들어진 눈의 모형 - 흔들면 검은 원 조각이 움직여 눈을 실감나게 표현 • 활용법 - 인형과 사람의 얼굴 등 평면 자료에 뒷면의 접착 시트를 떼어내 붙여 생동감 있는 눈 표현 가능
 스티로폼 볼	 종과 방울	 컬러링
• 특징 - 스티로폼 재질로 만들어진 구의 형태로 무척 가벼움 • 활용법 - 재료 자체의 색을 이용하여 눈송이 표현 - 겉면을 아크릴 물감으로 채색하여 다양하게 표현 - 천장에 매달아 모빌로 활용	• 특징 - 금속의 재질로 만들어져 청량한 소리가 남 • 활용법 - 팔찌, 막대, 의상에 달아 활용 - 소리를 탐색하고 변별하는 교재 · 교구로 활용	• 특징 - 플라스틱 재질로 만들어진 고리 - 고리를 서로 연결할 수 있음 • 활용법 - 고리로 연결하여 카드 묶음 제작 시 활용 - 일련의 순서가 제시된 카드를 연속적으로 연결하는 데 활용

 스팽글	 구슬	 나무 집게
• 특징 - 금속이나 합성수지로 만든 얇은 모양의 조각으로 광택이 있고 반짝거림 • 활용법 - 화려한 의상이나 교재 · 교구 제작 시 다용도로 활용 가능	• 특징 - 다양한 형태로 구의 중심에 구멍이 있음 • 활용법 - 구슬의 구멍 사이로 실을 꿰어 목걸이나 장식물 제작 - 색의 변별, 색의 규칙성 탐색 시 활용 가능	• 특징 - 날이 엇갈려 있는 두 개의 지렛대를 눌러 사물을 맞잡아 고정 • 활용법 - 다양한 자료를 집게로 고정시켜 게시 - 수 개념 학습 등에 활용

7) 채색 및 점토류의 특징과 활용법

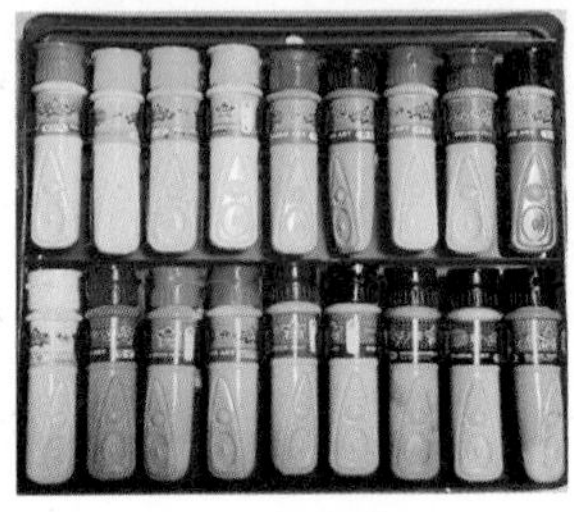 수성 물감	 아크릴 물감	 래커
• 특징 - 물에 염료가 섞여 있음 - 여러 색의 물감을 혼합하여 새로운 색 만들기 가능 • 활용법 - 종이에 채색할 때 사용 - 손과 발바닥 및 다양한 사물에 물감을 묻힌 후 종이에 찍어 표현	• 특징 - 아크릴계 합성수지를 재료로 한 물감으로 다양한 바탕 재료에 채색 가능 - 건조가 빠르고 물에 잘 용해 • 활용법 - 종이뿐 아니라 다양한 재료에 채색하여 교재 · 교구 제작 가능	• 특징 - 다양한 색을 지닌 스프레이식 염료 • 활용법 - 면이 넓은 경우 효율적으로 활용 가능 - 뭉치지 않도록 얇게 여러 번 도포하여 사용

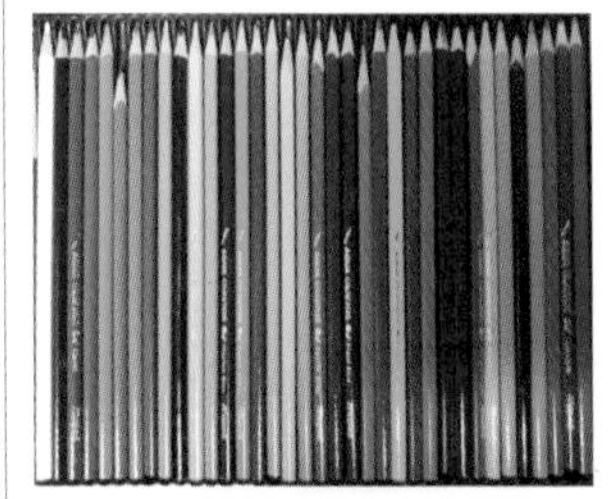 색연필	 사인펜	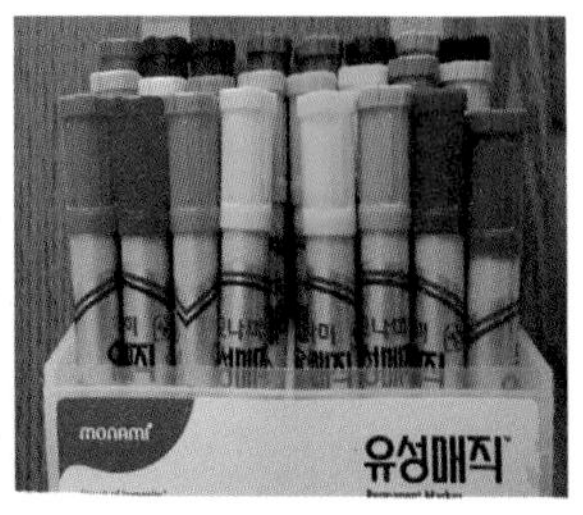 유성매직
• 특징 - 광물질 물감을 섞어 다양한 색깔로 만든 연필 • 활용법 - 색이 매우 다양하며 필기나 회화 표현에 활용	• 특징 - 색이 다양하며 얇게 표현 가능 • 활용법 - 세밀한 부분의 채색이나 글자를 쓰는 데 활용	• 특징 - 빨리 마르는 유성 잉크가 들어 있음 • 활용법 - 종이, 유리, 시트지 등에 선명한 표현이 가능하며, 다양한 재질에 사용 가능
 파스텔	 크레파스	 반짝이 가루
• 특징 - 색 가루를 굳혔기 때문에 입자가 매우 곱고 부드러움 • 활용법 - 가루를 내거나 파스텔로 칠한 후 휴지나 손가락을 사용하여 문질러 채색함으로 화려하고 부드러운 표현 가능	• 특징 - 미술 도구 중 가장 사용이 간편하며, 파스텔과 크레용의 장점이 절충되어 있음 • 활용법 - 다양한 면을 채색할 때 활용 - 색을 덧칠하거나 섞어 칠하기 가능	• 특징 - 반짝이는 색을 지닌 고운 가루 • 활용법 - 채색할 면에 오공본드를 바른 후 반짝이 가루를 뿌려 굳힘 - 굳힌 후, 반짝이 가루가 떨어지지 않도록 투명 래커 도포

 찰흙	 지점토	 색점토
• 특징 - 점성이 있는 미세한 광물 입자로 건조된 후 견고해짐 • 활용법 - 찰흙이 지닌 천연색으로 표현될 수 있는 지층, 화석 등의 모형 제작	• 특징 - 점토에 종이 섬유가 첨가 되어 있음 • 활용법 - 다양한 입체적 형태 만들기 - 완전히 마른 후에 물감으로 채색하고 니스로 코팅	• 특징 - 색을 지닌 점토로 부드러움 • 활용법 - 모양틀, 도구를 활용하여 다양한 조형물 제작 - 여러 색의 점토를 혼합하여 새로운 색 만들기 가능

8) 접착제류의 특징 및 활용법

 벨크로테이프	 셀로판테이프	 양면테이프
• 특징 - 까슬이와 보슬이로 구성되어 있으며, 맞대면 쉽게 잘 붙음 • 활용법 - 서로 맞붙여 짝을 맞추는 교재 · 교구에 활용 - 까슬이는 플라스틱 판, 코팅된 자료 등의 뒷면에 붙임으로써 융판 자료로 활용	• 특징 - 셀로판 한 면에 접착제가 있는 테이프 • 활용법 - 종이 및 비닐, 포장지류 등 - 다양한 물건을 포장한 종이 및 비닐류 등을 붙이는 데 사용	• 특징 - 셀로판 양 면에 접착제가 있어 다양한 재질 접착 가능 • 활용법 - 접착할 대상보다 작은 크기로 절단하여 테이프를 한쪽의 접착 대상에 붙인 후 뒷면의 접착시트를 떼어내어 접착 대상에 붙임

	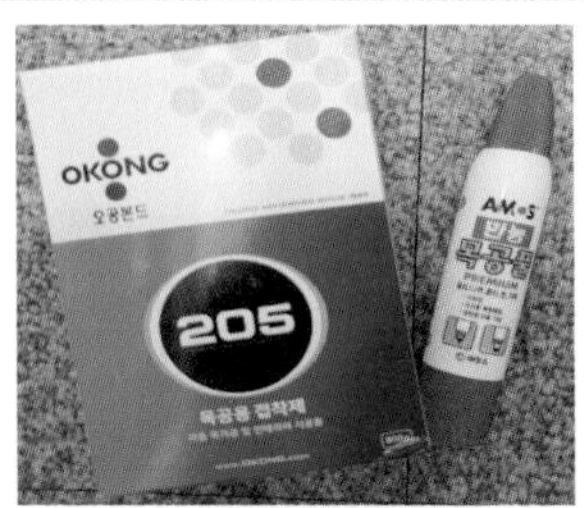	
마스킹테이프	목공풀	접착 스프레이
• 특징 - 쉽게 붙여지며, 떼어내도 자국이 남지 않음 • 활용법 - 페인트칠 시 경계선을 깨끗하게 마감하기 위해 활용 - 교실 바닥 및 게임판의 경계선 표시	• 특징 - 냄새가 거의 없으며, 마르면서 접착력이 생기고, 투명해짐 • 활용법 - 나무, 천, 가죽, 종이, 플라스틱 등 다양한 재료를 접착할 경우에 사용	• 특징 - 가스 형태의 뿌리는 접착제 • 활용법 - 천, 종이, 필름, 스티로폼과 같이 접착할 면이 넓은 경우 효율적으로 활용 - 분사 후 10초 정도 방치한 다음 접착할 물체를 대고 누름

요점정리

1. 교재 · 교구 제작계획의 필요성
   - 효율적인 제작이 가능한지 확인
   - 제작과정에서의 시행착오 감소
   - 남아 있는 제작과정 파악 가능
   - 동료 교사와 제작방법에 대한 전반적인 정보 공유
   - 창의적인 교재 · 교구를 구상할 수 있도록 도움
   - 교재 · 교구의 활용 방법 공유

2. 교재 · 교구 제작의 고려사항 및 단계
   1) **교재 · 교구 제작 시 고려사항**
      - 영유아의 발달 수준에 적절한지, 안전과 견고성에 문제가 없는지, 교육 목적에 적합한지, 영유아의 흥미를 유발할 수 있고 조작하고 사용하기에 편한지, 다양하게 활용할 수 있는지, 성취감을 줄 수 있는지, 경제성을 고려하였는지, 위생적인 측면을 보장할 수 있는지, 전시 및 보관이 용이한지를 고려해야 함
   2) **교재 · 교구 제작의 단계**

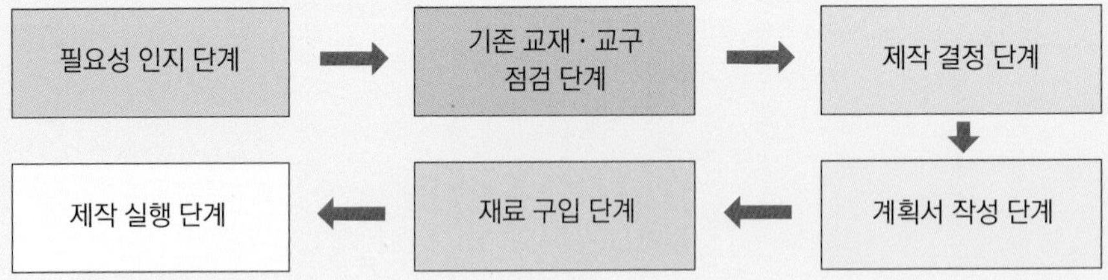

3. 교재 · 교구의 제작계획서
   1) **교재 · 교구 제작계획서의 작성방법**
      - **활동주제**: 주제 통합의 교육에서 다른 영역의 활동과의 연계성을 높이기 위해 작성함
      - **교재 · 교구명**: 활동의 특성 및 교육적 목적과 관련된 정보가 드러날 수 있도록 작성
      - **활동영역**: 어느 활동영역에 적합한지를 작성하며, 경우에 따라 두 영역 이상 제시

될 수 있음

- **대상연령**: 보편적 발달 규준에 따라 활용하기에 적합한 연령 제시
- **활동목표**: 교재 · 교구를 활용함으로써 얻게 될 것으로 기대되는 행동목표 작성
- **제작재료**: 교재 · 교구를 제작하는 데 필요한 재료의 이름을 구체적으로 작성
- **제작방법**: 제작순서에 따라 구체적으로 작성
- **활동방법**: 교재 · 교구의 활동과정에 대한 방법을 작성하며, 교수방법 및 전략 포함
- **주의 및 유의점**: 제작 시 주의 및 유의점 제시

4. 교재 · 교구의 제작재료

- 교재 · 교구를 제작하는 데 쓰이는 재료로는 종이류, 헝겊류 및 비닐류, 보드류, 끈류, 스티커류, 소품류, 채색 및 점토류, 접착제류가 있으므로 이들의 특징을 습득하여 적합하게 활용해야 함

제5장

교재 · 교구의 배치 및 활용과 평가

교재 · 교구는 영유아의 상호작용을 촉진함으로써 동기유발과 흥미, 주의집중과 지속성, 활동의 심화 및 확장을 돕는다. 그리고 영유아의 교수 · 학습활동을 위한 매개체로서 교육 효과에 많은 영향을 미친다. 그러므로 교재 · 교구는 영유아의 발달과 심리적 특성 및 유아와 교재 · 교구 간의 상호작용을 효과적으로 증진시킬 수 있는지, 구체적 경험을 풍부하게 제공할 수 있는지를 고려하여 구비해야 한다. 이와 더불어 교사는 흥미 영역에 배치된 교재 · 교구들을 생활주제 및 영유아의 발달 특성에 적합하게 적절한 변화를 주어야 하며 지속적으로 교재를 재배치해 주어야 한다. 그리고 영유아가 교재 · 교구를 쉽게 활용할 수 있도록 배치되어야 한다. 또한 교사는 객관적으로 교재 · 교구 및 활용에 대한 부분을 평가할 수 있어야 한다.

이 장에서는 교재 · 교구의 선택과 배치, 교재 · 교구의 활용, 평가, 교재 · 교구의 보관 및 관리에 대한 부분을 살펴봄으로써 현장에서 교사가 교재 · 교구를 적절하게 다루는 데 편리성을 제공하고자 한다.

마인드 맵

교재 · 교구의 배치 및 활용과 평가

1. 교재 · 교구의 선택과 배치
- 교재 · 교구의 선택
- 교재 · 교구의 배치

2. 교재 · 교구의 활용
- 교재 · 교구 사용에서의 교사의 역할
- 교재 · 교구의 제시
- 교재 · 교구의 활용을 위한 배치 및 관리 체크리스트

3. 교재 · 교구의 평가
- 교재 · 교구의 평가기준

4. 교재 · 교구의 정리와 보관 및 관리
- 효율적인 교재 · 교구의 정리 및 보관
- 체계적인 교재 · 교구 관리
- 교재 · 교구 목록표 작성
- 교재 · 교구 정리 및 보관 사례

/ 학습목표 /

1. 영유아기 발달에 적합한 교재 · 교구를 배치할 수 있다.
2. 교재 · 교구의 활용 시 교사의 역할을 제시할 수 있다.
3. 교재 · 교구의 평가기준에 대해서 제시할 수 있다.
4. 교재 · 교구를 효율적으로 관리할 수 있는 방법을 제시할 수 있다.

/ 주요용어 /

- **배치**: 사람이나 물건을 일정한 자리에 나누어 둠
- **확장**: 범위 · 규모 · 세력 등을 늘려서 넓힘
- **진열**: 여러 사람에게 보이기 위하여 물건을 죽 벌여 놓음
- **평가**: 물의 가치나 수준 따위를 평함. 또는 그 가치나 수준
- **매개체**: 둘 사이에서 어떤 일을 맺어 주는 구실을 하는 것
- **심화**: 정도나 경지가 점점 깊어짐. 또는 그리 되게 함
- **내구성**: 오래 견디는 성질
- **심미성**: 아름다움을 살펴 찾음

1. 교재 · 교구의 선택과 배치

1) 교재 · 교구의 선택

교재 · 교구는 영유아 전인적 발달을 도모[1]하는 데 영향을 미치기 때문에 질적으로 우수한 교재 · 교구를 선택하는 것은 중요하다. 왜냐하면 질 높은 교재 · 교구는 영유아의 발달에 중요한 요인 중 하나이기 때문이다. 그러므로 교재 · 교구 선택 시에는 교육목표 및 교육내용과의 관련성, 발달에 따른 적절성, 영유아들의 흥미, 경제성, 매력성, 심미[2]성, 안전성, 개방성, 내구성,[3] 보관상의 용이성, 영유아가 사용하기 적절한 크기, 성차별이 없고, 반편견적 사고를 지양[4]할 수 있는 양성[5]성 등을 고려해야 한다.

그러나 교사들은 일반적으로 교재 · 교구를 선택할 때 많은 고민을 하게 된다. 때에 따라서는 다각적으로 검토하고 고려해야 할 부분들이 서로 상충되는 경우가 종종 발생하기 때문이다. 예를 들어, 심미성, 경제정, 영유아의 흥미, 대상연령에 대한 적합성 및 교육적 효과를 갖추고 있다할지라도 안전성이나 내구성의 문제가 대두될 수도 있기 때문이다. 그러므로 학자들이 제시한 교재 · 교구 구입 시 선택기준을 참고하여 구입하는 것도 하나의 방안이 되리라 사료된다.

학자들이 제시한 교재 · 교구 선택 시 기준을 살펴보면 다음과 같다.

심성경 외(2010)는 교재 · 교구 선택 시 기준을 기능적인 측면과 교육적 측면으로 나누어 다음과 같이 제시하였다.

〈기능적 측면〉

- 안전성(재질, 페인트, 강도, 크기, 무게, 모양, 마감 처리)

---

1) 어떤 일을 이루려고 수단과 방법을 꾀함.
2) 아름다움을 살펴 찾음.
3) 오래 견디는 성질.
4) 더 높은 단계로 오르기 위하여 어떤 것을 하지 않음.
5) 남성과 여성.

- 적합성(발달적 수준, 흥미와 요구, 사회 · 문화적 가치)
- 내구성
- 경제성

〈교육적 측면〉
- 유아의 발달 도모 여부(신체, 인지, 창의, 정서, 사회성)

반면, 정상녀 등(2010)은 교재 · 교구 선택 시 다음과 같은 기준을 제시하였다.
- 적합성(발달 수준, 교육내용, 교육프로그램)
- 안전성(안전한 재질, 유독성 여부, 각진 부분, 청결, 위생)
- 내구성(견고, 반영구적 사용 가능)
- 활용 가능성(융통성, 다양한 놀이방법으로 사용 가능)
- 경제성
- 미적 만족감(색, 질감, 소리, 형태, 크기 등의 매력성)
- 관리의 용이성(이동 및 보관의 용이성)

교재 · 교구 선택 시 기준 외에도 Moris는 교구 선정 시 고려해야 할 점을 '유용성'[6] '조작의 용이성' '성능의 신뢰성' '외형' '안전성 및 견고성' '수선의 용이성 및 서비스' '다목적성 및 요구도'로 구분하여 〈표 5-1〉과 같이 제시하였다(이민정 외, 2012 재인용).

표 5-1 교재 · 교구 선정 시 고려사항

구분	내용
유용성	• 학습에 얼마나 기여하는가? • 자주 활용될 것인가?
조작의 용이성	• 쉽게 조작할 수 있는가? • 조작방법에 대한 설명이 쉽고 이해하기 쉬운가?

6) 쓸모가 있는 성질이나 특성.

성능의 신뢰성	• 교구의 기계적 성능이 제대로 발휘되는가? • 소음이 없고 빛이 새어나오지 않는가? • 장시간 사용에도 파열이 없는가?
외형	• 다른 교구들과 함께 사용할 수 있는가? • 외관상 매력적인가?
안전성 및 견고성	• 교구가 안전한가? • 국가에게 승인한 제품인가? • 무게의 균형이 맞는가? • 날카로운 모서리나 뾰족한 부분은 없는가? • 운반이나 보관 시 안전한 상자에 담겨 있는가? • 튼튼한 자재로 만들어졌는가? • 손잡이 등이 견고한가?
수선의 용이성 및 서비스	• 수선 시 부품비 등이 비싸지 않은가? • 간단한 수리 방법에 대한 워크숍[7]이 제공되는가? • 공급자가 직접 와서 사용 설명을 해 주는가? • 다양한 서비스가 제공되는가?
다목적성 및 요구도	• 대집단, 중집단, 개별 놀이 등 다양한 용도 사용이 가능한가? • 비용 대비 가치가 있는가? • 다수의 사람들이 이용 가능한가?

출처: 이민정 외(2012), pp. 125-126.

2) 교재 · 교구의 배치

(1) 흥미 영역의 배치

교재 · 교구는 영유아의 상호작용을 통하여 활동의 동기유발과 흥미, 주의집중과 지속성, 활동의 심화[8] 및 확장을 돕는다. 그리고 영유아의 교수 · 학습활동을 위한 매개체[9]로서 교육 효과에 많은 영향을 미친다.

그러므로 교재 · 교구의 효율성과 활용도를 높이기 위해서는 다양한 교재 · 교구를 확보하여 활동영역별로 융통성 있게 배치하여야 한다. 이는 영유아에게 활동에 대한 선택 기회와 더불어 영유아 자신이 스스로 계획 활동을 수행할 수 있도록 배

7) 전문적인 기술이나 아이디어를 실험적으로 실시하면서 검토하는 연구회나 세미나. 참가자들이 스스로 조사 · 연구하고 토의함.

8) 정도나 경지가 점점 깊어짐. 또는 그리 되게 함.

9) 둘 사이에서 어떤 일을 맺어 주는 구실을 하는 것.

려함으로서 자율성을 키워 줄 수 있다. 또한 물리적 경계의 설정으로 인한 구분이 명확해짐으로 안정된 분위기에서 활동을 지속할 수 있다(임경옥 외, 2018).

각 영역을 구성할 때는 교사가 교실 전체를 한눈에 볼 수 있도록 개방적으로 배치[10]해야 하며, 영유아의 발달 및 요구 수준을 고려해야 한다. 또한 주제별 교육내용이나, 활동에 따라 교재 · 교구를 적절하게 제공해 주어야 한다. 이와 더불어 교재 · 교구는 안전성, 견고성, 활용성, 놀이 활동의 다양성을 고려하여 배치해야 한다. 교사는 각 영역에 제시된 교재 · 교구를 생활주제 및 영유아의 발달 특성에 맞추어 변화를 주고 지속적으로 교재를 배치하거나 재배치해야 한다.

그러나 흥미 영역을 한꺼번에 모두 배치해야 하는 것은 아니다. 그러므로 각 기관이 보유하고 있는 공간이나 교육내용, 활동 등을 고려하여 배치하면 된다. 이에 교재 · 교구의 배치 및 효율적 활용을 위해서 고려해야 할 사항을 제시하면 다음과 같다.

- 교재 · 교구는 각 영역별로 구분하여 영유아의 연령 및 발달 수준에 적합하도록 배치한다.
- 교재 · 교구의 크기, 배치 공간 등을 고려하여 영유아들의 눈에 잘 띄도록 매력적으로 배치한다.
- 교재 · 교구는 주제, 교육목표나 교육내용, 계절과 관련하여 효과적으로 전시하며 수시로 교체해 주어야 한다. 주제에 따라 교재 · 교구를 동시에 교체해 주기보다는 영유아의 흥미와 개인차를 고려한다.
- 상황에 따라 배치 방법에 변화가 있어야 한다. 즉, 교재 · 교구의 사용 빈도[11]에 따라 배치를 바꾸어 준다. 예를 들어, 영유아의 사용 빈도가 적을 경우 다른 교재 · 교구와 교체하여 배치하고, 영유아가 흥미를 많이 보이는 교재 · 교구는 일정 기간 지속적으로 배치한다.
- 교재 · 교구의 수는 영유아의 연령, 시기 등을 고려하여 항상 고정되어 있지 않고, 영유아의 요구, 관심, 특성에 맞추어 제공한다.

---

10) 사람이나 물건을 일정한 자리에 나누어 둠.

11) 같은 현상이나 일이 반복되는 도수. 잦은 도수.

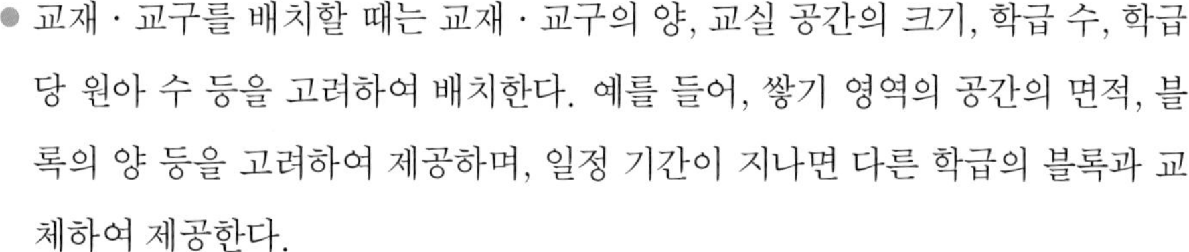

- 교재 · 교구를 배치할 때는 교재 · 교구의 양, 교실 공간의 크기, 학급 수, 학급 당 원아 수 등을 고려하여 배치한다. 예를 들어, 쌓기 영역의 공간의 면적, 블록의 양 등을 고려하여 제공하며, 일정 기간이 지나면 다른 학급의 블록과 교체하여 제공한다.
- 언어 · 수 등 인지발달과 관련된 교재 · 교구는 실시할 시기(학기 초, 학기 중간, 학기 말) 등을 고려하여 배치한다.
- 쉽게 꺼내고 넣을 수 있도록 영유아의 키와 눈높이를 고려해서 배치해야 한다.
- 영유아가 교재 · 교구를 쉽게 정리할 수 있도록 각 교구장에 글씨나 그림으로 놓는 자리를 표시해 둔다.
- 분실되기 쉽거나 여러 조각으로 구성된 교재 · 교구는 영유아가 필요 시 쉽게 다른 장소로 가져갈 수 있도록 바구니나 상자 등에 담아 배치해 놓아야 한다.
- 상호 관련성이 있는 교재 · 교구는 함께 배치해 주어야 학습효과 및 활용도를 높일 수 있다.
- 연령이 어린 영아들에게는 한번에 다양하고 많은 교구를 제공하기보다는 점차적으로 교재 · 교구의 수를 늘려서 제공한다.
- 전기를 사용하거나 이동이 어려운 교재 · 교구는 교구장에 배치하기보다는 장소를 정하여 안전하게 사용하도록 한다.
- 매일 사용하는 활동지, 관찰 기록지, 연필, 색연필 등과 같은 활동자료는 일정한 장소를 정하여 배치한다.
- 교구장 뒷면이나 천장, 기둥, 벽면 등을 활용하여 배치한다. 전시물은 배치할 때는 지나치게 많이 전시하면 오히려 전달 효과가 떨어진다. 따라서 게시물이나 전시물의 크기, 중요도, 순서 등을 고려하여 체계적으로 배치한다.
- 과학기기나 시청각 기자재 중 파손되기 쉬운 교구는 영유아들의 손이 쉽게 닿지 않는 안전한 장소에 배치해서 교사가 관리하도록 해야 한다.

이와 더불어 김정숙 외(2014)가 제시한 홍미 영역별 교재 · 교구 배치 시 유의점을 살펴보면 〈표 5-2〉와 같다.

표 5-2 실내 흥미 영역별 교재 · 교구 배치 시 유의점

영역명	유의점
쌓기놀이 영역	• 유아의 구성[12), 조작[13) 능력 등 발달 수준을 고려해 다양한 유형의 블록을 순차적으로 제공함. • 블록의 경우 동일한 종류의 양이 충분하게 제공되지 않을 경우 유아의 놀이 단절, 또래 간 갈등 상황 등이 발생함. • 유아 수에 비해 교실에 제공되는 블록의 양이 적을 경우, 동일한 종류의 블록을 충분히 넣어 주고, 추후 다른 유형의 블록으로 대체하는 방식으로 블록의 다양성을 경험하게 함. • 다양한 조각으로 구성되면서도 무거운 블록(예: 유니트 블록)을 3세반에 비치할 경우 유아의 조작 능력과 정리의 용이성 및 안전성에 주의하며, 기본형태 위주로 소량 제공
역할놀이 영역	• 놀이 상황에 따라 쌓기놀이 영역의 블록 및 소품, 언어 영역, 음률 영역 등 타 영역의 교재 · 교구와 공유될 수 있음. • 4~5세의 경우 놀이에 문자나 숫자가 활용되어 관련 경험이 이루어지도록 구성함. 이를 위해 쓰기 관련 도구(색연필, 종이, 연필, 테이프 등)를 바구니 등에 담아 영역에 둘 수 있음.
언어 영역	• 글자에 대한 이해가 불완전하므로 글자가 제시되는 교재 · 교구는 그림 등의 단서가 함께 제공되어야 함. • 듣기나 읽기를 통해 이해한 내용을 말하기나 쓰기를 통해 표현할 수 있도록 하는 자료를 함께 제공함.
수 조작 영역	• 수 조작놀이를 위해 작은 크기의 블록을 제시할 경우 삼키거나 몸에 있는 구멍에 넣을 수 있음으로 주의가 필요함.
과학 영역	• 실생활에서 접할 수 있는 주변의 실물자료를 활용할 경우 위험 요소는 미리 제거하여 비치함. • 과학활동을 위해 세트화 된 교구를 구비할 수 있으나 일회성의 마술적인 내용으로 그칠 수 있음으로 유아의 흥미, 발달 수준을 고려하여 활동에 적절하게 교사가 재구성하여 제공하는 것이 좋음.
미술 영역	• 다양한 자료를 제공하게 되므로 유아가 사용하고 정리하기 쉽게 제공해야 함.
음률 영역	• 멜로디 악기를 3~4세에게도 제공할 경우 만 3세는 자유롭게 놀이하며 소리 탐색 수준, 만 5세는 멜로디 연주 및 합주 등을 격려하는 등 수준별 차이를 두어야 함. • 신체표현 자료 제공 시 길이, 크기 등은 유아의 연령 및 신체적 발달 수준을 고려해야 함(예: 한삼의 경우, 3세는 4~5세에 비해 길이가 짧게 재수선하여 제공)

출처: 김정숙 외(2014), p. 107.

12) 몇 가지 부분이나 요소를 조립하여 하나로 만드는 일. 또는 그 결과.

13) 물건을 지어 만듦.

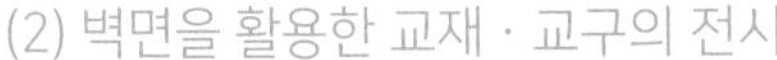

(2) 벽면을 활용한 교재 · 교구의 전시

벽면은 생활주제와 관련된 자료를 부착하여 학습효과를 높이기에 적합한 곳이다. 아울러 영유아들의 활동 작품이나 활동 결과물 및 그림을 전시할 때 일반적으로 가장 많이 활용할 수 있는 공간이기도 하다. 또한 주제와 관련된 그림 및 사진 등을 전시하거나 영유아들이 활동한 학습 결과물을 붙여 줌으로써 성취감을 느낄 수 있도록 하거나 학습이 확장될 수 있도록 돕는다. 그러므로 벽면을 적절하게 활용할 수 있는 다양한 방안이 모색될 필요가 있다.

김영희(2016)는 벽면을 효과적으로 구성하기 위하여 유의할 점을 다음과 같이 제안하였다.

- 학습과 관련된 실무,[14] 사진, 그림, 관련 도서 등을 함께 제시해 주며, 학습이 진행됨에 따라 첨가한다.
- 게시판은 각 흥미 영역에서 나오는 결과물의 특성을 고려하여 다양한 형태 및 재질[15]로 만들어진 것을 제공한다.
- 작품을 획일적으로 전시한다는 개념에서 탈피하여 붙일 것인가 또는 매달 것인가 등 입체적으로 고려한다. 또한 다양한 질감의 재료(포장지, 갈포벽지, 한지, 천, 보자기, 꽃 포장망 등)를 활용한다.
- 무엇을 어떻게 구성할 것인가에 대해 유아의 참여를 유도하여 함께 토의한다.
- 영유아 스스로 게시할 수 있도록 부착이 쉽고 알맞은 높이로 제공하며, 영유아의 눈높이를 고려하여 전시하거나 게시한다.

(3) 교재 · 교구 배치를 위한 전략

교재 · 교구를 배치하기 위해서는 적절한 전략[16]이 수반되어야 한다. 즉, 같은 교재 · 교구를 배치하더라도 어떤 장소의 어떤 위치에 배치하느냐에 따라서 그 효과는 증가 및 확장되기도 하고 반면 감소하기도 한다. 그러므로 교사는 각 영역 및 벽면에 교재 · 교구와 영유아의 작품을 배치하거나 전시할 때 다양한 효과를 고려해

14) 실제의 업무나 사무.
15) 재료가 갖는 성질.
16) 전쟁을 전반적으로 이끌어 가는 방법이나 책략.

야 한다.

영유아의 작품 및 교재 · 교구 전시를 위한 전략 및 효과는 〈표 5-3〉과 같다(Kostelick, 1988; 김영희, 2016 재인용).

표 5-3 교재 · 교구 배치를 위한 전략 및 효과

환경구성을 위한 전략	어떤 효과가 있나?
영유아가 필요로 하는 교재 · 교구는 그들의 손이 쉽게 미치는 낮은 교구장에 진열해야 한다.	집단 환경에서 오랜 시간을 보내는 영유아는 부드럽고 안정감을 주는 휴식 공간이 필요하다. 이것은 유아의 정신적 건강을 위해 매우 중요한 것으로 긍정적 행동을 증진시킨다.
교재 · 교구는 영유아가 사용하게 될 영역 근처 교구장에 진열한다. 또 각 교재 · 교구가 속하는 위치를 보여 주는 그림을 명칭표와 함께 붙인다.	교재 · 교구의 체계적인 분류는 적절한 사용을 증진시킨다. 각 물건이 속하는 장소에 명칭표를 붙이는 것은 영유아가 그들의 환경을 유지, 보호하는 정리정돈의 중요성을 일깨우는 데 도움을 준다.
영유아의 눈높이에 맞게 벽에 그림을 부착해 준다. 영유아의 작품뿐만 아니라 그들의 흥미를 불러일으킬 수 있는 그림을 전시한다.	영유아는 자기 눈높이에 있는 그림에 집중한다. 영유아의 독창적인 작품의 전시는 성인이 그들의 노력을 존중하고 중요하게 여기고 있음을 느끼게 해 준다.

출처: 김영희(2016), pp. 143-144.

2. 교재 · 교구의 활용

1) 교재 · 교구 사용에서의 교사의 역할

교재 · 교구를 영유아에게 제시하는 과정은 교재를 선정하는 것 이상으로 중요하다. 그 이유는 교재 · 교구 제시 방법에 따라 교사가 기대하는 교육목표에 도달할 수도 있고 아닐 수도 있기 때문이다. 즉, 교사가 교육목표 및 교육과정에 적절한 교재 · 교구를 제시했을 때 그 효과는 배가[17] 될 수 있고 효율적이지만 그렇지 못

17) 갑절로 늚. 또는 그렇게 늘림.

할 경우 오히려 역효과를 가져올 수 있기 때문에 교사의 역할이 중요하다고 할 수 있다.

그러므로 교사는 교재 · 교구의 특성을 미리 파악하고 있어야 하며 영유아의 발달 특성에 따라 융통성 있게 순발력을 발휘할 수 있는 역할을 수행해야 한다.

교재 · 교구 사용과 관련하여 교사의 역할을 살펴보면 다음과 같다.

첫째, 안전하게 사용하고 교육 목적의 효과를 높이기 위해서는 교재 · 교구에 대한 활용 방법과 더불어 특히 주의점 등을 간결하게 설명해 주어야 한다.

둘째, 영유아들에게 교재 · 교구의 활용 방법을 적절하게 시범 보여야 한다. 즉, 작동하기 쉬운 교재 · 교구는 영유아 스스로 활용할 수 있도록 지켜보고 영유아가 활용 방법에 어려움을 겪을 것으로 예상될 경우 교사가 먼저 활용 방법을 시범 보인 후 영유아가 사용할 수 있도록 지도한다.

셋째, 영유아가 상황에 맞게 교재 · 교구를 적절하게 사용하고 사용 후 제자리에 정리할 수 있도록 도움을 주어야 한다.

넷째, 상황에 따라서 영유아와 함께 교재 · 교구를 통해 상호작용하고 기쁨과 즐거움, 성취[18]감을 함께 나눈다.

다섯째, 영유아의 교재 · 교구 활용 과정을 관찰한 후 잘 사용하지 않는 교재 · 교구는 재배치하거나 활용 방안을 모색한다.

여섯째, 교재 · 교구의 관리 상태를 점검하고 청결을 유지하도록 하며, 분실되거나 소실[19]된 교재 · 교구는 보완하거나 정리하도록 한다.

2) 교재 · 교구의 제시

영유아들은 교재 · 교구를 통해 '교재 · 교구–유아' '유아–유아' '유아–교사' 간 상호작용[20]을 하게 되고 이러한 과정 속에서 언어를 발달시키며, 학습효과를 증가시키기도 한다. 또한 교재 · 교구를 사용하여 놀이하는 과정에서 서로를 배려하고 양보 혹은 협동하면서 사회성을 증진시키며 규칙을 배워 나가기도 한다. 더불어 교

18) 목적한 바를 이룸.

19) 사라져 없어짐. 또는 그렇게 잃어버림.

20) 서로 작용하고 영향을 주는 일.

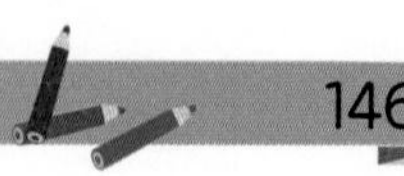

재 · 교구를 탐색하고 조작[21] 및 관찰하면서 자연스럽게 감각[22]능력을 발달시키거나 눈, 손 협응력을 돕고 소근육의 발달을 증진시킨다.

교사가 교재 · 교구를 제시할 때는 주의집중과 흥미를 유발할 수 있는 사전 활동을 고안하여 발달 수준에 알맞은 교재 · 교구를 제시하고 난이도[23]에 따라 제시 순서를 고려해야 한다. 그러므로 교재 · 교구 제시 시 교사의 세심한 계획과 고려가 필요하며 교사의 역할이 매우 중요하다. 왜냐하면 교재 · 교구를 언제, 어떤 방법으로 어떻게 제시하느냐에 따라서 교사가 의도한 교육목표를 달성할 수도 있고 그러지 못할 경우도 있기 때문이다. 이는 교재 · 교구가 교사의 의도적이고 체계적인 활동, 즉, 수업과 영유아의 자율적인 활동인 자유선택활동 시간에서도 활용되기 때문이다. 또한 교사가 제시하는 교재 · 교구는 교육의 질을 좌우할 수 있는 하나의 요인이 될 수 있다(임경옥 외, 2018).

교사가 교재 · 교구를 어떻게 제시하느냐 하는 것은 교수자로서 매우 중요한 역할 중 하나라고 할 수 있다. 교사가 교재 · 교구를 제시하는 목적은 일반적으로 교사가 의도한 교육목표를 성취하도록 하기 위한 것이며, 이러한 목적을 달성하기 위해서는 영유아의 집중도 및 흥미 등을 적절하게 끌어낼 수 있어야 한다. 이를 위해 교사는 다각적으로 여러 부분, 즉 교재 · 교구의 제시 시기, 발달 수준, 심미감, 모양, 크기, 난이도, 활용도 등을 검토해야 한다.

교재 · 교구를 제시할 때 고려해야 할 시기와 순서에 대한 사항을 정리해 보면 다음과 같다(오연주 외, 2015).

첫째, 주제와 관련된 교재 · 교구를 제시한다. 현재 진행되고 있는 주제와 관련된 교재 · 교구인지 판단한 후 제시하여야 한다. 교재 · 교구를 효율적으로 제시하려면 교육계획의 바탕이 되는 주제와 관련 있는 교재 · 교구가 제시되어야 한다. 주제의 내용과 연관 있는 교재 · 교구는 주제의 개념을 더욱 심화하고 이해하는 데 도움이 된다. 이는 교재 · 교구가 교육의 목표와 내용을 효과적으로 전달하는 데 기능을 하게 되는 것이다.

둘째, 영유아의 능력을 고려하여 교재 · 교구를 제시한다. 영유아는 각각의 발달

21) 물건을 지어 만듦.

22) 감각기관을 통하여 바깥의 어떤 자극을 알아차리는 능력. 시각 · 청각 · 미각 · 촉각 따위를 말함.

23) 어려움과 쉬움의 정도.

수준 및 능력이 다르므로 이에 적합한 교재 · 교구를 제시함으로써 유아의 흥미와 지속성을 높일 수 있도록 해야 한다.

셋째, 같은 주제의 교재 · 교구라도 제시의 순서를 정한다. 주제와 관련성 있는 교재 · 교구가 확보된 후에는 영유아가 이해하기 쉬운 것부터 어려운 것으로 구체적인 것부터 추상적인 것으로 순서를 정하여 제시하도록 한다.

넷째, 자유선택 영역의 교재 · 교구는 여러 개를 한꺼번에 제시하지 않도록 한다. 영유아들의 능동적인 참여로 이루어지는 자유선택활동의 교재 · 교구가 한꺼번에 새로운 것으로 제시된다면 참여하는 데 혼란스러워질 수 있으므로 주기적으로 몇 개의 교재 · 교구를 조금씩 교체해 준다면 이러한 혼란스러움을 막을 수 있다. 또한 교재 · 교구를 제시하기 전에 이야기 나누기 시간에 활동방법이나 유의점 등을 소개함으로써 새로운 교재 · 교구에 쉽게 적응하도록 도울 수 있다.

다섯째, 교재 · 교구를 제시하기 전과 후에는 연계[24)]된 활동을 계획하여야 한다. 교재 · 교구와 관련된 사전 활동은 이전 경험을 만들어 주므로 교재 · 교구에 대한 흥미와 이해도를 높일 수 있다. 또한 교재 · 교구를 활용한 후에는 이와 관련된 확장[25)]활동을 함으로써 활용도를 높이고 교재 · 교구의 활용을 지속화할 수 있도록 한다.

3) 교재 · 교구의 활용을 위한 배치 및 관리 체크리스트

(1) 실내 흥미 영역별 교재 · 교구 배치 및 관리 체크리스트

효율적인 교재 · 교구의 활용을 위해서 흥미 영역별로 교재 · 교구가 주제 혹은 교육내용과 관련 있게 적절하게 배치되었는지, 영유아의 연령이나 발달 수준에 적합한지 등 각 영역별로 확인해야 한다. 그리고 교사도 교재 · 교구의 활동방법을 정확하게 숙지[26)]하고 있는지, 파손된 교구는 없는지, 청결한지 등을 점검해야 한다. 이를 위해서 흥미 영역별 교재 · 교구 배치 및 관리 체크리스트를 활용하는 것이 다양한 측면에서 효과적이다.

---

24) 이어서 맴.

25) 범위 · 규모 · 세력 등을 늘려서 넓힘.

26) 익히 앎. 충분히 앎.

교재 · 교구의 효율적 활용을 위한 실내 흥미 영역별 교재 · 교구 배치 및 관리 체크리스트를 제시하면 〈표 5-4〉와 같다(김정숙 외, 2014).

- 실내 흥미 영역별 교재 · 교구 배치 및 관리 체크리스트는 A영역과 B영역으로 구분되어 있으며 각 영역별 점검사항에 기초하여 영역별로 예(○), 아니요(×) 여부를 표시함.
- A영역의 경우 주제가 변경되어 새로운 교재 · 교구로 바꾸어 준 후 1회 점검, B영역의 경우 매일 또는 적어도 2~3일에 한 번씩은 점검이 이루어지는 것이 바람직함.
- 주제에 따라 특정 흥미 영역이 없어지거나 다른 영역과 통합하는 경우 빈칸으로 처리하거나 체크리스트 양식의 영역별 이름을 변경하여 사용할 수 있음.

표 5-4 실내 흥미 영역별 교재 · 교구 배치 및 관리 체크리스트

구분		점검사항	쌓	역	언	수	과	미	음	비고
A	1	교재 · 교구는 (생활)주제와 관련있게 적절히 배치되어 있는가?								
	2	교재 · 교구는 주제, 소주제의 교육내용과 관련 있게 적절히 배치되어 있는가?								
	3	교사는 배치된 교재 · 교구의 활동방법을 정확히 알고 있는가?								
	4	각 흥미 영역별 다양한 개념을 포함하는 교재 · 교구가 배치되어 있는가? (예: 수학 영역-수와 연산, 도형 및 공간, 규칙성, 측정, 자료수집과 결과 나타내기)								
	5	다양한 유형의 교재 · 교구가 배치되어 있는가? (예: 게임방식-혼자/그룹, 교재 · 교구의 소재 및 재질, 교재 · 교구의 형태-입체/평면 등)								
	6	교재 · 교구는 영유아의 연령이나 발달 수준에 적합하게 배치되어 있는가?								
	7	교재 · 교구는 개별 영유아의 발달적 요구에 충족될 수 있도록 배치되어 있는가? (예: 동일한 교구에 수준별 활동방법, 비구조화된 교구를 활용한 영유아의 놀이방법 고안 등)								
	8	영유아 수 대비 교재 · 교구의 양은 충분한가?								

B	9	교재 · 교구를 꺼내고 정리하기에 적절하게 배치되어 있는가?								
	10	무거운 교재 · 교구는 교구장 아래에 배치되어 있는가?								
	11	매일(또는 자주) 사용하는 교재 · 교구는 교구장 내 꺼내기 쉬운 쪽에 배치되어 있는가? (예: 색연필 등)								
	12	시각적으로 매력요소가 잘 드러나지 않는 교재 · 교구는 교구장 위쪽에 배치되어 있는가?								
	13	배치된 교재 · 교구는 영유아가 사용하기에 안전한가? (예: 페인트 벗겨짐, 날카로운 부분, 무독성 등)								
	14	이동에 위험성이 있는 교재 · 교구는 안전한 장소에 고정적으로 배치되어 있는가?								
	15	배치된 교재 · 교구는 영유아 스스로 정리가 용이하도록 되어 있는가? (예: 바구니, 교재 · 교구 사진 또는 이름텍, 밑그림 등)								
	16	배치된 교재 · 교구의 활용 방법이 영유아 스스로 사용하고 조작할 수 있도록 안내되었는가?								
	17	배치된 교재 · 교구 중 일부 분실된 부속품이 있는가? (예: 게임말, 칩 등)								
	18	배치된 교재 · 교구 중 파손된 교재 · 교구가 있는가?								
	19	교재 · 교구의 위생상태는 청결하게 유지되고 있는가?								
	20	교재 · 교구장 및 교재 · 교구 바구니의 위생 상태는 청결하게 유지되고 있는가?								

주: 1) 각 영역별 명칭 표기는 약자로 표시함(예: 쌓기놀이 영역 → 쌓)
2) 17, 18번의 경우 '예'라는 응답이 해당되는 경우 점검이 필요한 부분으로 음영 처리함.
출처: 김정숙 외(2014), pp. 109-110.

(2) 실외 영역별 교재 · 교구 배치 및 관리 체크리스트

교재 · 교구를 효율적으로 활용하기 위해서 실내와 마찬가지로 실외 영역도 실내 영역과 마찬가지로 기본적으로 교육내용과 관련 있게 적절하게 배치되었는지, 영유아의 연령이나 발달 수준에 적합한지 교사는 배치된 교재 · 교구의 활동방법을 정확히 알고 있는지를 확인해야 한다. 이와 더불어 각 영역별 점검도 이루어져야 한다. 실내 홍미 영역과 마찬가지로 실외도 영역별로 교재 · 교구 배치 및 관리 체크리스트를 활용하는 것이 보다 쉽고 편리하게 관리할 수 있는 방안이 될 수 있다.

교재 · 교구의 효율적 활용을 위한 실외 영역별 교재 · 교구 배치 및 관리 체크리스트를 제시하면 〈표 5-5〉와 같다(김정숙 외, 2014).

- 실외 영역별 교재 · 교구 배치 및 관리 체크리스트는 각 영역별 점검사항에 기초하여 현재 상태를 예, 아니요, 해당 없음에 표시함.
- 해당 없음의 경우 해당 영역이나 해당 교재 · 교구가 배치되어 있지 않은 경우에 표시함.
- 점검 결과 '아니요'로 표시되는 경우 교재 · 교구의 특성에 따라 즉시, 또는 빠른 시일 내에 점검 조치가 필요함.
- 실외 영역별 교재 · 교구 배치 및 관리 체크리스트는 공통 영역은 월 1회, 그 외 각 영역은 매일 또는 적어도 2~3일에 한 번씩은 점검이 이루어지는 것이 바람직함.

표 5-5 실외 영역별 교재 · 교구 배치 및 관리 체크리스트

구분		점검사항	예	아니요	해당 없음	비고
공통	1	교재 · 교구는 교육내용과 관련 있게 적절히 배치되어 있는가?				
	2	교사는 배치된 교재 · 교구의 활동방법을 정확히 알고 있는가?				
	3	교재 · 교구는 영유아의 연령이나 발달 수준에 적합하게 배치되어 있는가?				
운동 놀이 영역	4	교재 · 교구는 개별 영유아의 발달적 욕구에 충족될 수 있도록 배치되어 있는가?				
	5	영유아 수 대비 교재 · 교구의 양은 충분한가?				
	6	고정 놀이기구는 바닥에 안전하게 고정되어 있는가?				
	7	놀이기구의 연결지점에 돌출된 곳을 없으며, 튀어나온 부분은 부드러운 재질로 덮여 있는가?				
	8	놀이기구에 녹이 슨 곳, 갈라진 곳, 날카로운 부분은 없는가?				
	9	놀이기구에 영유아의 몸이 빠지거나 낄 만한 구멍이나 틈(간격)이 없는가?				
	10	놀이기구의 넓은 틈에는 안전망이 설치되어 있는가?				
	11	이동식 놀이기구(예: 줄, 공, 줄넘기 등)의 보관 장소는 활용 장소와 구분되어 별도로 마련되어 있는가?				

모래 물놀이 영역	12	모래놀이 영역에 이물질(배설물, 유리 파편 등)은 없는가?				
	13	모래를 덮어 놓는 관리망이 있는가?				
	14	모래의 양은 충분하게 유지되고 있는가?				
	15	파손되거나 분실된 교구는 없는가?				
	16	모래 물놀이 영역의 교구는 영유아 스스로 사용 및 정리가 용이한가?				
자연 관찰 및 탐구 영역	17	안전망이 설치되어 영유아의 손가락이 동물에 직접 닿지 않는가?				
	18	동물 먹이가 영유아의 손에 닿지 않는 곳에 위치해 있는가?				
	19	날카로운 가시, 독성이 있는 식물은 없는가?				
	20	관찰 및 측정도구, 기타 자료는 영유아 스스로 사용 및 정리가 용이한가?				
	21	파손되거나 분실된 교재 · 교구는 없는가?				
작업 영역	22	미술활동 교재 · 교구는 사용 후 정리되어 있는가?				
	23	목공놀이를 위한 교재 · 교구 중 위험한 물건을 잠금 장치가 되어 있는가?				
	24	파손되거나 분실된 교재 · 교구는 없는가?				
휴식 영역	25	휴식 영역의 교재 · 교구는 사용 후 잘 정리, 관리되고 있는가?				

출처: 김정숙 외(2014), p. 111.

3. 교재 · 교구의 평가

1) 교재 · 교구의 평가기준

교재 · 교구에 대한 평가 시에는 교사가 제작한 목적에 부합[27]되는 활동이 이루어졌는지를 점검함으로써 활동목표나 기대효과가 일치되었는지를 확인해야 한다. 이를 위해 먼저 영유아들에게 제공되는 교재 · 교구가 적합하였는지를 평가해야 한

27) 사물이나 현상이 서로 꼭 들어맞음.

다. 즉, 영유아의 발달 및 연령에 적합하고 확장활동으로 연계[28]가 가능한지를 확인함으로써 충분한 교육 효과가 달성되었는지를 평가한다. 그리고 영유아 스스로 조작하고 이동하는 데 어려움이 없었는지, 다양한 활용이 가능했는지, 심미감, 안전성, 경제성, 내구성 등에 대한 문제는 없었는지 살펴보아야 한다. 이와 더불어 다양한 교재 · 교구가 제공되었는지를 평가함으로써 특정한 영역 및 유형의 활동으로 유도되는 것을 방지할 수 있다.

합리적이고 적절한 평가가 이루어지기 위해서는 교재 · 교구 자체에 대한 평가뿐만 아니라 다각적인 측면에서 평가를 할 필요가 있다. 교재 · 교구의 평가를 영유아, 교사, 자료의 측면에서 각각 평가하면 다음과 같다(Bronson, 1995; 이영자 외 2001 재인용).

(1) 영유아의 측면

- 영유아의 발달에 적합한가?
- 영유아의 연령에 적합한가?
- 자료에 흥미를 보이고 즐거워하는가? 특히 누가 흥미를 보이는가? 관심을 보이지 않는 영유아는 누구인가?
- 자료 활용을 통해 새로운 아이디어를 사용하는가?
- 활용시간이나 주의집중 시간의 길이는 얼마나 되는가?
- 자료 활용이 또래와의 상호작용을 격려하는가? 어떠한 형태로 상호작용이 일어나는가?
- 자료의 어떤 부분에 유아들이 더 관심을 보이는가?

(2) 교사의 측면

- 교육적 가치가 있는가?
- 적절하게 학습 동기를 유발시켰는가?
- 자료의 사용을 잘 안내하였는가?
- 영유아와의 상호작용은 적절하였는가?

---

28) 이어서 맴.

- 영유아들이 활동에 집중할 수 있도록 물리적[29] 환경이나 분위기를 조성[30]하였는가?
- 여러 영유아들이 관심을 갖고 활동하도록 소개하거나 적절한 장소에 전시 및 배치하였는가?
- 활동이 심화[31] · 확장[32]되도록 격려하였는가?
- 필요한 보조자료들을 즉시 제공하였는가?
- 영유아에게 적절한 질문을 하고, 영유아의 질문에 알맞게 반응하였는가?
- 능동적이고 적극적인 영유아뿐만 아니라 소극적이고 수동적인 영유아들도 배려하였는가?

(3) 자료의 측면

- 영유아가 좋아하는 색과 모양인가?
- 만들어진 재료가 영유아들에게 적합한가? (단단한가? 부드러운가? 물로 씻을 수 있는가? 부서지기 쉬운가? 무거운가?)
- 영유아가 좋아하는 청각적(소리, 음악, 어휘), 시각적(빛, 움직임) 특수효과를 가지고 있는가?
- 자료의 크기가 적절하였는가?
- 활용 중 손상되지 않았는가?
- 자료의 계속적인 사용이 유아의 개념, 아이디어, 기술의 발달에 도움이 되겠는가?
- 유아의 발달 수준에 적절하였는가?
- 문화적, 지역적인 요소를 고려하는가?

---

29) 물질의 원리에 기초한 (것).
30) 분위기나 정세 등을 생기게 함.
31) 정도나 경지가 점점 깊어짐. 또는 그리 되게 함.
32) 범위 · 규모 · 세력 등을 늘려서 넓힘.

(4) 영유아의 측면

- 영유아의 발달에 적합한가?
- 영유아의 연령에 적합한가?
- 자료에 흥미를 보이고 즐거워하는가? 특히 누가 흥미를 보이는가? 관심을 보이지 않는 영유아는 누구인가?
- 자료 활용을 통해 새로운 아이디어를 사용하는가?
- 활용시간이나 주의집중 시간의 길이는 얼마나 되는가?
- 자료 활용이 또래와의 상호작용을 격려하는가? 어떠한 형태로 상호작용이 일어나는가?
- 자료의 어떤 부분에 유아들이 더 관심을 보이는가?

이외에도 교재 · 교구를 활용성, 내용성, 안전성, 내구성, 흥미도로 분류하여 평가할 수 있는 체크리스트를 제시하면 〈표 5-6〉과 같다(최일선 외, 2010).

표 5-6 교재 · 교구 평가 체크리스트

항목	내용	매우 부족	부족	보통	우수	매우 우수
활용성	교재 · 교구 활용도가 높은가?					
	영유아들이 적절하게 사용하는가?					
	영유아들의 발달 수준에 부합[33] 되는가?					
	영유아들이 교재 · 교구 활동을 통해 성취감을 느낄 수 있는가?					
	제조나 구입이 용이한가?					
	가격이 적절한가?					
내용성	학습내용을 이해하는 데 적절한가?					
	교육과정의 목표 및 내용을 적절히 반영하는가?					
	교재 · 교구의 활용 방법을 이해하기 쉬운가?					
	학습자가 받아들일 수 있는 문화적 내용인가?					

33) 사물이나 현상이 서로 꼭 들어맞음.

안전성	위험성이 없고 안전한가?					
	사용상 안정감이 있는가?					
	지나치게 크게 소리 나거나 무겁지 않은가?					
	구성[34] 재료가 정확하고 질이 좋은가?					
	사용하기에 불편하지 않은가?					
내구성	교재 · 교구가 견고한가?					
	외부의 영향이나 환경에 빨리 변하지 않은가?					
	정밀하게 구성되어 있는가?					
	질이 적절한가?					
흥미도	영유아들의 흥미와 관심을 반영하는가?					
	영유아들의 흥미를 불러일으켜 학습 참여도를 높이는가?					
	모양, 색깔 등 디자인이 영유아의 흥미와 호감을 유발할 수 있는가?					
	영유아의 호기심과 탐구심을 조장할 수 있는가?					

출처: 최일선 외(2010), p. 74.

4. 교재 · 교구의 정리와 보관 및 관리

1) 효율적인 교재 · 교구의 정리 및 보관

유아교육기관에서 교재 · 교구를 체계적으로 보관, 정리, 관리하는 일은 매우 중요하다. 왜냐하면 교사가 원하는 교재 · 교구를 쉽게 찾아 활용하기 위해서는 효율적인 관리가 먼저 이루어져야 하기 때문이다. 즉, 구성품의 분실 위험이나 여러 조각으로 구성되어 있는 경우에는 투명 지퍼백 및 상자나 종이봉투에 넣어 정리한다든지, 활용이 끝난 교재 · 교구는 깨끗이 닦아 보관하는 등 파손 및 분실 여부를 확인한 후 보완하여 정리 및 보관하는 것이 필요하다.

34) 몇 가지 부분이나 요소를 조립하여 하나로 만드는 일. 또는 그 결과.

교재 · 교구를 정리 및 보관할 때는 다음과 같은 점에 유의해야 한다.

첫째, 교재 · 교구를 보관할 수 있는 독립된 공간을 마련해야 한다. 습기가 차지 않고 서늘한 장소에 마련하는 것이 좋으나 만약 독립된 공간이 없는 경우에는 변형이나 탈색을 방지하기 위해 바람이 잘 통하면서 햇빛이 차단될 수 있는 곳이나 복도의 벽면을 막아서 사용하는 등 유휴 공간을 사용하도록 한다. 그리고 장기적으로 보관할 경우 반드시 방습제나 방충제를 함께 넣어 두도록 한다.

둘째, 크기나 모양이 다양한 형태의 교재 · 교구 정리장을 구비하여 구성한다. 교재 · 교구는 크기와 형태가 다양하므로 체계적으로 정리함과 동시에 찾기 쉽고 안전하게 보관하기 위해 폭과 높이를 조절할 수 있는 다양한 형태의 선반과 공간이 필요하다. 주로 조립식 철제 앵글이나 목재장 등이 사용되며, 경우에 따라 바퀴가 달려 이동이 가능한 교구장을 활용하기도 한다. 적절한 배치가 완료되면 각 교육기관의 분류 기준에 따라 미리 분류 영역을 표시해 두어야 교재 · 교구 보관 시 정리와 분류가 쉽다.

그림 5-1 생활주제별 교재 · 교구 정리

셋째, 교재 · 교구를 구분하기 위한 기준을 정한다. 주제별, 연령별, 영역별 등 각 유아교육기관의 실정에 적합하게 기준을 정하여 교재 · 교구를 보관하도록 한다. 특히 상호 관련성 있는 교재 · 교구는 근접[35]하게 정리하여 필요 시 보다 쉽고 편리하게 찾아 꺼낼 수 있도록 하면 활용도가 높아질 수 있다.

---

35) 가까이 다가가거나 닿음.

그림 5-2 **역할과 쌓기 보관 교구장(좌)과 역할 영역(우)**

넷째, 교재 · 교구의 특성에 따라 적절하게 정리하도록 한다. 교재 · 교구는 입체 형태, 평면 형태, 여러 조각으로 구성되어 있는 경우 등 다양하다. 그러므로 교재 · 교구의 특성에 따라 수납하고 보관(예: 평면 형태의 교재 · 교구는 투명한 비닐 지퍼백에 넣기)하기 위해서는 여러 가지 모양과 규격의 바구니와 단단한 상자, 멀티박스, 투명한 비닐 지퍼백 등을 준비하여 정리한다.

다섯째, 손상된 부분을 보수 및 보완하여 보관한다. 교재 · 교구를 사용하고 난 후에 내용물이 모두 있는지, 부속품은 모두 있는지, 보수해야 할 부분은 없는지를 확인하여 보수, 혹은 보완을 해서 보관해야 한다. 그리고 부속품을 구하기 힘들거나 보수가 불가능할 경우 폐기 처분하도록 한다.

여섯째, 청결하게 보관하도록 한다. 교재 · 교구는 상대적으로 면역력이 약한 영유아들이 동시 다발적으로 사용하므로 위생[36]과 청결에 신경을 써야 한다. 그러므로 가능하면 소독을 한 후 보관하도록 한다. 그리고 세탁할 수 있는 교재 · 교구는

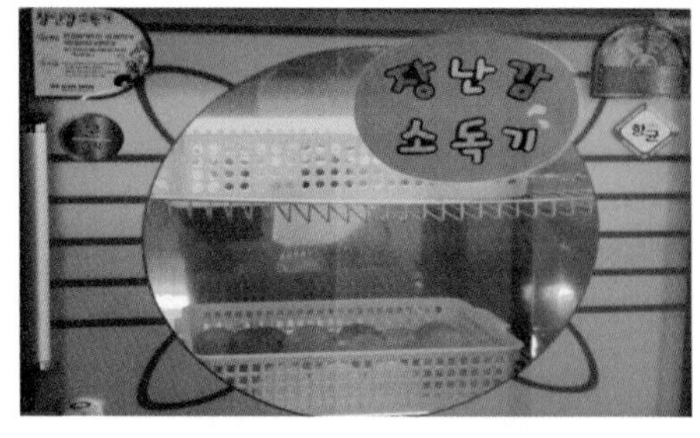

그림 5-3 **장난감 소독기**

36) 건강의 보전 · 증진을 위하여 질병의 예방 · 치유에 힘쓰는 일.

세탁 후 완전히 건조해 보관하고 세탁이나 소독이 불가능한 경우 깨끗이 닦은 다음 보관해야 곰팡이가 생기는 등의 문제를 미연에 방지할 수 있다.

2) 체계적인 교재 · 교구 관리

체계적이고 합리적으로 관리된 교재 · 교구는 교수학습 상황에서 영유아들의 흥미, 요구에 따라 즉시 활용하여 효율적인 교수활동이 이루어질 수 있는 이점이 있다. 또한 별도의 자료실과 정리정돈 공간을 정하여 교재 · 교구를 정리, 구분하여 관리가 되면 교재 · 교구를 활용하는 양과 빈도수가 증가할 것이다.

교재 · 교구를 체계적으로 관리하기 위한 방법을 제시하면 다음과 같다.

첫째, 구입, 제작한 교재 · 교구는 목록을 작성해 둔다. 구입, 제작한 자료는 교재 · 교구 목록 대장에 기록하여 두어야 한다. 분류 번호, 교구 이름, 수량, 단가, 구입 일자, 제작자, 기증 여부 등의 항목을 목록으로 작성한다.

둘째, 교재 · 교구를 보관할 경우에는 분류 카드를 부착하여 보관한다. 투명한 비닐 지퍼백, 프라스틱 보관상자, 바구니 등에는 교재 · 교구의 명칭을 비롯하여 생활 주제, 연령, 활동영역 등 각 기관에서 정한 순서대로 분류 카드를 작성하여 붙여 두는 것이 찾아 쓰기 쉽다.

셋째, 포스트잇을 적절하게 활용한다. 교재 · 교구를 활용하는 과정에서 좋은 아이디어와 확장된 활동방법이 있다면 포스트잇에 내용을 적어 붙여서 보관한다. 추후 다른 교사들이 교재 · 교구를 활용할 때 많은 도움이 될 수 있다.

넷째, 제작계획서를 작성해서 비치한다. 각 교재 · 교구에 제작계획서를 같이 동

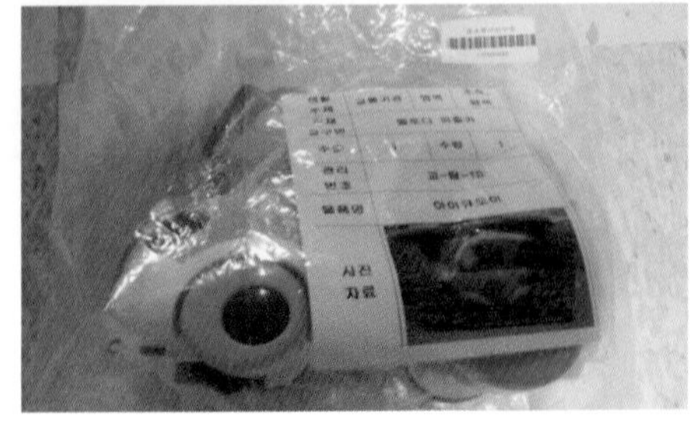

그림 5-4 분류 카드 부착 예

봉하여 보관하여야 추후 동료 교사가 제작의도를 충분히 파악한 후 사용할 수 있고 보수 시에도 이해를 도울 수 있기 때문에 불필요한 시간을 줄일 수 있다.

3) 교재 · 교구 목록표 작성

체계적이고 효율적인 보관과 더불어 교재 · 교구를 쉽게 꺼내고 다시 보관하기 위해서는 교재 · 교구 목록표가 필요하다. 왜냐하면 교재 · 교구의 보관 공간이 정리가 잘 되어 있을지라도 많은 교재 · 교구 안에서 필요한 것을 쉽게 찾기란 매우 어렵기 때문이다. 목록표를 작성하기 전에 각 교재 · 교구를 생활주제나 활동영역 중 한 기준에 의해 분류한 후 라벨을 붙인다. 이렇게 만들어진 라벨의 내용을 모두 종합하여 보관 장소에 진열대 번호를 기입하여 교재 · 교구 목록표를 작성한다.

교재 · 교구 목록표는 일정한 기준에 의해 분류하고, 정리할 수 있도록 작성되기 때문에 교재 · 교구를 보다 체계적으로 관리하는 데 용이하도록 도움을 준다.

교재 · 교구 목록 대장의 예는 〈표 5-7〉, 〈표 5-8〉과 같다.

표 5-7 교재 · 교구 목록 대장 예

연번	관리번호	사진	구입일자	품명	모델 / 규격	수량	단가	구입금액	구입처 및 연락처
29	다-22-①		2021. 7. 20.	기둥사각 수영장	259×170×61	1			○○○사
30	다-22-②			기둥사각 수영장	400×211×81	1			
31	다-23-①			덮개	400×211×81	1			
32	다-23-②			덮개	400×211×81	1			
33	다-24		2021. 12. 5.	모형 냉장고	400×310×910	1			○○○사

표 5-8 교재 · 교구 목록 대장 예

연번	교재 · 교구명	부속자료	제작일	제작자	분류 기호
1	사방치기[37)]	• 사방치기 게임판 • 말판, 말 2개 • 게임 카드 16장 • 숫자주사위	2021. 12. 10.	○○○	가-A-2
2					
3					
4					
5					
6					
7					
8					
9					
10					

4) 교재 · 교구 정리 및 보관 사례

(1) 흥미 영역 자료 정리 및 보관 예

<table>
<tr><th>영역</th><th colspan="2">흥미 영역 활동 자료(예: 과학 영역)</th></tr>
<tr><td>과학
활동</td><td>
생물 관찰 자료-버섯</td><td>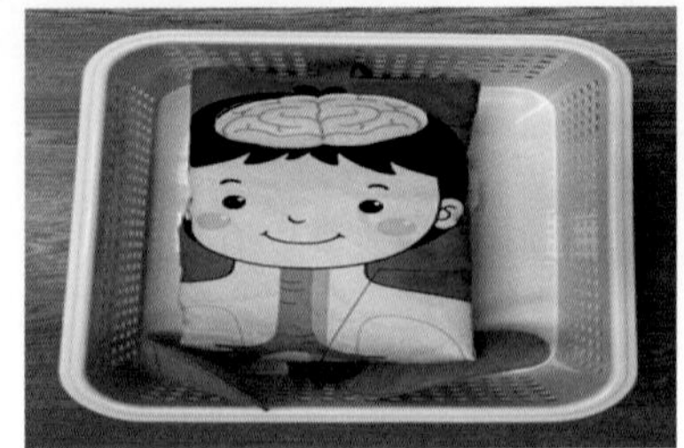
몸속 기관</td></tr>
</table>

37) 돌차기.

과학 활동	모래시계	색깔 튜브
	생태 성장 표본	공구부품 상자
	양팔저울	지구본

(2) 영역별 교재 · 교구 보관 예

언어		

(3) 동화책 분류 예

구분	동화책 분류 	
연령별		
주제별		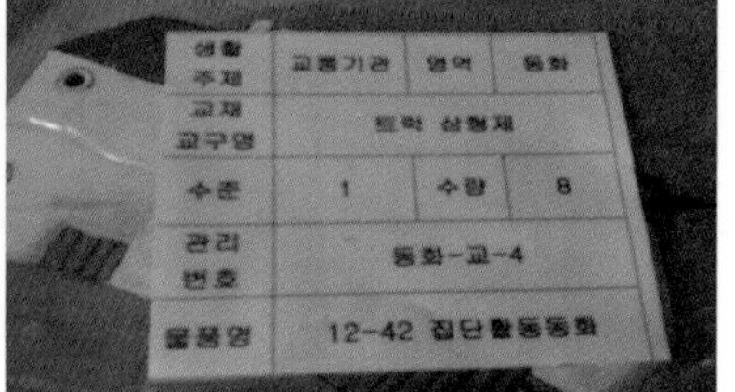

(4) 생활주제별 분류 예

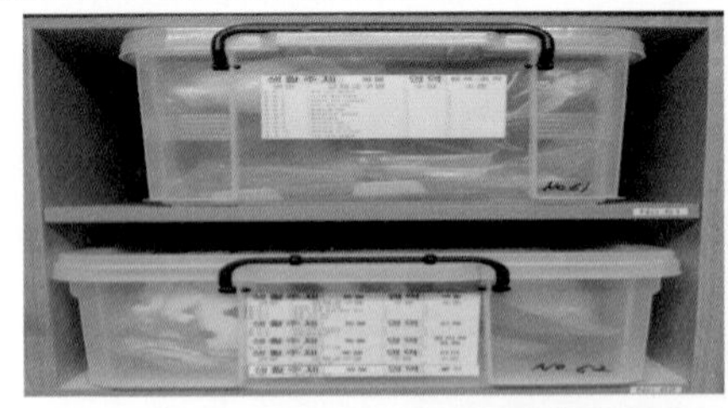	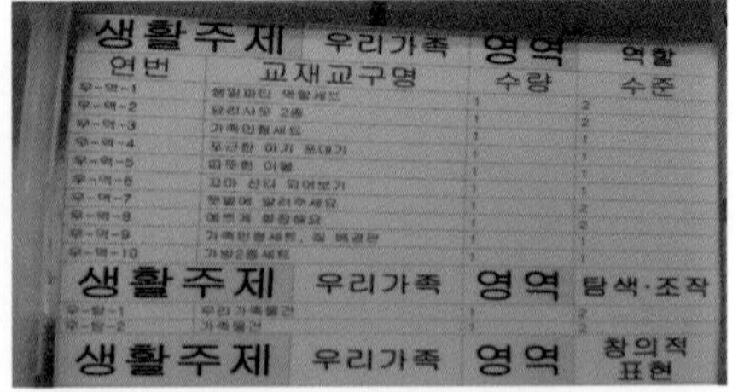
	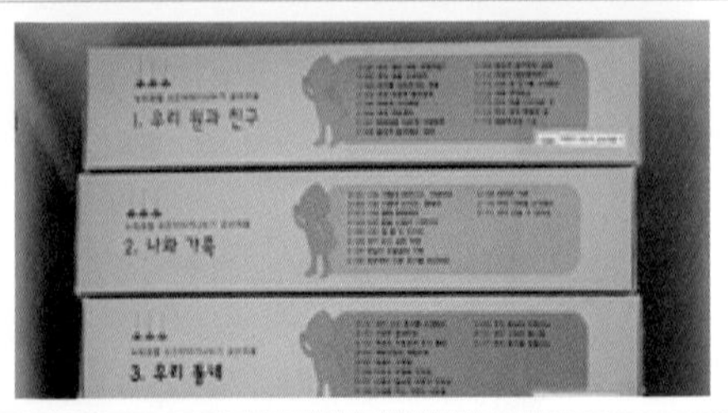

(5) 소모품 분류 예

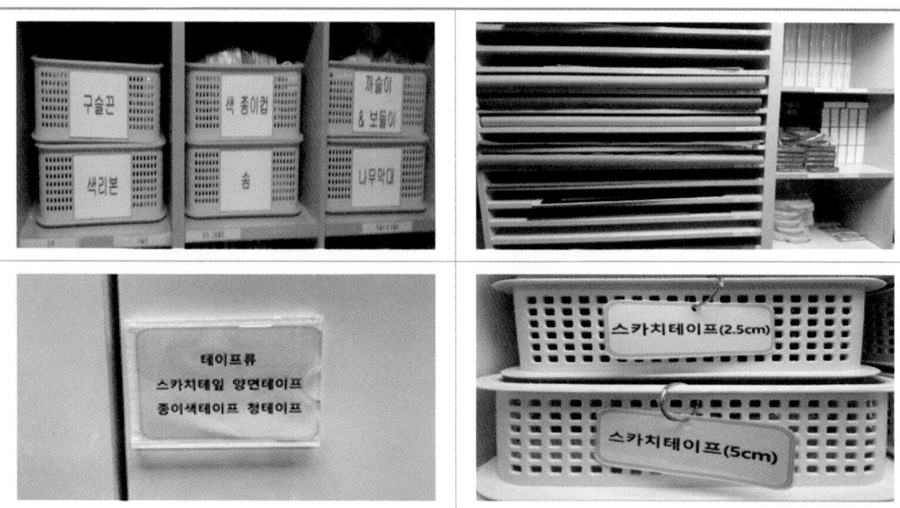

(6) 교재 · 교구 관리 대장 예

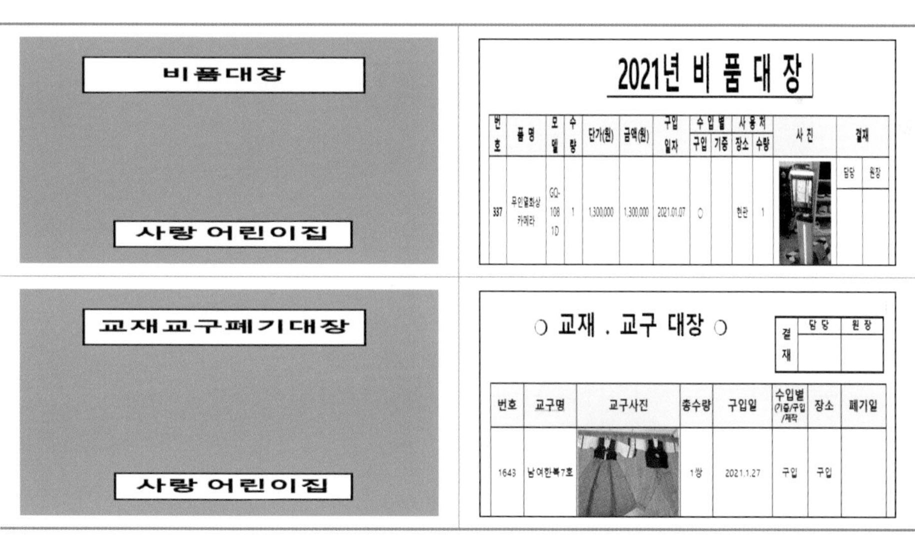

비품대장

사랑 어린이집

2021년 비 품 대 장

번호	품명	모델	수량	단가(원)	금액(원)	구입일자	수입별		사용처		사진	결재	
							구입	기증	장소	수량		담당	원장
337	무인열화상 카메라	GQ-1081D	1	1,300,000	1,300,000	2021.01.07	○		현관	1			

교재교구폐기대장

사랑 어린이집

○ 교재 . 교구 대장 ○

결재	담당	원장

번호	교구명	교구사진	총수량	구입일	수입별 (기증/구입/제작)	장소	폐기일
1643	남여한복7호		1쌍	2021.1.27	구입	구입	

(7) 자료실 교재 · 교구 전산화 정리 예

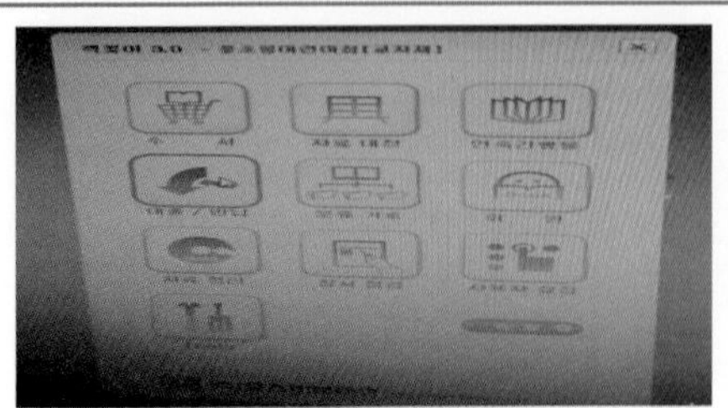

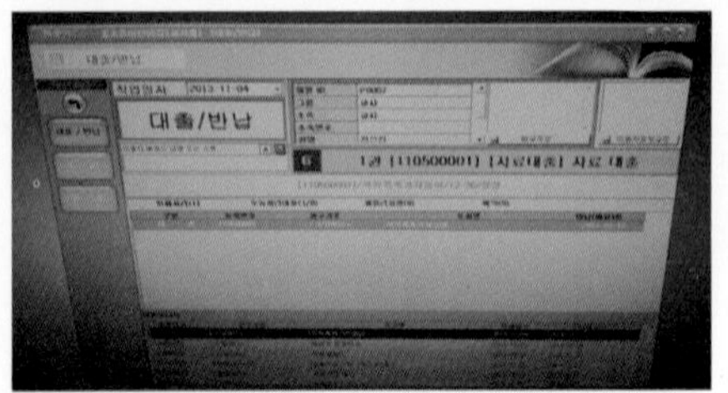

요점정리

1. 교재 · 교구의 선택과 배치

1) 교재 · 교구의 선택

- 교육목표 및 교육내용과의 관련성, 발달에 따른 적절성, 영유아들의 흥미, 경제성, 매력성, 심미성, 안전성, 개방성, 내구성, 보관상의 용이성, 영유아가 사용하기 적절한 크기, 성차별이 없고, 반편견적 사고를 지양할 수 있는 양성성 등을 고려

2) 교재 · 교구의 배치

(1) 흥미 영역의 배치

- 교재 · 교구는 각 영역별로 구분하여 영유아의 연령 및 발달 수준에 적합하도록 배치
- 교재 · 교구의 크기, 배치 공간 등을 고려하여 매력적으로 배치
- 교재 · 교구는 주제, 교육목표나 교육내용, 계절과 관련하여 전시하며 수시로 교체해 주고, 영유아의 요구, 관심, 특성에 맞추어 제공

(2) 벽면을 활용한 교재 · 교구의 전시

- 벽면은 생활주제와 관련된 자료를 부착하여 학습효과를 높이기에 적합한 곳이며 영유아들의 활동 작품이나 활동 결과물 및 그림을 전시할 때 가장 많이 활용할 수 있는 공간

(3) 교재 · 교구 배치를 위한 전략

- 같은 교재 · 교구를 배치하더라도 어떤 장소의 어떤 위치에 배치하느냐에 따라서 그 효과는 증가 및 확장되기도 하고 반면 감소하기도 함

2. 교재 · 교구의 활용

1) 교재 · 교구 사용에서의 교사의 역할

- 교사는 교재 · 교구의 특성을 미리 파악하여 영유아가 안전하게 사용하고 활용할 수 있도록 조력, 즉 교재 · 교구 사용에 대한 설명 및 모델링, 정리, 재배치, 관리 등의 역할 수행

2) 교재 · 교구의 제시

- 주제와 관련된 교재 · 교구를 제시, 영유아의 능력을 고려하여 제시, 같은 주제의 교재 · 교구라도 제시의 순서를 정하고, 자유선택 영역의 교재 · 교구는 여러 개를 한꺼번에 제시하지 않도록 하며, 교재 · 교구를 제시하기 전과 후에는 연계된 활동

을 계획하여야 함

3) **교재 · 교구의 활용을 위한 배치 및 관리 체크리스트**

- 실내 흥미 영역별 교재 · 교구 배치 및 관리 체크리스트, 실외 영역별 교재 · 교구 배치 및 관리 체크리스트 등이 있음

3. 교재 · 교구의 평가

1) **교재 · 교구의 평가기준**

- 영유아, 교사, 자료의 측면에서 평가할 수 있으며, 교재 · 교구를 평가하기 위한 체크리스트도 있음

4. 교재 · 교구의 정리와 보관 및 관리

1) **효율적인 교재 · 교구의 정리 및 보관**

- 교재 · 교구를 보관할 수 있는 독립된 공간 마련, 크기나 모양이 다양한 형태의 교재 · 교구 정리장 구비, 교재 · 교구를 구분하기 위한 기준 정하기, 교재 · 교구의 특성에 따라 정리, 손상된 부분을 보수 및 보완하여 보관, 청결하게 보관

2) **체계적인 교재 · 교구 관리**

- 구입, 제작한 교재 · 교구는 목록 작성, 교재 · 교구를 보관할 경우에는 분류 카드 부착하여 보관, 포스트잇 활용, 제작계획서를 작성하여 비치

3) **교재 · 교구 목록표 작성**

- 각 교재 · 교구에는 생활주제나 활동형태, 활동영역 중 한 기준에 의해 분류하고 남은 두 가지 기준에 의해 다시 분류하여 교재 · 교구 목록표 작성

4) **교재 · 교구 정리 및 보관 사례**

- 흥미 영역 자료 정리 및 보관 예, 영역별 교재 · 교구 보관 예, 동화책 분류 예, 생활주제별 분류 예, 소모품 분류 예, 교재 · 교구 관리 대장 예, 자료실 교재 · 교구 전산화 정리 예 제시

참고문헌

김영희(2016). 교재교구 이론과 실제. 경기: 양서원.

김정숙, 박진아, 김정민(2014). 유치원 교재교구 질관리 방안 연구. 육아정책연구소.

심성경, 백영애, 이영희, 함은숙, 변길희, 김나림, 박지애(2010). 놀이지도. 경기: 공동체.

오연주, 이지영, 손진실(2005). 교재·교구의 이론과 실제. 서울: 창지사.

이민정, 김정희, 황현숙, 차영숙, 이해정, 유희정, 박주연, 이혜경(2012). 영유아교수 매체교육. 경기: 공동체.

이영자, 박미라, 최경애(2001). 영유아 교육 교수매체. 경기: 교문사.

임경옥, 박지은, 김미정(2018). 특수교구교재 제작. 서울: 학지사.

정상녀, 박미자, 박형신, 김경란(2010). 교과교재 연구 및 지도법. 경기: 공동체.

최일선, 박해미, 이진화(2010). 영유아 교사를 위한 교재교구연구 및 지도법(개정판). 서울: 교육아카데미.

제2부

실제편

제6장

영아 교구 제작

마인드 맵

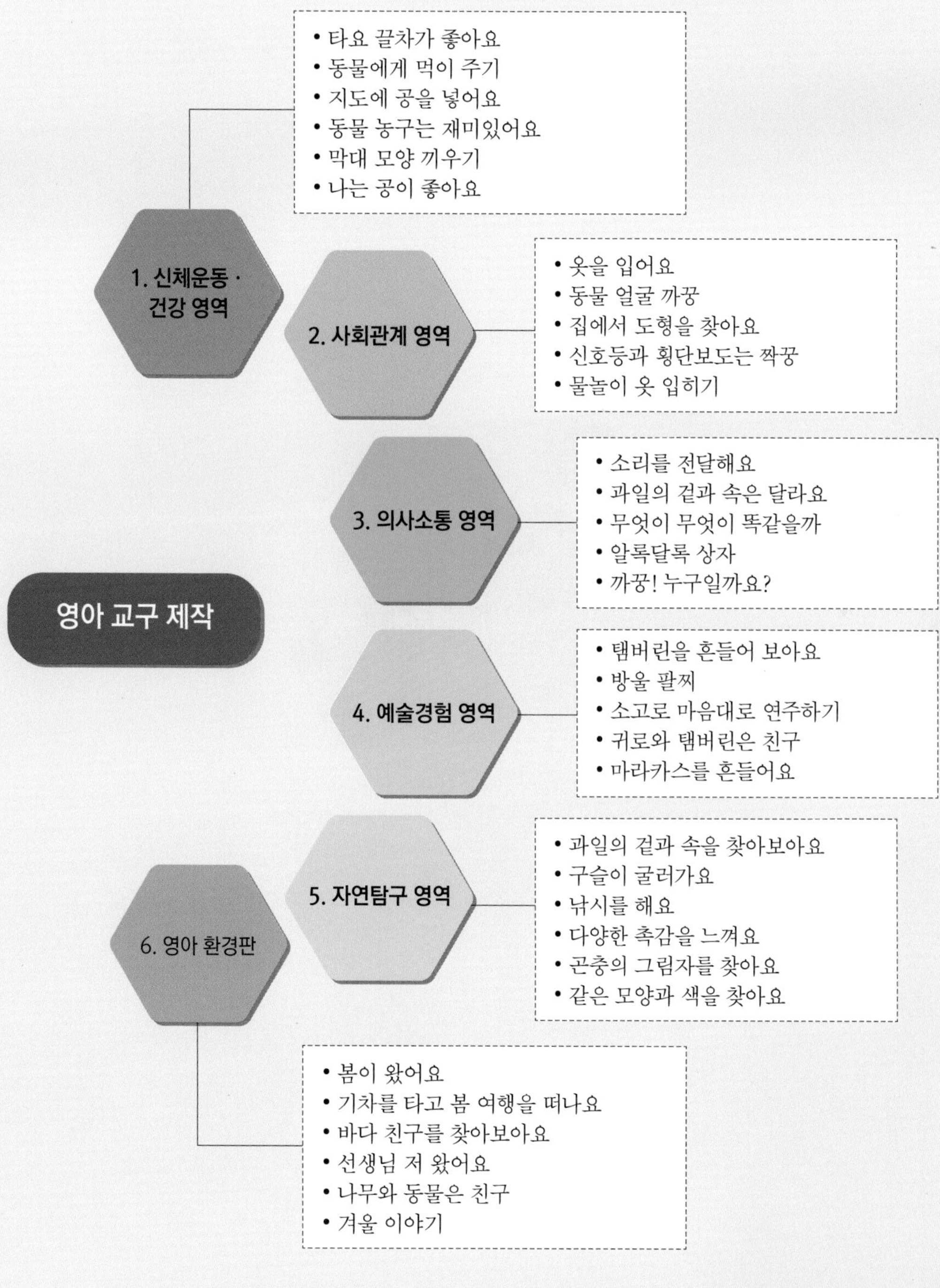
영아 교구 제작
1. 신체운동 · 건강 영역
• 타요 끌차가 좋아요
• 동물에게 먹이 주기
• 지도에 공을 넣어요
• 동물 농구는 재미있어요
• 막대 모양 끼우기
• 나는 공이 좋아요
2. 사회관계 영역
• 옷을 입어요
• 동물 얼굴 까꿍
• 집에서 도형을 찾아요
• 신호등과 횡단보도는 짝꿍
• 물놀이 옷 입히기
3. 의사소통 영역
• 소리를 전달해요
• 과일의 겉과 속은 달라요
• 무엇이 무엇이 똑같을까
• 알록달록 상자
• 까꿍! 누구일까요?
4. 예술경험 영역
• 탬버린을 흔들어 보아요
• 방울 팔찌
• 소고로 마음대로 연주하기
• 귀로와 탬버린은 친구
• 마라카스를 흔들어요
5. 자연탐구 영역
• 과일의 겉과 속을 찾아보아요
• 구슬이 굴러가요
• 낚시를 해요
• 다양한 촉감을 느껴요
• 곤충의 그림자를 찾아요
• 같은 모양과 색을 찾아요
6. 영아 환경판
• 봄이 왔어요
• 기차를 타고 봄 여행을 떠나요
• 바다 친구를 찾아보아요
• 선생님 저 왔어요
• 나무와 동물은 친구
• 겨울 이야기

1. 신체운동 · 건강 영역

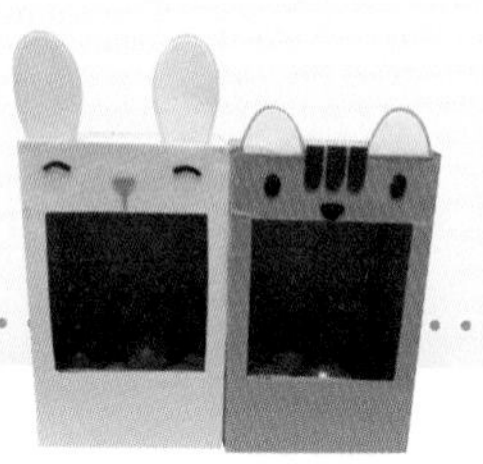

1-1 타요 끌차가 좋아요

활동목표

- 끌차를 끌 수 있다.
- 신체활동에 참여할 수 있다.

제작재료

- 빈 각티슈, 다양한 색상의 펠트지, 운동화 끈, 바퀴, 송곳, 칼, 딸랑이, 치발기, 문구용 바퀴, 폼보드, 가위

제작방법

① 빈 각티슈 위에 구멍을 동그랗게 자른다.
② 각티슈 사이즈에 맞게 펠트지를 잘라 글루건으로 붙인다.
③ ①의 동그라미보다 조금 더 크게 오린 펠트지를 테두리를 남기며 8등분으로 오린다.
④ ③을 각티슈에 뚫은 구멍 안이 보이지 않게 손을 넣었다 뺐다 할 수 있도록 붙이고 둘레는 글루건으로 운동화 끈을 붙여 마무리한다.
⑤ 자동차 옆면을 송곳으로 구멍내고 문구용 바퀴를 끼운다.
⑥ 바퀴를 이은 중간대가 만져지지 않게 폼보드를 바닥에 붙여 준다.
⑦ 펠트지로 눈, 코, 입 등을 그려 오린 후 각티슈 앞면에 글루건으로 각각 붙여 장식해 준다.

⑧ 바닥 부분에 구멍을 뚫어 줄(운동화 끈)을 끼워 묶어 준다.

⑨ 타요를 끌고 다닐 수 있도록 ⑧에 손잡이로 딸랑이, 치발기 등을 묶었다.

⑩ 각티슈 커버 동그란 윗부분에 글루건으로 끈을 붙여 마감 처리를 깔끔하게 해 준다.

참고

- 바퀴를 굴러가는 동그란 바퀴 외에도 네모, 세모 등 다양하게 끼워 볼 수 있다.
- 영아에 맞추어 끈의 길이를 조절하도록 한다.

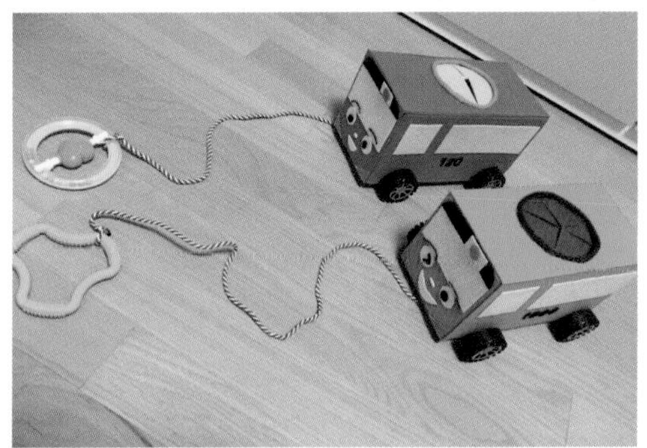

활동방법

① 영아와 차를 타 본 경험에 대해 이야기를 나눈다.

- 누구 차를 타 보았나요?
- 어디서 타 보았나요?
- 차를 타니까 어땠나요?

② 영아와 함께 교구를 탐색하며 이야기를 나눈다.

- 이것은 무엇일까요?
- 바퀴도 있네요.
- 이것을 가지고 무엇을 하고 싶나요?
- 여기에 물건을 담을 수도 있어요.
- 무엇을 담고 싶나요?
- 좋아하는 물건을 담아 끌어 볼까요?

③ 교사가 끌차를 끄는 시범을 보인다.
- 좋아하는 물건을 담고 이렇게 끈을 잡고 걸어가면 되는 거예요.
- 누가 한번 끌어 볼까요?
- 무엇을 담아 끌고 싶나요?
- 좋아하는 것을 골라 담아 보세요.
- 친구랑 같이 끌어 볼까요?

④ 활동이 끝난 후 영아와 함께 간단하게 이야기를 나눈다.
- 어떤 점이 재미있었나요?
- 타요 버스를 끌어 보니 어때요?
- 누가 먼저 이야기해 볼까요?

확장활동

- 끌차를 끌고 반환점을 돌아올 수 있다.
- 또래와 누가 먼저 끌차를 끄는지 게임을 할 수 있다.

주의 및 유의점

- 영아가 끌기에 무겁지 않은 놀잇감을 준비하여 옮겨 볼 수 있도록 한다.

1-2 동물에게 먹이 주기

활동목표

- 동물에게 공을 던져 넣을 수 있다.
- 신체활동에 즐겁게 참여할 수 있다.

제작재료

- 빈 박스 2개, 한지, 펠트지, 전지, 물풀, 글루건, 테이프, 가위, 칼, 볼풀공

제작방법

① 박스 중앙에 볼풀공이 들어갈 부분을 칼로 오려 낸다.

② 오려 낸 부분이 날카로울 수 있으므로 테이프로 모서리 부분을 마무리해 준다.

③ 전지로 박스 전체를 감싸 물풀로 붙여 준다.

④ ③에 분홍색 한지를 물풀로 붙여 준다.

⑤ 분홍색 펠트지에 토끼 귀를, 흰색 펠트지에 토끼 안쪽 귀를 그려 오린다.

⑥ ⑥을 겹쳐서 붙여 토끼 귀를 만든 후 박스 위에 글루건으로 붙인다.

⑦ 검정색 펠트지에 토끼 눈을, 주황색 펠트지에 토끼 코를 그려 오린다.

⑧ 박스 위쪽 토끼 귀 밑에 눈과 코를 글루건으로 붙인다.

⑨ ①~③의 방법으로 박스를 1개 더 만든 후 갈색 한지를 물풀로 붙여 준다.

⑩ 흰색 펠트지에 다람쥐 귀를, 갈색 펠트지에 다람쥐 눈과 코를 그려 오린다.

⑪ 갈색 박스 위쪽에 다람쥐 귀를, 귀 밑에 눈과 코 등을 글루건으로 붙여 상자를 완성한다.

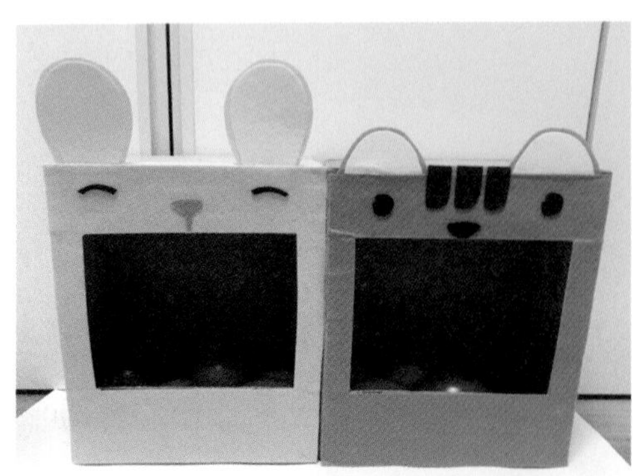

활동방법

① 영아와 공을 던져 본 경험에 대해 이야기를 나눈다.

- 공을 던져본 적이 있나요?
- 어디서 던져 보았나요?
- 던져 보니까 재미있었나요?

② 영아와 함께 교구를 탐색하며 이야기를 나눈다.

- 이것은 무엇일까요?
- 큰 박스가 두 개 있네요.
- 여기에 물건을 담을 수도 있어요.
- 공을 던져 넣을 수도 있어요.
- 어떤 동물들이 있나요?
- 여기 있는 공을 토끼와 다람쥐 입에 넣을 수도 있어요.

③ 교사와 영아가 박스에 공을 던져 넣는다.

- 교사가 박스에 공을 던져 넣는 시범을 보인다.
- 공을 잡고 이렇게 힘껏 토끼나 다람쥐 입에 던지는 거예요.
- 누가 던져 볼까요?
- 어느 동물에게 던져 볼까요?
- 공을 던져 보니 어때요.
- 친구랑 같이 던져 볼까요?

④ 활동이 끝난 후 영아와 함께 간단하게 이야기를 나눈다.

- 어떤 점이 재미있었나요?
- 공을 던져 보니 어때요?
- 누가 먼저 이야기해 볼까요?

확장활동

- 또래와 함께 각각 토끼와 다람쥐 입에 공 던져 넣기 게임을 할 수 있다.
- 같은 색 공끼리 모아 보게 할 수 있다.
- 주변에서 같은 색깔의 물건을 찾을 수 있다.

주의 및 유의점

- 영아의 개별차를 고려하여 던지는 거리를 점차 늘려 가며 던져 볼 수 있도록 하여 성취감과 자신감을 가질 수 있도록 한다.
- 영아들의 신체 발달 수준에 따라 공을 던지는 길이를 조절하여 준다.

1-3 지도에 공을 넣어요

활동목표

- 공을 흔들어 지도에 넣을 수 있다.
- 공을 누가 빨리 넣는지 게임을 할 수 있다.
- 방향조절 능력을 기를 수 있다.

제작재료

- 상자, 다양한 색상의 펠트지, 공 2개, 우드락, 양면테이프, 아크릴 물감, 붓, 물티슈 뚜껑, 글루건

제작방법

① 상자로 높이 5cm 정도로 틀을 만든다.
② 펠트지를 글루건을 이용해 상자에 붙인다.
③ 우드락에 지도 그림을 그린 후 동그랗게 공이 들어갈 수 있는 구멍을 낸다.
④ ③에 맞추어 여러 색의 펠트지에 지도 모양을 그려 오린 후 구멍을 낸다.
⑤ 오려서 구멍 낸 펠트지를 글루건으로 우드락에 붙인다.
⑥ 우드락을 상자 안에 글루건으로 붙여 준다.
⑦ 공을 아크릴 물감으로 색칠한다.
⑧ ①~⑦과 같은 방법으로 한 개를 더 만든다.

참고

- 바닥을 지도 대신 영아들이 좋아하는 동물이나 사물 등으로 제작해도 된다.
- 지도를 사용한 이유는 영아들은 마음대로 흔들어 공 넣기에 초점을 맞추고, 유아들은 지도에 공넣기 놀이를 통해 자연스럽게 우리나라 지도를 습득하도록 하기 위해서다.

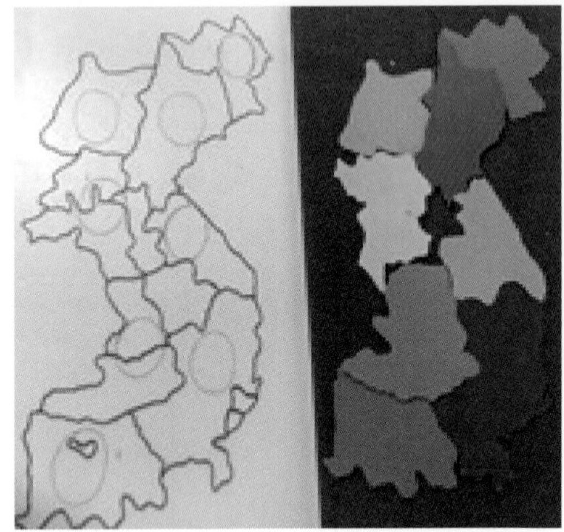

활동방법

① 영아에게 교구를 보여 주고 관심을 유도한다.
- 상자 속에 무엇이 들어 있을까요?
- (상자를 손으로 흔들며) 어? 무슨 소리가 들리는데? 무슨 소리일까요?
- 누가 상자를 한번 흔들어 볼까요?
- 무슨 소리가 들리나요.

② 상자 안에 있는 지도와 공을 소개한다.
- 이런 것을 본 적이 있나요?
- 어디서 보았나요?
- 이것의 이름은 지도라고 해요. 우리나라 모양을 그린 거예요.
- 지도 말고 무엇이 있나요? 맞아요. 공이에요.

③ 공을 구멍에 넣는 방법을 소개한다.
- 교사가 구멍에 공을 넣는 시범을 보인다.
- 선생님이 상자를 마음대로 흔들어서 구멍에 공을 넣을 거예요.
- 이렇게 상자를 잡고 흔들면 공이 구멍에 쏘~옥 들어가요.
- 세게, 천천히 흔들어 넣으면 돼요.

④ 영아들이 자유롭게 교구를 가지고 놀게 한다.
- 누가 넣어 볼까요?
- 어느 구멍에 넣어 볼까요?

- 우와 3개가 들어갔네요?
- 공을 넣어 보니 어때요?

⑤ 활동이 끝난 후 영아와 함께 간단하게 이야기를 나눈다.

- 어떤 점이 재미있었나요?
- 공을 넣어 보니 어때요?
- 누가 먼저 이야기해 볼까요?

확장활동

- 두 상자를 제시해서 각각 한 상자를 가지고 누가 빨리 공을 넣을 수 있는지 경주할 수 있다.

주의 및 유의점

- 영아가 쉽게 잡을 수 있는 상자 크기로 한다.

1-4 동물 농구는 재미있어요

활동목표

- 골대에 공을 던져 넣을 수 있다.
- 대 · 소근육을 발달시킬 수 있다.

제작재료

- 하드보드지 여러 장, 펠트지, 백업, 철사, 운동화 끈, EVA, 방울, 타이랩, 양면테이프, 글루건

제작방법

① 하드보드지 2장을 글루건으로 각각 붙여 배경판을 똑같이 2개 만들어 놓는다.
② ①에 글루건으로 펠트지를 붙여 배경판 2개를 완성한다.
③ EVA에 사슴 얼굴과 사자 얼굴을 그려 오린다.
④ 노란 펠트지에 사슴 얼굴과 귀를, 살구색 펠트지에 입 주변을, 갈색 펠트지에 뿔을, 검은색 펠트지에 눈, 코, 입을, 연한 갈색 펠트지에 귀속에 들어갈 도안을 그린 후 오린다.
⑤ ④를 각각 붙여 사슴 얼굴을 완성한 후 글루건으로 배경판 앞면에 붙인다.
⑥ 연한 갈색 펠트지에 사자 얼굴을, 갈색 펠트지에 사자 털을, 분홍색 펠트지에 입 주변과 귀를, 검은색 펠트지에 눈, 코, 수염을 그린 후 오린다.
⑦ ⑥을 각각 붙여 사자 얼굴을 완성한 후 글루건으로 배경판 앞면에 붙인다.
⑧ 백업을 반으로 잘라 철사를 넣어 튼튼하게 한다.
⑨ 배경판에 ⑧을 타이랩으로 고정시켜 링을 만든다.
⑩ 링에 운동화 끈을 연결해 골망을 만들어 준다.
⑪ 골망 끝에 방울을 달아 공이 들어가면서 소리가 나게 한다.
⑫ 완성된 판 윗면에 구멍을 내고 끈을 끼워 걸 수 있도록 한다.
⑬ 벽에 못을 박아 ⑫를 걸어 완성한다.

참고

- 농구 골대를 영아의 키를 고려하여 줄을 넉넉하게 조절할 수 있도록 제작한다.
- 링이 아래로 기울어지지 않도록 고정한다.
- 골대 설치 시 영아들의 안전에 유의하여 설치한다.

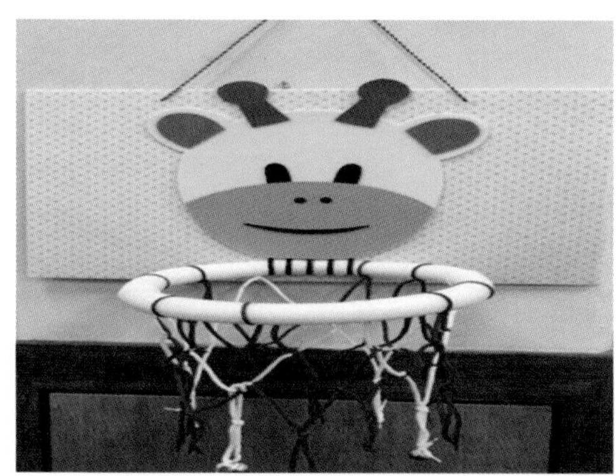

활동방법

① 영아에게 교구를 보여 주며 관심을 유도한다.
 - 어떤 동물이 보이나요?
 - 이런 동물을 본 적이 있나요?
 - 동물 그림 앞에 그물 같은 것이 있네요. 그물은 왜 있는 것일까요?
 - 이런 공을 본 적이 있나요?

② 영아와 교구를 탐색하며 이야기를 나눈다.
 - 누가 공을 잡아 볼까요?
 - 누가 공을 잡아 던져 볼까요?
 - 공을 어디에 던져야 할까요?
 - (농구대를 가리키며) 여기에 공을 넣으려면 어떻게 해야 할까요?

③ 교사가 공을 농구대(골대)에 넣는 방법을 소개한다.
 - 교사가 농구대에 공을 넣는 시범을 보인다.
 - 누가 공을 넣어 볼까요?
 - 우와 공이 들어갔네요?
 - 공을 넣어보니 어때요?

④ 활동이 끝난 후 영아와 함께 간단하게 이야기를 나눈다.

- 어떤 점이 재미있었나요?
- 공을 넣어보니 어때요?
- 누가 먼저 이야기해 볼까요?

확장활동

- 다양한 크기의 공을 넣어 보게 할 수 있다.

주의 및 유의점

- 무겁지 않은 공을 선택하여 영아의 안전에 유의한다.
- 성취감을 줄 수 있도록 유의하여 지도한다.

1-5 막대 모양 끼우기

활동목표

- 나무 막대를 크기와 색깔이 같은 구멍을 찾아 끼워 넣을 수 있다.
- 신발 끈을 잡아당겨 올렸다 다시 넣을 수 있다.
- 눈과 손의 협응력을 발달시킬 수 있다.
- 소근육을 발달시킬 수 있다.

제작재료

- 젤리통, 아이스크림 나무 막대, 다양한 색깔의 끈, 다양한 색상의 접착 펠트지, 글루건

제작방법

① 투명 플라스틱 젤리통 뚜껑에 접착 펠트지를 붙인다.

② 통 뚜껑에 다양한 크기로 나무 막대의 구멍을 뚫어 준다.

③ 구멍 뚫은 부분에 다양한 색의 접착 펠트지를 붙여 주고 펠트지도 구멍에 맞춰 뚫어 준다.

④ 젤리통 뚜껑의 펠트지 색 종류와 크기가 같은 색깔 나무 막대를 준비한다.

⑤ 다양한 색의 신발 끈을 준비한다.

⑥ 준비된 색깔 나무 막대를 젤리통 뚜껑의 펠트지 색과 크기가 동일하게 구멍에 꽂아 둔다.

⑦ 준비된 다양한 색의 신발 끈을 젤리통 뚜껑의 구멍에 꽂고 윗부분의 끈을 묶어 준다.

⑧ 신발 끈은 밖으로 빠져나가지 않도록 돌로 무게를 주어 뺐다가 다시 들어갈 수 있게 한다.

⑨ 젤리통 기둥 부분도 초록색과 노랑색 접착 펠트지를 각각 잘라 붙여 준다.

참고

- 아이스크림 나무 막대가 거칠기 때문에 안전을 위해 반드시 사포로 마감을 한다.
- 젤리통에 구멍을 뚫을 때 거친 부분이 없도록 뚜껑 밖에서 안으로 뚫는다.

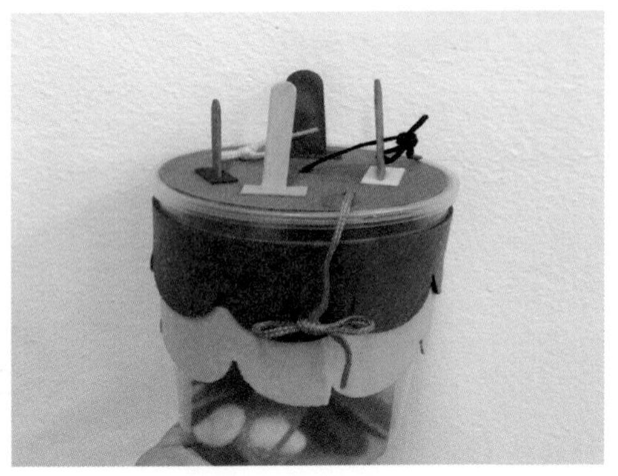

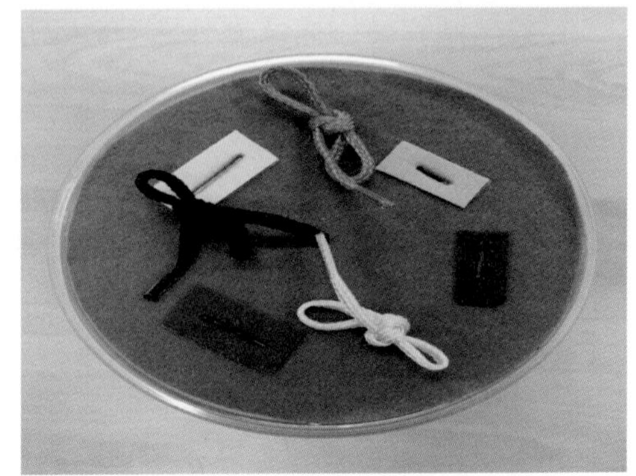

활동방법

① 영아들에게 교구를 보여 주고 관심을 유도한다.

- 친구들아! 여기 알록달록한 색깔이 있네요.
- 친구들은 어떤 색깔을 본 적이 있나요?
- 친구들이 아는 색깔 이름이 있나요?

② 영아들과 교구를 탐색하며 이야기를 나눈다.

- (교사가 나무 막대를 잡아당기며) 어? 막대가 당겨지네요?
- 누가 한번 막대를 당겨 볼까요?
- 좋아하는 색깔의 막대를 당겨 볼까요?
- (교사가 구멍을 가리키며) 어? 여기 구멍이 있네요.
- 구멍은 왜 있을까요?
- 신발 끈도 있네요. 잡아당겨 볼까요?

③ 교사가 교구를 사용하는 방법을 소개한다.

- 같은 색 친구를 찾아 넣어야 해요.
- 같은 크기 친구를 찾아 넣어야 해요.
- 교사가 막대를 구멍에 넣는 시범을 보인다.
- 선생님이 먼저 노란색 뚜껑에 막대기를 넣어 볼게요.

- (교사가 막대기를 뚜껑에 넣은 모습을 보여 준 후) 막대기가 쏘옥 하고 들어갔네요.
- 신발 끈도 이렇게 당겼다 다시 내리면 돼요.

④ 영아들이 교구를 사용하게 한다.
- 친구들도 해 볼까요?
- 누가 먼저 해 볼까요?
- ○○가 하고 싶은 색을 골라 볼까요?
- 같은 색 구멍이 어디 있나요?
- ○○가 넣고 싶은 구멍에 막대를 넣어 볼까요?
- 신발 끈도 잡아당겼다 놓아 보세요.

⑤ 활동이 끝난 후 영아와 함께 간단하게 이야기를 나눈다.
- 어떤 점이 재미있었나요?
- 막대를 넣어 보니 어때요?
- 누가 먼저 이야기해 볼까요?
- 신발 끈을 잡아당겼다 놓아 보니 어때요?
- 누가 먼저 이야기해 볼까요?

확장활동

- 다양한 색깔을 탐색하고 주변에서 찾아볼 수 있다.
- 교실에 있는 다양한 색깔을 찾아 탐색한다.

주의 및 유의점

- 영아의 개인차를 고려하여 다양한 구멍의 크기를 제작 후 제공하여 영아들이 놀잇감을 사용할 때 어려움이 없도록 한다.

1-6 나는 공이 좋아요

활동목표

- 동물통에 공을 넣을 수 있다.
- 같은 색의 공을 같은 통에 넣을 수 있다.

제작재료

- 다양한 색상의 접착 펠트지. 눈알, 글루건, 코팅기, 코팅용지, 볼풀공, 분유통, 가위, 칼

제작방법

① 보라색 접착 펠트지로 분유통을 감싸 준다.
② 분홍색 접착 펠트지로 분유통을 감싸 준다.
③ 초록색 접착 펠트지로 분유통을 감싸 준다.
④ 분유통 사이즈보다 크게 보라색 새, 분홍색 토끼, 초록색 개구리를 인쇄한 후 각각 코팅하여 오린다.
⑤ 새와 토끼, 개구리에 각각 눈알을 붙여 주고 접착 펠트지를 오려 코, 입, 귀 등을 꾸며 준다.
⑥ 코팅된 보라색 새에 보라색 펠트지를 오려 원모양으로 덧댄 후, 테두리를 남겨 놓고 8등분해 준다.
⑦ 코팅된 분홍색 토끼에 분홍색 펠트지를 오려 원모양으로 덧댄 후 테두리를 남겨 놓고 8등분해 준다.
⑧ 코팅된 초록색 개구리에 초록색 펠트지를 오려 원모양으로 덧댄 후 테두리를 남겨 놓고, 8등분해 준다.
⑨ 보라색 분유통 위에 보라색 새를 글루건으로 붙여 준다.
⑩ 분홍색 분유통 위에 분홍색 토끼를 글루건으로 붙여 준다.
⑪ 초록색 분유통 위에 초록색 개구리를 글루건으로 붙여 준다.
⑫ 보라색 공은 보라색 통에 분홍색 공은 분홍색 통에 초록색 공은 초록색 통에 넣어 준다.

활동방법

① 영아와 공을 만져 본 경험에 대해 이야기를 나눈다.
- 공을 본 적이 있나요?
- 어디서 공을 보았나요?
- 공을 만져 본 적이 있나요?
- 만져 보니까 어땠나요?

② 영아와 함께 교구를 탐색하며 이야기를 나눈다.
- 이것은 무엇일까요?
- 통이 세 개 있네요.
- 여기에 작은 장난감이나 물건을 담을 수도 있어요.
- 공을 집어넣을 수도 있어요.
- 어떤 동물들이 있나요?

③ 교사와 함께 공의 색깔에 대해 이야기한다.
- (빨간색 공을 보여 주며) 이 공과 같은 색의 공을 찾아볼까요?
- 토끼 모양의 통에는 무슨 색 공을 넣고 싶은가요?
- 새 모양의 통에는 무슨 색을 주고 싶은가요?

④ 영아들이 자유롭게 박스에 공을 집어넣게 한다.
- 교사가 각 통에 공을 집어넣는 시범을 보인다.
- 공을 잡고 이렇게 통 속으로 집어넣는 거예요.
- 누가 넣어 볼까요?
- 어느 동물에게 넣어 볼까요?

- 공을 넣어 보니 어때요?
- 교사가 각 통에 같은 색의 공을 집어넣는 시범을 보인다.
- 같은 색 공을 모아 볼까요?
- 토끼에게는 무슨 색의 공을 주고 싶나요?
- 선생님처럼 빨간색 공을 개구리에게 계속 줘 볼까요?

⑤ 활동이 끝난 후 영아와 함께 간단하게 이야기를 나눈다.
- 어떤 점이 재미있었나요?
- 공을 넣어 보니 어때요?
- 누가 먼저 이야기해 볼까요?

확장활동

- 세 개의 통에 누가 빨리 공을 넣을 수 있는지 경주할 수 있다.
- 세 개의 통에 누가 빨리 같은 색의 공을 넣을 수 있는지 경주할 수 있다.
- 주변에서 같은 색깔의 물건을 찾을 수 있다.
- 가족과 동물원에 갔던 경험을 이야기할 수 있다.
- 동물 소리를 낼 수 있다.
- 동물 노래를 배울 수 있다.

2-1 옷을 입어요

활동목표

- 여러 가지 옷 종류를 탐색할 수 있다.
- 옷의 여밈 장치를 사용할 수 있다.

제작재료

- 다양한 색상의 펠트지, 하드보드지 여러 장, 지퍼, 다양한 색의 큰 단추, 벨크로테이프(까슬이와 보슬이), 레이스, 실, 바늘, 가위, 글루건, 글루건 심

제작방법

〈지퍼 달린 옷〉

① 빨간색 펠트지를 두 겹으로 접은 후 원피스의 반 부분만 그린 후 오린다.
② 원피스의 가운데 선을 절단한 후 양쪽의 가장자리에 지퍼를 붙여 바느질한다.
③ 노란색 펠트지에 레이스 모양을, 연두색 펠트지에 호주머니 도안을 그린 후 오린다.
④ 원피스 컬러에 레이스 모양을 위쪽 부분만 버튼홀 스티치로 바느질하여 붙여 준다.
⑤ 호주머니는 중앙에 단추를 달아 준 후 원피스에 버튼홀 스티치로 바느질한다.
⑥ 원피스의 소매에는 레이스를 바느질하여 장식해 준다.

〈단추 달린 옷〉

① 파란색 펠트지에 단추로 여며질 조끼 양쪽의 도안을 그린 후 오린다.

② 조끼 한쪽의 여밈 부분에는 단추를 달고, 다른 한쪽의 여밈 부분에는 단춧구멍을 낸다.
③ 노란색 펠트지를 두 겹으로 겹친 후 호주머니를 그려 오린다.
④ 호주머니는 중앙에 빨간색 단추를 달아 준 후 버튼홀 스티치로 바느질하여 마무리 한다.

〈벨크로테이프가 달린 옷〉

① 분홍색 펠트지를 두 겹으로 접은 후 원피스의 반 부분만 그린 후 오린다.
② 원피스의 가운데 선을 절단한 후 양쪽 가장자리에 벨크로테이프로 여며질 부분을 표시한다.
③ 한쪽의 여밈 부분에는 까슬이를 붙이고, 다른 한쪽의 여밈 부분에는 보슬이를 붙인다.
④ 노란색 펠트지로 원피스의 칼러 부분을 그려 오린 다음 목 부분에 버튼홀 스티치로 바느질한다.
⑤ 초록색과 빨간색 펠트지로 단추를 그려 오린 다음 초록색 위에 빨간색을 붙여 원피스의 단추 위치에 글루건으로 붙여 준다.
⑥ 하늘색 펠트지로 벨트를, 흰색 펠트지로 동그라미를 도안한 후 오린다.
⑦ 벨트에 동그라미를 중간 중간 붙여 장식한 후 원피스의 허리에 글루건으로 붙여 마무리한다.

〈활동판〉

① 하드보드지 두 배 크기의 연두색 펠트지 중앙에 지퍼 달린 옷, 단추 달린 옷, 벨크로테이프가 달린 옷 등을 버튼홀 스티치로 각각 바느질한다.
② 하드보드지 2장을 각각 글루건으로 6쌍 붙인다.
③ ②에 ①을 글루건으로 접착하여 하드보드지 전체를 각각 감싼다.

참고

- 옷의 여밈 부분 길이를 고려하여 지퍼의 길이, 단추와 벨크로테이프의 간격을 조절한다.
- 영아의 활동 수준을 고려하여 지퍼의 길이, 단추의 크기, 벨크로테이프의 넓이 등을 조절하여 제작한다.

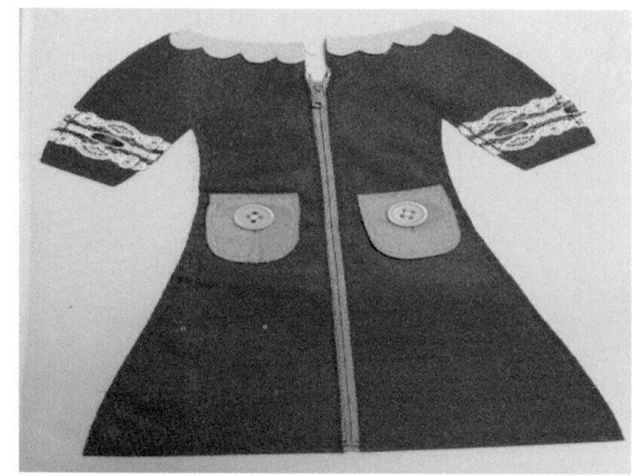
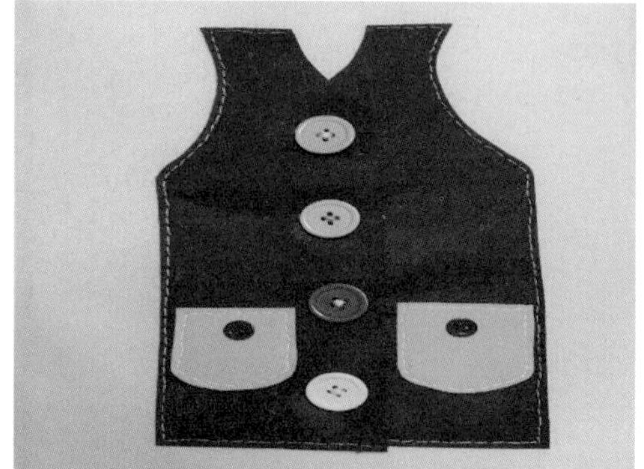
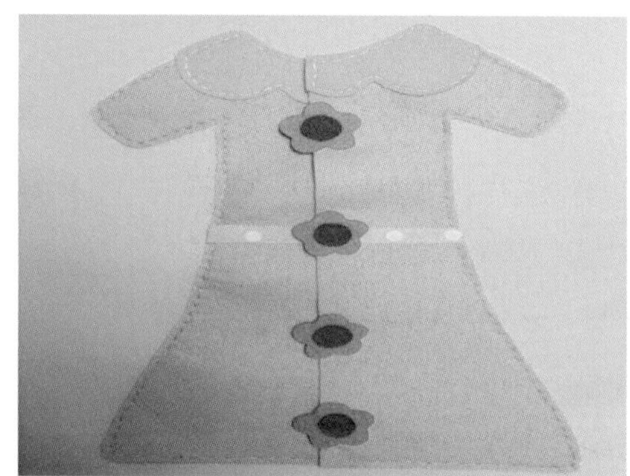
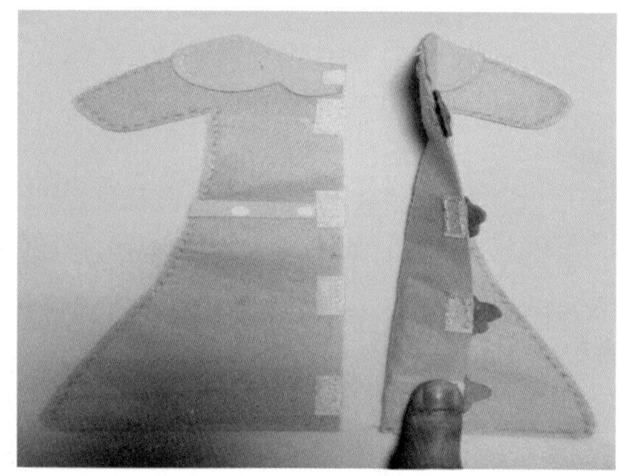
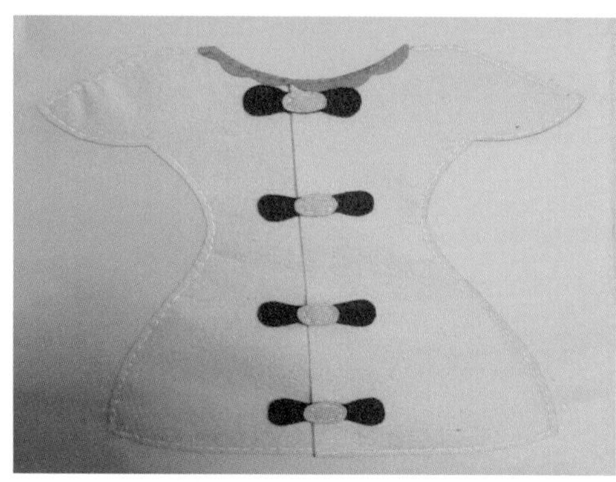
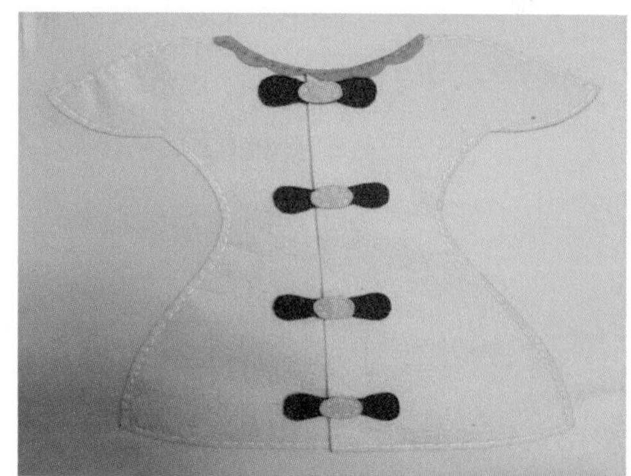

활동방법

① 교사가 영아들이 입고 있는 옷에 관심을 보이며 집중을 유도한다.

- ○○가 옷을 만지고 있구나!
- ○○의 옷과 비슷한 옷을 찾아볼까요?
- 옷은 어떻게 입나요?
- 혼자 옷을 입었나요?

- 누가 입혀 주었나요?

② 교사가 영아와 함께 교구를 탐색하며 이야기를 나눈다.

- 옷에 단추가 달려 있네요.
- 친구들 옷에서 단추를 찾아볼까요?
- 단추가 달린 옷을 입어 본 적이 있나요?
- 누가 입고 있는지 찾아볼까요?
- □□가 입고 있네요.
- (조끼를 보여 주며) 이 옷의 이름은 뭘까요?
- 이렇게 생긴 옷은 조끼라고 해요.
- 옷에 지퍼가 달려 있네요.
- (원피스를 보여 주며) 이 옷의 이름은 뭘까요?
- 이렇게 생긴 옷은 원피스라고 해요.
- 친구들 옷에서 지퍼를 찾아볼까요?
- 옷에 찍찍이(벨크로테이프)가 달려 있네요.
- 친구들 옷에서 찾아볼까요?

③ 교사와 옷을 여미는 모습을 보여 준 후 영아도 해 보게 한다.

- 선생님이 벨크로를 붙이고 있어요. 벨크로는 이렇게 붙이는 거예요.
- 친구들도 해 볼까요?
- 선생님이 단추를 끼우고 있어요. 단추는 이렇게 넣는 거예요.
- 친구들도 해 볼까요?

④ 영아가 활동판을 자유롭게 탐색하도록 한다.

- 어떤 옷을 고르고 싶나요?
- 이 옷은 어떻게 입어야 할까요?
- 단추(지퍼, 벨크로)를 풀어 볼 수 있나요?

⑤ 활동이 끝난 후 영아와 함께 간단하게 이야기를 나눈다.

- 어떤 점이 재미있었나요?
- 누가 먼저 이야기해 볼까요?

확장활동

- 가정과 연계하여 여밈 장치가 달린 옷을 입어 보게 할 수 있다.
- 친구의 옷을 탐색하며 여밈 장치를 찾아볼 수 있다.

주의 및 유의점

- 영아가 옷을 여미는 활동이 어려운 경우, 교사가 영아의 손을 잡고 옷을 여며 준 후 영아 스스로 해 보게 한다.
- 영아가 단추를 떼어 입에 넣을 수 있으므로 단추가 옷에 단단히 고정되었는지 수시로 점검한다.

2-2 동물 얼굴 까꿍

활동목표

- 다양한 동물의 모습을 탐색할 수 있다.
- 동물의 짝을 찾을 수 있다.
- 동물의 그림자를 찾을 수 있다.

제작재료

- 휴지심 8개, 고무줄, 다양한 색상의 접착 펠트지, 하드보드지 2장, 글루건, 가위

제작방법

〈동물 얼굴〉

① 휴지심 2개에 빨간색 접착 펠트지를 감싸서 각각 붙인다.
② ①과 같은 방법으로 세 쌍의 휴지심을 각각 다른 색의 펠트지로 감싸 붙인다.
③ 2개의 휴지심에 구멍을 뚫어 고무줄로 연결하여 매듭지어 묶는다.
④ 휴지심의 크기에 맞게 흰 접착 펠트지에 토끼 얼굴을 도안하여 오린다.
⑤ 분홍색 접착 펠트지에 토끼 볼을 검은색 펠트지에 눈과 코, 입을, 빨간색과 노란색 펠트지에 리본을 도안하여 오린다.
⑥ ⑤를 토끼 얼굴에 각각 붙여 마무리한다.
⑦ 완성된 토끼 얼굴을 반으로 자른다.
⑧ 반으로 자른 토끼 얼굴을 ③에 글루건으로 붙인다.
⑨ 코끼리, 사슴, 곰도 ④~⑧과 같은 방법으로 각각 제작하여 완성한다.

〈동물 얼굴 그림자판〉

① 하드보드지 2장을 글루건으로 붙인 후 하드보드지 위에 접착 펠트지를 붙여 판을 만든다.
② 휴지심에 붙인 동물 얼굴과 같은 그림자 모양을 각각 만든다.
③ 각각의 동물 얼굴 그림자를 ①에 붙인다.

참고

- 고무줄을 너무 길게 잡아당기지 않도록 주의한다.

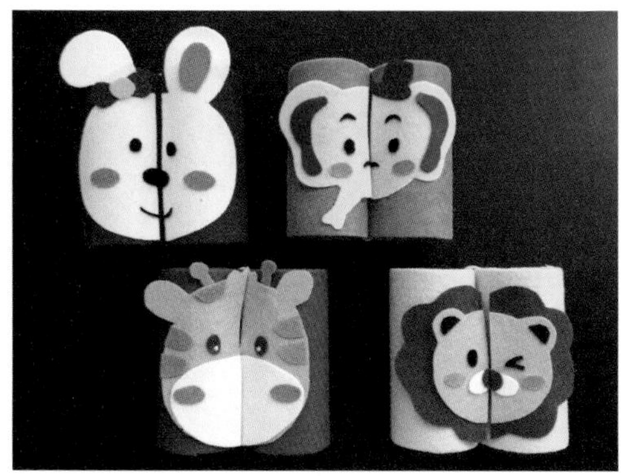

활동방법

① 영아에게 '동물 얼굴 까꿍'을 보여 주며 관심을 유도한다.

- 어떤 동물을 좋아하나요?
- 알고 있는 동물 이름이 있나요?

② 영아와 동물에 대한 경험을 이야기한다.

- 동물을 본 적이 있나요?
- 어떤 동물을 보았나요?
- 동물원에 가 본 적이 있나요?

③ 영아와 함께 교구를 탐색하며 이야기를 나눈다.

- 어떤 동물들이 있는지 찾아볼까요?
- 이름을 알고 있는 동물이 있나요?
- 흰색 털을 가지고 있고 귀가 길며 깡충깡충 뛰는 동물을 가리켜 보세요.
- 코가 길어 코로 먹이를 먹는 동물을 가리켜 보세요.
- (곰을 가리키며) 이 동물의 이름은 무엇일까요?
- 선생님이 기둥(휴지심)을 잡고 늘여 볼게요. 이렇게 잡고 늘리면 동물 얼굴이 멀어져요.
- 누가 선생님처럼 한번 해 볼까요?

④ 교사가 동물 얼굴이 붙은 휴지심 중 한 개를 뺀 후 영아에게 질문한다.

- 어? 여기 동물 얼굴이 잘 안 보이는데 친구들은 어떤 동물인지 알고 있나요?
- 이 동물은 어떤 동물인지 이름을 말하거나 가리켜 볼까요?

⑤ 동물의 그림자가 붙은 판을 영아에게 제공한 후 이야기를 나눈다.

- (교사가 예를 들어 휴지심에 붙인 토끼를 보여 주며) 선생님이 데리고 온 토끼의 그림자는 어디 있나요?
- 코끼리의 그림자는 어디 있을까요?
- 누가 찾아볼까요?

⑥ 활동이 끝난 후 영아와 함께 간단하게 이야기를 나눈다.

- 어떤 점이 재미있었나요?
- 동물 그림자 찾기를 해 보니 어때요?
- 누가 먼저 이야기해 볼까요?

확장활동

- 또래와 동물 그림자를 먼저 찾는 게임을 할 수 있다.
- 또래와 함께 다양한 동물 찾기 놀이를 하면서 사회성을 증진시킬 수 있다.
- 동물 그림 자료를 준비하여 색칠놀이를 같이 할 수 있다.

2-3 집에서 도형을 찾아요

활동목표

- 도형의 모양을 변별할 수 있다.
- 도형의 이름을 말할 수 있다.
- 도형으로 역할극을 할 수 있다.

제작재료

- 융 우드락, 폼보드, 다양한 색상의 펠트지, 다양한 무늬의 천, 스펀지, 색 막대, 리본테이프, 유성매직, 글루건, 가위, 커터칼, 실, 바늘

제작방법

〈집 안〉

① 융 우드락을 밑면에 깔아 집안 바닥을 만든다.

② 바닥 위에 사진처럼 융 우드락을 ㄱ자 모양으로 세운 후 융 바닥면과 옆면을 글루건으로 각각 붙인다.

③ 정면으로 보이는 면의 안쪽에 펠트지로 창문(네모와 세모), 창문 밖의 해(동그라미), 액자(네모), 시계(동그라미)를 그린 후 오린다.

④ ③을 벽면에 글루건으로 각각 붙여 장식하고, 창문의 세모 밑에는 레이스로 꾸며 준다.

⑤ 펠트지에 화분과 나무 기둥은 네모, 나무 기둥의 윗부분은 세모를 그려 오린다.

⑥ ⑤로 화분에 심은 나무를 만들어 글루건으로 벽에 붙여 준다.

⑦ 펠트지에 문(네모)과 시계(동그라미)를 그려 오린 후 측면에 각각 글루건으로 붙여 집 안의 모습을 꾸민다.

⑧ 스펀지로 등받이와 방석, 팔걸이 형태를 자른 후 글루건으로 이어 붙여 쇼파를 만든다.

⑨ ⑧의 겉면에 글루건으로 천을 감싼 후, 남는 천들은 쇼파의 아래쪽으로 접어 고정시킨다.

⑩ ①의 밑면에 완성된 쇼파를 붙인다.

〈모양 막대 인형〉

① 폼보드 위에 세모, 네모, 동그라미 도안을 그린 후, 커터칼을 사용하여 오린다.

② ①위에 같은 크기의 펠트지를 오려 붙이고 유성펜으로 눈과 잎을 그린다.

③ ② 뒷면에 글루건으로 색 막대를 붙여 손잡이를 만든다.

참고

- 모양 막대 인형의 손잡이는 영아가 잡기 쉽도록 두께와 길이를 조절하여 제작한다.

활동방법

① 영아에게 '집에서 도형을 찾아요' 교구를 보여 주고 관심을 유도한다.
- 친구들이 알고 있는 모양을 찾아보세요.
- 모양의 이름을 알고 있는 친구가 있나요?
- (동그라미를 보여 주며) 이것은 무슨 모양일까요? 이름을 알고 있나요?

② 영아와 교구를 탐색하며 이야기를 나눈다.
- 이곳이 어디일까요?
- 집안에 여러 가지 모양들이 숨어 있어요.
- 어떤 모양들이 숨어 있는지 찾아볼까요?

③ 교사와 함께 각 도형의 모양(차이점)을 알아본다.
- 이 모양은 어떻게 생겼는지 살펴보세요. 어떤 모양인가요?
- (동그라미를 보여 주며) 이 모양은 무엇처럼 생겼나요?
- 네, 맞아요. 달님처럼 동그랗게 생겼어요. 같은 모양을 찾아볼까요?

- (세모를 보여 주며) 이 모양은 무엇처럼 생겼나요?
- 네, 맞아요. 뾰족한 산처럼 생겼어요. 같은 모양을 찾아볼까요?
- 이 모양은 달님처럼 동그랗구나!
- 이 모양의 이름을 알고 있니?

④ 영아들이 자유롭게 모양 막대 인형을 가지고 놀게 한다.
- 모양 막대 인형으로 무엇을 하고 싶나요?
- 어떻게 가지고 놀면 좋을 것 같나요?
- ○○이는 어떤 모양의 막대 인형을 가지고 싶나요?

⑤ 영아에게 모양 막대 인형을 준 후 교사가 역할극의 시범을 보여 준다.
- 안녕! 난 동그라미(세모, 네모)야.
- (동그라미 모양 막대 인형을 모두 들어 보이며) 집에서 나와 같은 모양을 찾아줘. 친구가 없어 심심해.
- (네모 모양 막대 인형을 모두 들어 보이며) 집에서 나와 같은 모양을 찾아보자.
- (동그라미 막대 인형을 들어 보이며) 벽에 걸린 시계는 나와 같은 모양이야.

⑥ 활동이 끝난 후 영아와 함께 간단하게 이야기를 나눈다.
- 어떤 점이 재미있었나요?
- 친구와 모양 찾기 놀이를 해 보니 어때요?
- 누가 먼저 이야기해 볼까요?

확장활동

- 친구와 도형(동그라미, 네모, 세모) 찾는 게임을 할 수 있다.
- 가정과 연계하여 집에 있는 도형을 각각 찾아보도록 할 수 있다.
- 영아가 동그라미, 세모, 네모 외에 새로운 도형을 찾으면 교사가 그 도형의 이름을 알려주도록 한다.

주의 및 유의점

- 도형의 변별이 어려운 영아에게는 도형의 테두리를 손으로 따라가면서 모양을 인식하도록 도울 수 있다.
- 모양 막대 인형의 극놀이는 자연스러운 분위기에서 놀이를 통해 각 도형(동그라미, 세모, 네모)에 대한 구체적 개념을 보다 쉽게 습득하도록 지원할 수 있다.

2-4 신호등과 횡단보도는 짝꿍

활동목표

- 신호등 색을 구별할 수 있다.
- 신호등 색을 보고 횡단보도를 건널 수 있다.

제작재료

- 투명 시트지, 검정 시트지, 하얀 시트지, 검은 도화지, 셀로판지(빨강, 초록), 폐품 상자 2개, 지관통 2개, 검은 하드보드지, 글루건, 글루건 심(검정), 셀로판테이프

제작방법

〈신호등〉

① 신호등의 받침이 되는 상자의 모든 면에 검정 시트지를 붙인다.

② 신호등의 기둥이 되는 지관통 2개는 글루건으로 단단하게 연결한 후 검정 시트지를 붙인다.

③ 신호등이 되는 상자는 한 면에 빨강불과 초록불이 나타날 사각형의 구멍을 뚫어 놓은 후 검정 시트지를 붙인다.

④ ③에서 뚫어 놓은 두 개의 구멍에 각각 빨간색과 초록색의 셀로판지를 붙여 신호등 불을 만든다.

⑤ 하드보드지로 신호등 불의 한쪽을 가릴 수 있는 가리개를 손잡이가 달린 모양으로 잘라 내어 검정 시트지로 감싼다.

⑥ ⑤의 가리개가 신호등에 걸쳐질 수 있도록 하드보드지로 양옆에 지지대를 붙인다. (지지대의 위, 아랫 부분과 신호등 불 두 개의 사이를 글루건으로 붙여 가리개가 한 개의 신호등 불만 가릴 수 있도록 한다.)

⑦ ①과 ⑥에서 완성된 신호등 받침, 신호등에 지관통의 지름으로 칼집을 내고 지관을 끼워 넣는다.

⑧ 지관을 끼워 넣은 이음새 부분을 검정색의 글루건 심으로 메꾸면서 단단히 고정시킨다.

〈횡단보도〉

① 검은 하드보드지 5장을 반으로 길게 자른다.

② ①을 투명 시트지로 감싼다.

③ 셀로판테이프로 앞면(검은색)과 뒷면(흰색)을 반복하며 연결한다.

참고

- 신호등은 검정 시트지로 감싸는 대신 검정색 래커로 채색할 수 있다.
- 횡단보도는 접히는 바깥 부분에 칼집을 넣거나 이어지는 하드보드지의 간격을 조금 넓혀 셀로판테이프로 고정시키면 병풍처럼 접을 수 있어 보관하기 용이하다.

활동방법

① 영아와 횡단보도를 건너 본 경험에 대해 이야기를 나눈다.

- 횡단보도를 건너 본 적이 있나요?
- 누구와 함께 건너 보았나요?
- 횡단보도에 있는 신호등을 보았나요?
- 신호등이 무슨 색깔이었나요?

② 영아들에게 교구를 보여 주며 관심을 유도한다.

- (신호등을 보여 주며) 이것이 무엇일까요?
- (횡단보도를 보여 주며) 이것이 무엇일까요?
- 이것으로 무엇을 하면 좋을까요?

③ 교사가 영아와 함께 신호등 노래를 배우고 부른다.

- 건너가는 ♪길을 건널 땐 빨간불 안 돼요♪ 노란불 안 돼요
- 초록불이— ♪돼야죠
- 신호등이 없는 길에선♪
- 달려도 안 돼요♪ 뛰어도 안 돼요— ♪손을 들고 가야죠

④ 신호등을 보고 횡단보도를 건너는 방법을 알아본다.
- 신호등의 색을 보았나요?
- 어떤 색을 보았나요?
- 어떤 색에 길을 건너야 할까요?
- 빨간색 불이 켜지면 어떻게 해야 할까요?
- 횡단보도를 어떻게 건너야 안전할까요?

⑤ 교사가 신호등을 보고 길을 건너는 시범을 보인다.
- '안전한 도로 횡단 5원칙'에 따라 길을 건너는 시범을 보인다.
- 빨간색 불이 켜졌어요. 기다려야 해요.
- 초록색 불이 켜졌어요. 길을 건너야 해요.

⑥ 영아들이 신호등 색을 보고 길(횡단보도)을 건너 보게 한다(필요 시 교사가 참여하여 길을 건너도록 도와줌).
- 빨간색 불이 켜졌어요. 어떻게 해야 할까요?
- ○○는 잘 기다리고 있네요.
- 초록색 불이 켜졌어요. 어떻게 해야 할까요?
- 친구들이 안전하게 잘 건너가고 있네요.

⑦ 활동이 끝난 후 영아와 함께 간단하게 이야기를 나눈다.
- 어떤 점이 재미있었나요?
- 신호등을 보고 길을 건너보니 어때요?
- 누가 먼저 이야기해 볼까요?

확장활동

- 두 명 이상의 영아가 신호등의 불을 바꾸는 역할, 길을 건너는 역할로 나누어 놀이를 진행할 수 있다.
- 부모님과 함께 횡단보도를 건너는 연습을 해 보도록 연계할 수 있다.

주의 및 유의점

- 교사가 횡단보도를 건너는 시범을 보일 때 '안전한 도로 횡단 5원칙'을 참고하여 보여 준다.

  첫째, 우선 멈춘다.

  둘째, 좌우의 차를 본다.

  셋째, 횡단보도 오른쪽에 서서 운전자를 보며 손을 든다.

  넷째, 차가 멈추었는지 먼저 확인한다.

  다섯째, 건너는 동안 차를 계속 보면서 천천히 걷는다.

  (출처: 어린이안전학교. http://www.go119.org/)

2-5 물놀이 옷 입히기

활동목표

- 주사위를 던져 나온 그림을 보고 물놀이 용품을 붙일 수 있다.
- 물놀이 할 때 필요한 간단한 용품의 이름을 말할 수 있다.

제작재료

- 펠트지(살색, 검은색, 노랑색, 파랑색, 하늘색, 주황색, 분홍색, 연두색), 여러 색의 시트지, 글루건, 하드보드지, 방울, 솜, 바늘, 실, 벨크로테이프(까슬이), 가위, 글루건, 양면테이프

제작방법

〈활동판〉

① 하드보드지를 투명 시트지로 감싼다.

② ① 위에 사람 도안을 붙일 수 있는 높이만큼 하늘색 펠트지를 오려 붙인다.

③ ②의 하늘색 펠트지 위에 여자아이와 남자아이의 도안을 펠트지로 오려 붙인다.

④ ②의 상단에 교구의 이름을 시트지로 오려 붙인다.

〈물놀이 용품〉

① 펠트지 2장을 겹쳐 수영복, 구명조끼, 튜브, 물안경, 오리발, 수영모 도안을 그린 후 오린다.

② ①의 겹쳐진 펠트지를 솜 구멍만 제외하고 바느질한 후 솜을 넣어 나머지 부분을 바느질로 마무리한다.

③ ② 위에 펠트지 조각으로 수영복의 무늬, 구명조끼의 벨트 등을 오려 붙여 꾸민다.

④ ③의 뒷면에 까슬이를 붙인다.

〈주사위〉

① 펠트지(10×10) 6장의 각 변을 솜 구멍만 제외하고 실로 꿰매어 정육면체를 만든다.

② ①의 솜 구멍에 솜과 방울을 채워 넣고 솜 구멍을 바느질로 마무리한다.

③ ②의 각 여섯 면에 수영복, 구명조끼, 튜브, 물안경, 오리발, 수영모 도안과 글자를 펠트지로 오려 글루건으로 붙인다.

참고

- 활동판에 붙일 물놀이 용품과 주사위에 제시된 물놀이 용품은 같은 형태 및 색으로 쉽게 대응하여 인식할 수 있도록 돕는다.
- 활동판의 신체 부분에 대응되도록 물놀이 용품의 크기를 적절히 조절하여 제작한다.

활동방법

① 영아와 물놀이 한 경험에 대해 이야기를 나눈다.
- 물놀이를 해 본 적이 있나요?
- 언제 해 봤나요?
- 누구랑 했나요?
- 물놀이가 재미있었나요?
- 물놀이 할 때 무엇이 있어야 하나요?

② 영아에게 교구를 보여 주고 관심을 유도한다.
- (수영모를 보여 주며) 이것은 무엇인가요?
- 본 적이 있나요?
- 어디에 쓰는 건가요?

- (물안경을 보여 주며) 이것은 무엇인가요?
- 본 적이 있나요?
- 어디에 쓰는 건가요?

③ 교사가 주사위를 던져 나오는 그림을 보고 물놀이 용품을 활동판에 붙이는 시범을 보인다.
- 수영복이 나왔으니 수영복을 입혀 주자.
- 수영 모자가 나왔으니 머리에 수영모자를 씌워 주자.
- 물안경이 나왔네. 물안경을 씌워 주자.
- 조끼(구명조끼)가 나왔네. 물에 뜰 수 있도록 조끼를 입혀 주자.
- 튜브가 나왔네. 물에 뜰 수 있도록 튜브를 몸에 끼워 주자.

④ 주사위를 던져 나오는 그림을 보고 물놀이 용품을 활동판에 붙인다.
- 주사위를 던져 보자. 어떤 그림이 나왔나요?
- 물안경(수영복, 수영모, 구명조끼, 튜브, 오리발)이 나왔네. 이 그림과 같은 그림을 찾아 붙여 보자.
- 어디에 붙여야 할까요?
- 물놀이 용품을 잘 붙였네요.

⑤ 활동이 끝난 후 영아와 함께 간단하게 이야기를 나눈다.
- 어떤 점이 재미있었나요?
- 물놀이 용품을 붙여 보니 어땠나요?
- 누가 먼저 이야기해 볼까요?

확장활동

- 두 명의 영아가 남자아이, 여자아이를 각각 정한 후, 주사위를 던져 누가 먼저 물놀이 용품을 모두 붙였는지 게임을 진행할 수 있다.
- 물놀이 용품으로 가게놀이를 진행할 수 있다.

주의 및 유의점

- 물놀이 용품을 사용한 경험이 없는 영아의 경우, 관련된 사진이나 영상 자료를 제시하여 이해를 도울 수 있다.

3. 의사소통 영역

3-1 소리를 전달해요

활동목표

- 마이크를 이용해서 소리를 전달할 수 있다.
- 전화놀이를 할 수 있다.

제작재료

- 휴지심 2개, 휴지, 일회용 커피 종이컵 2개, 은박 수세미, 하드보드지, 다양한 색상의 접착 펠트지, 고무줄, 가위, 칼, 리본 끈, 단추, 글루건, 송곳, 스티로폼 공

제작방법

① 재활용 일회용 커피 종이컵 2개에 붙일 접착 펠트지를 1cm 간격으로 두 가지 색상이 각각 매치될 수 있도록 오린다.

② ①을 각각의 컵에 두 가지 색으로 번갈아 가면서 붙여 컵 바깥 부분을 마무리한다.

③ 송곳으로 구멍을 내어 단추를 컵 안에 넣고 고무줄로 컵을 연결한다.

④ 휴지심 안에 화장지를 채워 넣는다(휴지심 안에 단단한 종이를 한번 덧댄 후 화장지를 채워 넣으면 좀 더 튼튼함).

⑤ 휴지심 2개를 각각 원하는 색의 접착 펠트지로 감싸 준다.

⑥ 스티로폼 공 2개에 은박 수세미를 감싸 묶어 놓는다.

⑦ ⑥을 글루건으로 각각의 휴지심과 연결하여 붙인다.

⑧ 리본 끈으로 2개의 휴지심 위쪽과 아래쪽을 각각 감싸 글루건으로 마무리해 준다.

⑨ 글루건으로 2개의 휴지심 앞에 각각 단추를 붙여 마이크를 완성한다.

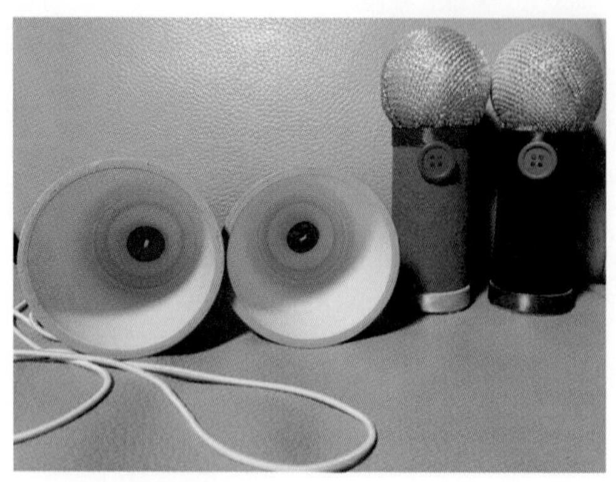

활동방법

① 영아에게 전화기와 마이크를 본 적이 있는지 물어본다.
- 전화기를 본 적이 있나요?
- 어디에서 보았나요?
- 마이크 소리를 들어 본 적이 있나요?
- 어디에서 보았나요?

② 영아들과 전화와 마이크를 탐색하며 이야기를 나눈다.
- 마이크를 만져 보세요.
- 언제 마이크를 사용했나요?
- 마이크에 대고 소리를 질러 보세요.
- 마이크가 있어서 좋은 점은 무엇일까요?
- 만약 마이크가 없다면 어떨까요?
- 언제 전화를 사용했나요?
- 전화가 있어서 좋은 점은 무엇일까요?

③ 마이크를 이용해서 자신을 소개해 보는 시간을 갖도록 한다.
- 자신의 이름을 말해 본다.
- 자신이 좋아하는 과자에 대해서 말해 본다.

④ 전화를 사용해서 또래와 인사를 해 보도록 한다.
- 전화로 서로 인사를 해 보게 한다.

⑤ 활동 후 느낀 점에 대해서 영아와 함께 이야기를 나눈다.
- 어떤 점이 재미있거나 좋았나요?
- 누가 먼저 이야기해 볼까요?

확장활동

- 마이크로 소리를 강하게 또는 약하게 내어 소리를 비교해 보게 한다.
- 새노래 부르기를 하여 음률 활동과 연계한다.

주의 및 유의점

- 글루건 사용 시 화상에 유의하도록 한다.
- 컵 전화기는 줄을 당겨 사용한다.
- 영아들끼리 서로 주고받는 이야기를 할 경우 마이크를 연결한 선을 무리하게 잡아 당기면 선이 떨어질 수 있으므로 미리 지도한다.

3-2 과일의 겉과 속은 달라요

활동목표

- 과일의 겉과 속을 비교할 수 있다.
- 과일의 겉과 속을 연결할 수 있다.

제작재료

- 다양한 색상의 소프트펠트지(두께: 약 1mm), 하드펠트지(두께: 약 2~3mm), 바늘, 실, 가위, 글루건, 스냅 단추 5쌍, 과일 이름(사과, 레몬, 딸기, 복숭아, 수박)의 인쇄물, 코팅지

제작방법

① 핑크색 하드펠트지를 직사각형(15×20cm)으로 5장 재단하여 배경판을 만든다.
② 빨간색 소프트펠트지 2장을 겹쳐 사과를 그려서 오려 준다.
③ 오려진 사과 도안 2장은 ①의 배경판에 글루건으로 반쪽만을 겹쳐 붙인다.
④ 흰색 소프트펠트지를 이용해 ③의 사과보다 약 7mm 정도 작은 사과 모양을 그려 오려 준 후 ③의 펼쳐진 사과 도안 안쪽에 글루건을 이용해 붙여 준다.
⑤ 노란색 소프트펠트지를 하트 모양으로 오려 사과 속을 만든 후 ④의 흰색 펠트지에 글루건으로 붙여 준다.
⑥ 갈색 소프트펠트지를 씨앗 모양으로 2개 오려 노란색 하트 모양 펠트지에 붙여 준다.
⑦ 과일 속을 여닫을 수 있도록 양쪽에 볼록 스냅, 오목 스냅을 실로 꿰매어 단다.
⑧ 초록색 펠트지에 사과 잎을 그린 후 오려서 배경판에 붙여 준다.
⑨ 완성된 과일과 과일의 이름을 코팅하여 글루건으로 붙인다.
⑩ 다른 과일들도 ②~⑨와 같은 방법으로 제작한다.

참고

- 펠트지를 카드로 제작할 경우 2~3mm의 두께를 지닌 하드펠트지를 사용해야 카드의 모양이 잘 잡히며, 견고하게 활용할 수 있다.

- 영아들이 쉽게 조작할 수 있도록 지름이 긴 스냅 단추를 사용하도록 한다.
- 오목 스냅과 볼록 스냅이 잘 끼워지도록 스냅 단추를 다는 곳을 유의한다.

활동방법

① 영아들에게 '과일의 겉과 속 카드'를 보여 주며 관심을 유도한다.
- 어떤 과일들이 있나요?
- 친구들은 어떤 과일을 좋아하나요?
- 어떤 과일을 먹어 보았나요?
- 맛이 어땠나요?

② 영아와 함께 교구를 탐색하며 과일 속 모습에 대해 이야기를 나눈다.
- (사과를 가리키며) 이것은 무슨 과일일까요?
- (딸기를 가리키며) 이것은 무슨 과일일까요?
- (수박을 가리키며) 이것은 무슨 과일일까요?
- 잘라진 과일을 본 적이 있나요?
- 어디에서 보았나요?
- 사과 속을 열어 볼까요?
- 딸기도 속을 열어 볼까요?
- 과일의 겉과 속은 다른 모습이에요.

③ 영아들이 자유롭게 탐색할 수 있도록 한다.
- 어떤 과일을 열어 보고 싶나요?
- 친구들과 사과를 열어 볼까요?

- 친구들과 수박을 열어 볼까요?
- 어느 것이 재미있게 생겼나요?

④ 활동이 끝난 후 영아와 함께 간단하게 이야기를 나눈다.

- 어떤 점이 재미있었나요?
- 과일을 열어 보니 어때요?
- 누가 먼저 이야기해 볼까요?

확장활동

- 다양한 종류가 그려진 과일 그림에 끼적거리기 활동을 할 수 있다.
- 과일의 겉과 속을 색칠하는 놀이를 통해 과일에 대한 호기심을 확장할 수 있다.
- 과일 모형 놀잇감을 모형 칼로 잘라 보고 다시 붙여 보며 역할놀이로 확장할 수 있다.
- 옷의 스냅 단추를 스스로 열어 보게 할 수 있다.

주의 및 유의점

- 실제 과일을 준비하여 다양한 방법으로 탐색할 수 있는 기회를 제공하면 효과적이다.

3-3 무엇이 무엇이 똑같을까

활동목표

- 그림 카드를 보고 같은 물건을 찾을 수 있다.

제작재료

- 상자, 접착 시트지, 부직포, 주방용품 그림 카드, 프린트 된 제목, 가위, 글루건, 주방용품(플라스틱 컵, 수저, 에디슨 젓가락, 주걱, 집게)

제작방법

〈비밀주머니〉

① 보라색 접착 시트지를 상자에 붙인다.
② 상자 뚜껑에 동그라미를 그린 후 칼로 오려 낸다.
③ 흰색 부직포에 ②의 동그라미보다 1cm 정도 더 크게 동그라미를 그린 후 오린다.
④ 흰색 부직포를 십자 모양으로 가위질한 후 상자 뚜껑 안쪽에 글루건으로 붙여준다.
⑤ '무엇이 무엇이 똑같을까' 제목을 한 글자씩 오린 후 코팅하여 다시 오린다.
⑥ 오린 글자를 상자 뚜껑에 글루건으로 붙인다.
⑦ 주방용품을 상자 안에 넣는다.

〈그림 카드〉

① 상자 안에 넣은 주방용품을 카메라나 휴대폰으로 찍은 후 카드 모양으로 인쇄한다.
② 인쇄한 사진을 각각 코팅한다.
③ 부직포 또는 우드락을 인쇄된 카드 모양 크기에 맞게 자른다.
④ ③위에 코팅된 카드를 글루건으로 붙인다.

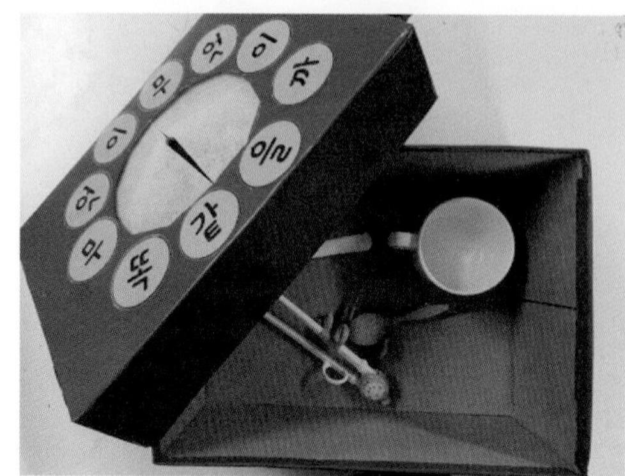

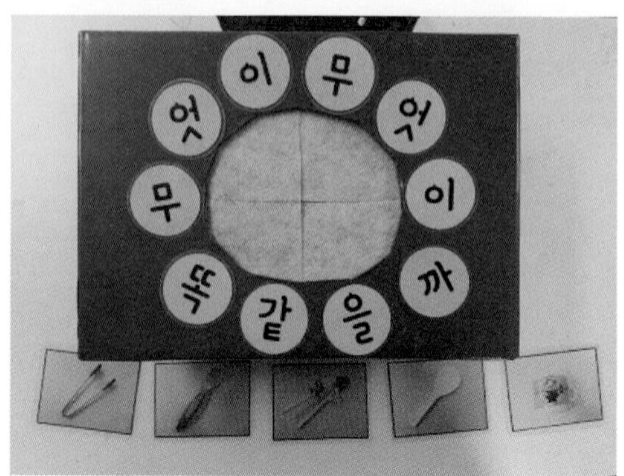

활동방법

① 영아들에게 상자를 보여 주며 관심을 유도한다.
- 교사가 상자를 흔들어 소리를 들려준다.
- 우리 같이 소리를 들어 볼까요?
- 무슨 소리가 들리나요?
- 상자 안에 무엇이 들어 있을까요?

② 영아와 함께 교구를 탐색하며 이야기를 나눈다.
- 주방용품(플라스틱 컵, 수저, 에디슨 젓가락, 주걱, 집게) 그림 카드를 보여 주며 컵을 본 적이 있나요?
- 친구들은 컵으로 무엇을 하나요?
- (에디슨 젓가락을 보여 주며) 에디슨 젓가락을 사용해 본 적이 있나요?
- 어디서 사용해 보았나요?
- (주걱을 보여 주며) 이런 것을 본 적이 있나요?
- 어디에서 보았나요?

③ 영아들이 그림 카드와 같은 주방용품을 찾게 한다.
- 교사가 그림 카드에 있는 컵을 보고 상자 안에 있는 컵을 찾는 시범을 보인다.
- (컵 그림 카드를 보여 주며) 친구들도 이 그림 카드와 똑같은 물건을 찾아볼까요?
- (에디슨 젓가락 그림 카드를 보여 주며) 친구들도 이 그림 카드와 똑같은 물건을 찾아볼까요?
- (젓가락 그림 카드를 보여 주며) 친구들도 이 그림 카드와 똑같은 물건을 찾아볼까요?

④ 활동이 끝난 후 영아와 함께 간단하게 이야기를 나눈다.

- 어떤 점이 재미있었나요?
- 그림 카드와 같은 물건을 찾는 것이 힘들었나요?
- 누가 먼저 이야기해 볼까요?

확장활동

- 집에서 주방용품을 찾아볼 수 있도록 한다.

주의 및 유의점

- 활동 진행 시 실제 주방용품을 가져가서 영아들 앞에서 보여 주면서 활동을 진행하면 효과적이다.
- 비밀주머니 속으로 들어가는 물건은 영아들이 사용하기에 안전한 것으로 선택한다.
- 코팅한 그림 카드의 경우 폼보드 또는 하드보드지에 붙여 주면 영아들이 활동하기 수월하다.

3-4 알록달록 상자

활동목표

- 색깔을 분류할 수 있다.
- 친숙한 색의 이름을 말할 수 있다.

제작재료

- 펠트지(빨강, 주황, 노랑, 초록, 파랑, 보라, 흰색), 접착 펠트지(갈색), 하드보드지, 글루건, 글루건 심, 색깔 실, 바늘, 벨크로테이프(까슬이, 보슬이), 털실, 단추

제작방법

〈색깔 상자〉

① 하드보드지를 육각형 모양으로 그린 후 오려서 밑면을 만든다.
② 흰색 펠트지를 육각형 모양으로 2개 자른 후 겹쳐서 테두리를 버튼홀 스티치로 바느질하여 뚜껑을 만든다.
③ 하드보드지를 직사각형 모양으로 6개 자른 후 빨간색 펠트지를 감싸 붙인다.
④ ③을 삼각형으로 만들어 육각형의 밑면에 글루건을 이용하여 붙인다.
⑤ ③~④의 방법으로 주황, 노랑, 초록, 파랑, 보라색를 감싸 붙인 후 각각의 색깔을 육각형 밑면에 붙여 육각형 상자를 만든다.
⑥ 완성된 조각들이 서로 연결될 수 있도록 삼각형 모양의 상자 옆면에 벨크로테이프(보슬이와 까슬이를 교차)를 부착한다.
⑦ 갈색 접착 펠트지에 '색깔 상자'라는 글씨를 만들어 자른다.
⑧ 자른 글씨를 ②의 육각형 모양의 뚜껑에 붙인다.
⑨ 완성된 상자에 고리 모양으로 털실을 부착하고 보라색 펠트지로 감싸진 상자와 노란색 펠트지로 감싸진 상자에 단추를 부착한다.

〈색깔 소품〉

① 색을 대표하는 과일을 선정하여 도안을 준비한다.

- 빨강: 사과, 토마토, 고추, 딸기
- 주황: 당근, 감, 귤, 호박
- 노랑: 참외, 바나나, 치즈, 레몬
- 초록: 수박, 메론, 오이, 개구리
- 파랑: 물방울, 구름, 고래, 비행기
- 보라: 가지, 포도, 고구마, 자두

② 각 과일에 맞는 색깔의 펠트지 2장을 겹쳐 도안을 그린 후 자른다.

③ 오린 펠트지 조각을 겹쳐 솜 구멍을 남겨 두고 버튼홀 스티치로 바느질한다.

④ 솜 구멍으로 솜을 넣고 구멍을 버튼홀 스티치로 바느질하여 마무리한다.

활동방법

① 까꿍놀이를 통해 교구에 대한 호기심을 유발한 후 영아와 이야기를 나눈다.
- (색깔 상자를 보여 주었다가 가리며) 까꿍! 선생님이 보여 준 것이 무엇일까요?
- (색깔 상자를 보여 주며) 선생님이 오늘은 무엇을 가지고 왔는지 볼까요?
- 색깔 상자로 무슨 놀이를 할 수 있을까요?

② 색깔 소품을 자유롭게 탐색해 보도록 한다.
- 교사가 색깔 이름을 알려 준다.
- (바나나를 꺼내며) 이것을 먹어 본 적이 있나요?
- 이건 무슨 색인가요?
- (딸기를 꺼내며) 이것을 먹어 본 적이 있나요?
- 이것의 이름은 무엇인가요?

- (고래를 꺼내며) 이건 어디서 볼 수 있을까요?

③ 영아들에게 같은 색깔을 분류하게 한다.

- 교사가 노란 상자에는 노란색을, 파란 상자에는 파란색을, 주황 상자에는 주황색을, 연두 상자에는 연두색을 넣는 시범을 보인다.
- (노란 상자를 보여 주며) 여기에 노란색의 '바나나'가 있네요. 같은 색을 찾아서 상자에 넣어 볼까요?
- 누가 먼저 넣어 볼까요?
- (파란 상자를 보여 주며) 친구들도 이 상자와 똑같은 색을 찾아 넣어 볼까요?
- (주황 상자를 보여 주며) 친구들도 이 상자와 똑같은 색을 찾아 넣어 볼까요?

④ 활동이 끝난 후 영아와 함께 간단하게 이야기를 나눈다.

- 어떤 점이 재미있었나요?
- 같은 색을 찾는 것이 힘들었나요?
- 누가 먼저 이야기해 볼까요?

확장활동

- 교실에서 색깔 상자와 같은 색을 찾아본다.
- 같은 색깔의 교구들을 찾아 분류해 본다.

주의 및 유의점

- 직사각형 하드보드지에 펠트지를 감싸기 전 삼등분하여 칼집을 낸 후 펠트지를 붙여 주면 삼각형 모양 잡기가 수월하다.

3-5 까꿍! 누구일까요?

활동목표

- 교사의 말을 모방하여 발음할 수 있다.
- 가려진 덮개를 열어 보고 어떤 동물이 있는지 찾을 수 있다.
- 친숙한 동물의 이름을 말할 수 있다.

제작재료

- 컬러 우드락 2절, 물티슈 뚜껑 8개, 펠트지(분홍색, 연두색, 연노랑색, 검은색, 하늘색, 빨간색, 회색, 흰색, 노란색, 갈색, 주황색, 파란색, 초록색, 연보라색), 실물 동물 사진, 코팅지, 시트지, 글루건, 실 또는 검정색지, 솜, 컬러 머메이드지(흰색)

제작방법

〈까꿍판 배경〉

① 2절 크기의 컬러 우드락을 준비한다.

② 하얀색 펠트지 또는 머메이드지에 구름을 그려 오린 후, 구름에 교구의 제목('까꿍! 누구일까요?')을 오려 붙인다.

③ 교구명 아래에 검은 지끈 또는 검정 색지를 이용하여 기찻길을 만들어 글루건으로 붙인다.

④ 펠트지에 수풀과 꽃 등을 그린 후 오린다.

⑤ 기찻길 아래를 수풀과 꽃 등으로 꾸민 후 글루건으로 붙인다.

⑥ 투명 시트지로 우드락 전체를 감싼다.

〈까꿍 기차〉

① 흰색 펠트지를 2장 겹친 후 돼지 얼굴을 그려 오린다.

② 돼지 얼굴을 2장 겹쳐서 가장 자리를 솜 구멍을 남긴 후 버튼홀 스티치로 바느질한다.

③ 솜 구멍을 통해 솜을 넣은 후 버튼홀 스티치로 바느질하여 마무리한다.

④ 분홍색 펠트지에 돼지의 귀와 코, 입, 볼을, 검정색 펠트지에 돼지의 눈과 콧구멍을

그린 후 오린다.

⑤ 돼지 얼굴에 ④를 차례대로 글루건으로 붙여 얼굴을 꾸민다.

⑥ 펠트지를 물티슈 뚜껑 크기에 맞추어 자른 후 글루건으로 붙인다.

⑦ 뚜껑 앞면에 돼지를 글루건으로 붙인다.

⑧ 각 동물을 ①~⑤의 방법으로 만들어 뚜껑 앞면에 글루건으로 붙인다.

⑨ 뚜껑을 열었을 때 동물 사진이 보이도록 동물의 실물 사진을 뚜껑 크기에 맞추어 오린 후 코팅하여 붙인다.

⑩ 집 모양 판 8개를 펠트지를 오려서 만든다.

⑪ ⑩을 까꿍판의 기찻길에 배치하여 글루건으로 붙인다.

⑫ 집 모양 판에 완성된 동물 뚜껑을 글루건으로 붙인다.

⑬ 검정색 펠트지에 바퀴 모양을, 노란색 펠트지에 바퀴 모양에 붙일 동그라미를 여러 개 그린다.

⑭ ⑬으로 바퀴 모양을 만들어 각각의 기차 칸에 붙여 완성한다.

참고

- 물티슈 덮개의 안쪽 면에 동물의 이름을 붙여 주면 문해 환경 인식의 경험을 제공할 수 있다.
- 물티슈의 덮개는 각 기차 칸을 명확히 구분짓는 레이아웃으로 같은 물티슈 덮개를 사용하여야 보기 편하다.

- 까꿍판은 영아가 팔을 뻗어 조작할 수 있는 높이의 벽면에 부착하여 활용될 수 있도록 크기를 조절하여 제작한다.

활동방법

① 영아와 동물에 대한 경험을 이야기한다.
- 동물원에 가 본 적이 있나요?
- 동물을 본 적이 있나요?
- 어디서 보았나요?
- 무슨 동물을 좋아하나요?
- 무슨 동물을 싫어하나요?

② 영아와 함께 교구를 탐색하며 이야기를 나눈다.
- 여기 동물 친구들이 많이 있네요.
- 어떤 동물 친구들이 있나요?
- 친구들이 본 동물도 있나요?
- 동물 이름을 알고 있나요?

③ 영아들이 친숙한 동물을 찾아 이름을 말할 수 있도록 한다.
- 뚜껑을 열면 실제 동물 사진이 있다는 것을 알려 준다.
- 교사가 뚜껑을 여는 시범을 보인다.
- 누가 뚜껑을 열어 볼까요?
- 교사가 뚜껑을 열어 동물을 찾는 시범을 보인다.
- 누가 뚜껑을 열어 동물을 찾아볼까요?
- 뚜껑을 열기 힘들면 선생님이랑 같이 열어 볼 거예요.
- 어떤 동물을 찾았나요?
- 교사가 동물 이름을 말하는 시범을 보인다.
- (강아지를 가리키며) 이 동물의 이름은 무엇일까요?
- (돼지를 가리키며) 이 동물의 이름은 무엇일까요?
- 말하지 못하면 동물 이름을 발음할 수 있도록 교사가 도와준다.

④ 활동이 끝난 후 영아와 함께 간단하게 이야기를 나눈다.
- 어떤 점이 재미있었나요?

- 동물을 찾는 것이 힘들었나요?
- 누가 먼저 이야기해 볼까요?

확장활동

- 동물원으로 견학을 가서 동물을 직접 보게 할 수 있다.
- 가정과 연계하여 부모님과 동물원에 견학을 가도록 할 수 있다.

주의 및 유의점

- 혼자서 까꿍 기차의 덮개를 열지 못하는 영아는 교사가 영아의 손을 잡고 함께 열어 주며 도움을 제공한다. 혹은 덮개에 손잡이를 달아 주어 수행을 촉진할 수 있다.
- 영아가 동물의 이름을 잘 모르는 경우, 영아가 주시하고 있는 동물의 이름을 반복하여 들려줌으로써 동물 이름의 어휘를 습득할 수 있도록 돕는다.

4-1 탬버린을 흔들어 보아요

활동목표

- 탬버린을 마음대로 흔들 수 있다.
- 탬버린을 흔들어 소리를 낼 수 있다.
- 신체를 움직이면서 탬버린을 흔들 수 있다.

제작재료

- 다양한 색상의 펠트지, 백업, 미니 방울, 하드보드지, 지점토, 솜, 글루건, 실, 바늘, 가위

제작방법

〈탬버린〉

① 2cm 두께의 백업을 50cm 길이로 7개 자른다.

② 펠트지를 가로 2.5cm, 세로 50cm 길이로 7개를 다음과 같이 각각 동물 색깔에 맞추어 자른다. (곰, 강아지: 갈색, 기린: 노란색, 양, 팬더: 흰색, 개구리: 초록색, 토끼: 분홍색)

③ 자른 펠트지를 반으로 포갠 후 사이에 백업을 넣어 백업 둘레를 다시 확인한 후 백업을 빼고 크기에 맞게 세로로 7개 바느질한다.

④ 바느질한 후 펠트지를 앞, 뒤 비어 있는 곳을 통해 모두 뒤집는다.

⑤ 뒤집은 7개의 펠트지 안에 각각 백업을 앞에서 집어넣는다.

⑥ 펠트지로 감싼 7개의 백업을 동그란 모양으로 탬버린 틀을 만들어 글루건으로 붙인다.

⑦ 7개의 붙인 부분에 각각 같은 색의 리본을 붙여 탬버린 틀을 마무리한다.

⑧ 펠트지를 두 겹으로 접은 후 각 동물의 귀와 개구리 눈, 사슴의 귀와 뿔을 그려서 자른다.

⑨ ⑧을 솜 구멍을 남겨놓고 버튼홀 스티치로 바느질한다.

⑩ 솜 구멍에 솜을 넣은 후 버튼홀 스티치로 바느질하여 마무리한다.

⑪ 각 동물의 귀에 다른 색상의 펠트지를 오려(예: 개구리 눈은 초록색 바탕에 하얀색과 검정색) 버튼홀 스티치로 바느질한다.

⑫ 미니 방울을 탬버린 안의 위쪽에 바느질하여 고정시킨다.

〈기둥 및 받침〉

① 기둥은 지점토로 백업처럼 (7개의 탬버린이 기둥에 들어가고도 5cm 정도 여유있게) 만들어 펠트지로 감싼 후 글루건으로 붙인다.

② 받침은 하드보드지에 원 모양을 2개 그려(원 모양의 EVA 구입하여 사용 가능) 오린다.

③ 원 모양의 하드보드지 2장을 글루건으로 붙인다.

④ 받침대 겉면은 초록색 펠트지를 글루건으로 붙인다.

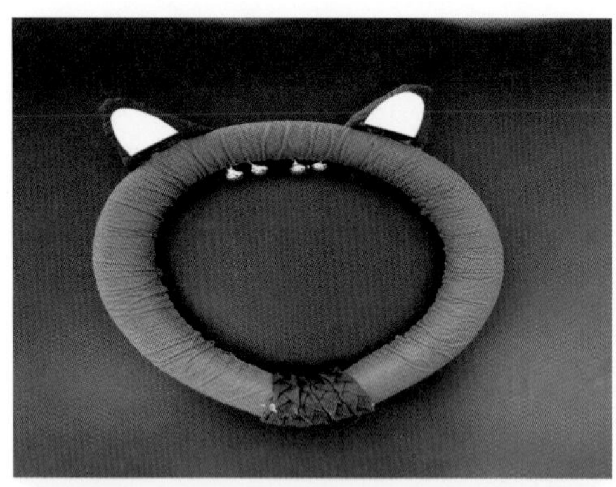
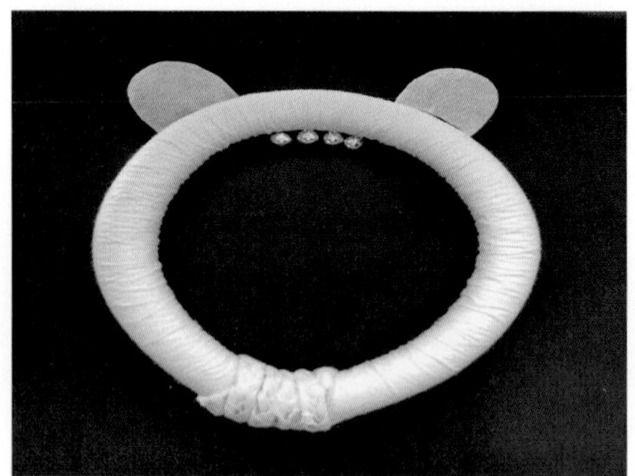
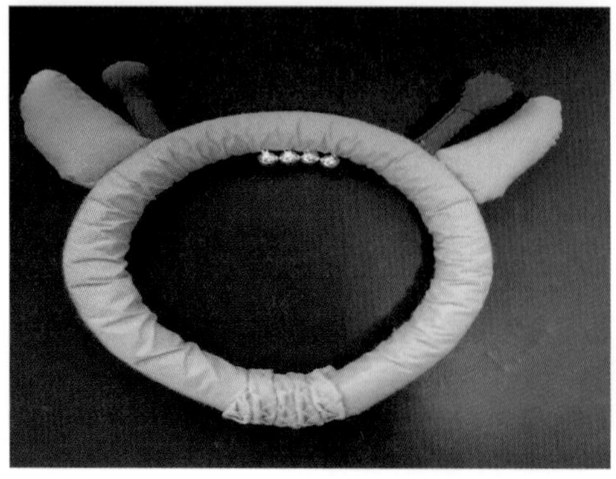
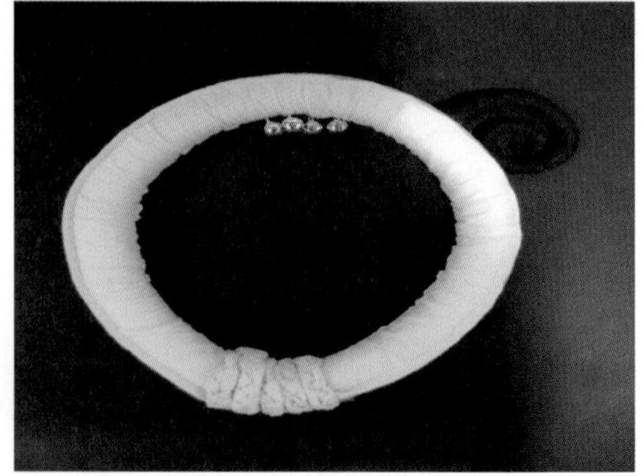

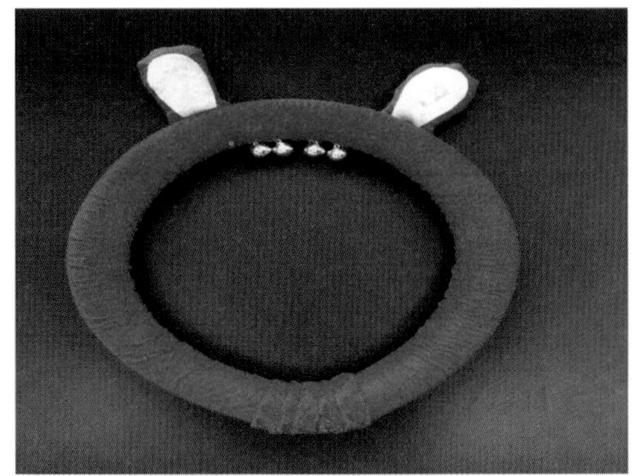
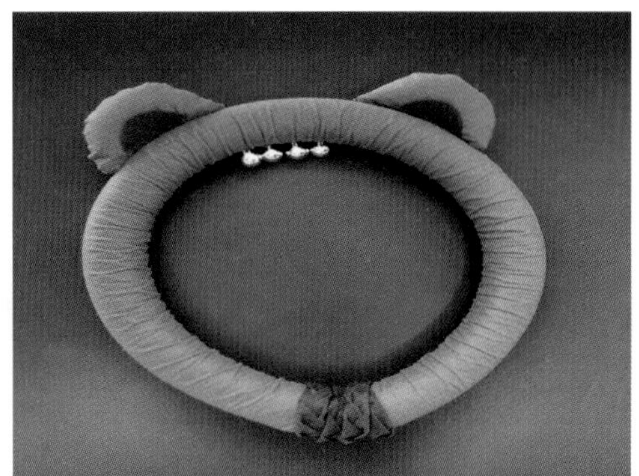
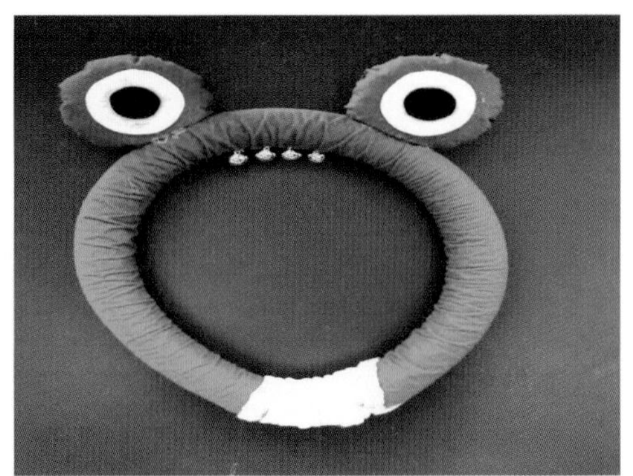

활동방법

① 동물 모양 탬버린의 소리를 영아들에게 들려 주며 이야기를 나눈다.
- 소리를 들어 볼까요?
- 어떤 소리가 나는 것 같아요?
- 어디에서 소리가 날까요?
- 이 악기는 '탬버린'이라는 악기예요. 다시 한번 소리를 들려 줄게요.
- 어떤 소리가 나는 것 같아요?

② 동물 인형 탬버린을 탐색해 본다.
- 영아들이 동물 인형 탬버린을 만져 보게 한다.
- 방울이 달렸네요.
- 어떻게 해야 소리가 날까요?

③ 동물 인형 탬버린을 흔들어 소리를 내어 보게 한다.
- 교사가 손으로 동물 인형 탬버린을 잡고 흔들어 소리를 내는 시범을 보인다.
- 누가 흔들어 볼까요?

- 천천히 흔들어 볼까요?
- 어떤 소리가 들리나요?
- 빠르게 흔들어 볼까요?
- 어떤 소리가 들리나요?

④ 신체를 움직이면서 동물 인형 탬버린을 흔들어 소리를 내어 보게 한다.

- 음악을 들으면서 걸어 다니며 탬버린을 흔들어 소리를 내어 보도록 한다.
- 음악을 들으며 자유롭게 춤을 추면서 탬버린을 흔들어 소리를 내어 보도록 한다.

⑤ 활동이 끝난 후 영아와 함께 간단하게 이야기를 나눈다.

- 어떤 점이 재미있었나요?
- 탬버린을 흔들어 보니 좋았나요?
- 누가 먼저 이야기해 볼까요?

확장활동

- 동물 인형 탬버린을 이용해 고리 던지기 활동을 제공한다.
- 동물 인형 탬버린을 바닥에 깔아 놓아 영아들이 탬버린 안에 발을 넣고 걸어다녀 보라고 한다.
- 동물 인형 탬버린을 보고 같은 동물을 찾게 한다.
- 동물 인형 탬버린을 보고 동물의 이름을 말할 수 있게 한다.

4-2 방울 팔찌

활동목표

- 방울을 흔들어 소리를 낼 수 있다.
- 손뼉을 치면서 방울 팔찌를 흔들 수 있다.

제작재료

- 펠트지, 미니 방울, 실, 바늘, 가위, 똑딱이 단추

제작방법

① 펠트지 2장을 겹쳐 일자 크기로 길게 잘라 준 후 사각형 끝 쪽을 둥글게 굴리며 오린다.
② 솜 구멍을 남겨 놓고 버튼홀 스티치로 바느질한다.
③ 솜 구멍을 통해 솜을 얇게 넣은 후 버튼홀 스티치로 바느질하여 마무리한다.
④ ③의 가운데를 중심으로 양쪽으로 균일하게 미니 방울을 바느질하여 달아 준다.
⑤ 방울을 단 펠트지 끝에 똑딱이 암단추를 바느질로 고정한다.
⑥ ⑤의 뒷면에 똑딱이 수단추를 바느질로 고정해 방울 팔찌를 완성한다.
⑦ ①~⑥과 같은 방법으로 다른 방울 팔찌도 완성한다.

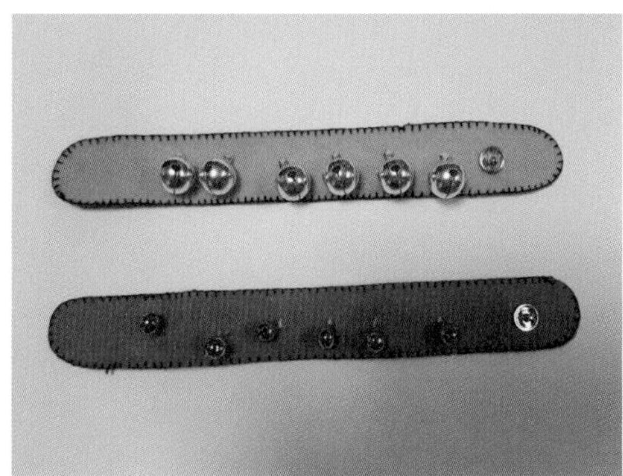

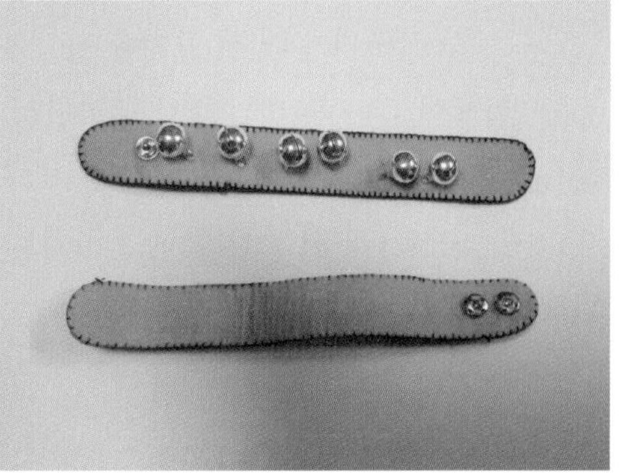

활동방법

① 영아에게 방울 팔찌를 보여 주며 관심을 유도한다.
- 교사가 방울 팔찌를 흔든다.
- 무슨 소리가 들리나요?
- 이런 소리를 들어 본 적이 있나요?
- 어디서 나는 소리일까요?

② 교사가 영아의 손목에 방울 팔찌를 끼워 주어 자유롭게 탐색할 수 있도록 한다.
- ○○의 손목에 방울 팔찌가 생겼네?
- 손목을 흔들어 볼까요?
- 어떤 소리가 나는 것 같아요?
- 딸랑딸랑 방울 소리가 나네요?

③ 노래에 맞춰 방울 팔찌를 마음대로 흔들어 본다.
- 신나는 노래에 맞추어 방울 팔찌를 마음대로 흔들어 볼까요?
- ○○가 손목을 흔들 때마다 딸랑딸랑 소리가 나네요?
- 빨리 흔들어 볼까요?
- 천천히 흔들어 볼까요?

④ 친구와 함께 손뼉을 치면서 방울 팔찌를 흔들어 본다.
- 손뼉을 빠르게 쳐 봐요.
- 손뼉을 느리게 쳐 봐요.
- 누구 소리가 더 큰가요?
- 누구 소리가 더 잘 들리나요?

⑤ 활동이 끝난 후 영아와 함께 간단하게 이야기를 나눈다.
- 어떤 점이 재미있었나요?
- 친구와 함께 흔들어 보니 어때요?
- 누가 먼저 이야기해 볼까요?

확장활동

- 다른 신체(예: 발목)에 방울 팔찌를 부착하여 소리를 내도록 한다.
- 다른 악기와 방울 팔찌로 함께 소리를 내도록 지도한다.

주의 및 유의점

- 영아의 손목 둘레를 고려하여 펠트지를 자른다.
- 방울이 쉽게 떨어지지 않도록 단단하게 고정한다.
- 방울이 영아의 입에 들어가지 않도록 위생 관리에 신경쓰며 놀이를 지원한다.

4-3 소고로 마음대로 연주하기

활동목표

- 북채로 소고를 칠 수 있다.
- 북채로 소고를 두드려 소리를 크게 낼 수 있다.
- 북채로 소고를 두드려 소리를 작게 낼 수 있다.

제작재료

- 햇반 그릇 2개, 마 끈, 나무젓가락, 구멍 뚫린 구슬 6개, 작두콩, 쌀, 둥근 락앤락통, 반짝이 테이프, 하트 스티커, 리본 끈, 글루건, 글루건 심, 스티로폼 공, 노란 펠트지, 고무줄, 송곳, 칼, 가위

제작방법

〈햇반으로 만든 소고〉

① 나무젓가락 2개를 글루건으로 붙인다.
② 글루건으로 붙인 나무젓가락 2개를 마 끈으로 감고 글루건으로 마감한다.
③ 햇반 그릇 안에 작두콩을 넣은 후 테두리에 글루건을 두르고 다른 햇반 그릇 하나를 붙이면서 양쪽에 마 끈을 같이 붙인다.
④ 햇반 그릇 밑둥을 칼로 자르고 나무젓가락을 넣어 글루건으로 마무리한다.
⑤ 소고에 하트 스티커로 사진처럼 장식한다.
⑥ 양쪽의 마 끈에 각각 구슬을 3개씩 끼워 넣은 후 마 끈으로 매듭을 짓는다.

〈락앤락통으로 만든 소고〉

① 락앤락통은 송곳으로 구멍을 내고 나무젓가락을 넣어 글루건으로 붙인다.
② 락앤락통 안에 쌀을 적당히 넣은 후 뚜껑 주위를 글루건으로 붙인다.
③ 노란 펠트지를 락앤락통 뚜껑의 동그라미와 같은 크기로 오린다.
④ ③을 락앤락통 뚜껑의 가장자리에 글루건을 칠해 붙인다.
⑤ 노란 펠트지의 가장자리에 반짝이 테이프를 둘러 마무리하고 하트 스티커를 붙여

장식한다.

⑥ 나무젓가락 앞을 리본 끈으로 묶어 완성한다.

〈북채〉

① 나무젓가락 2개를 글루건으로 붙인다.

② 글루건으로 붙인 나무젓가락 2개를 마 끈으로 감고 글루건으로 마감한다.

③ ②의 끝에 스티로폼 공을 붙인다.

④ 스티로폼 공을 노란 펠트지로 씌운 후 고무줄로 마무리한다.

참고

- 작두콩을 구하기 힘들면 콩을 넣어도 무방하나 소리의 차이가 크다.

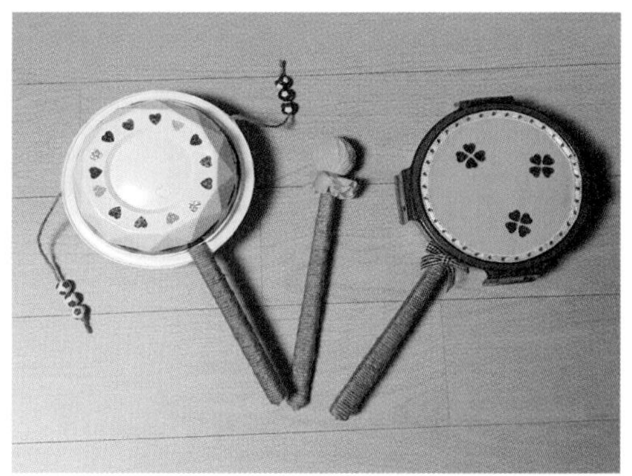

활동방법

① 영아에게 소고를 보여 주며 관심을 유도한다.

- 교사가 소고 소리를 들려 주어 흥미를 유발한다.
- 이런 악기를 본 적이 있나요?
- 어디에서 보았나요?
- (교사가 소고를 북채로 두드리며) 이런 소리를 들어 보았나요?
- 어떤 소리가 나는 것 같아요?

② 영아와 함께 소고 소리를 탐색한다.

- (영아들에게 눈을 감게한 후) 교사가 소고를 두드리며 무슨 소리가 나는지 들어

볼까요?

- 이 악기의 소리는 어떻게 나는 걸까요?
- 입으로 소리를 만들어 볼까요?
- 이 악기의 이름은 소고예요. (북채를 보여 주며) 그리고 이것은 북채라고 해요. 소고는 북채로 두드리면서 소리를 내는 악기예요.
- (교사가 소고를 흔들며) 다른 소리도 들리나요?
- 무슨 소리일까요?
- 선생님이 소고 안에 콩이랑 친구들이 밥으로 먹는 쌀을 넣었어요. 북채로 소고를 두드리는 소리와 소고를 흔들어 내는 소리를 잘 들어 보세요.
- 어떤 소리가 더 좋은가요?

③ 노래를 틀어 주며 자유롭게 소고를 탐색하고 연주할 수 있도록 돕는다.

- 노래에 맞추어 마음대로 소고를 북채로 두드려 볼까요?
- ○○이가 소고를 북채로 두드려 볼까요?
- 소고를 세게 두드리면 어떤 소리가 날까요?
- 소고를 약하게 두드리면 어떤 소리가 날까요?
- □□는 소고를 흔들어 볼까요?
- 소고를 세게 흔들면 어떤 소리가 날까요?
- 소고를 약하게 흔들면 어떤 소리가 날까요?

④ 활동이 끝난 후 영아와 함께 간단하게 이야기를 나눈다.

- 어떤 점이 재미있었나요?
- 누가 먼저 이야기해 볼까요?

확장활동

- 전통악기를 다양하게 제시해 주어 전통악기에 흥미를 가질 수 있도록 한다.
- 두 그룹으로 나누어 한 그룹은 소고를 흔들게 하고 다른 한 그룹은 소고를 두드려 연주해 보게 한다.

주의 및 유의점

- 날카로운 도구(칼, 송곳)를 이용할 때는 안전에 각별히 주의하도록 한다.

4-4 귀로와 탬버린은 친구

활동목표

- 귀로 소리를 낼 수 있다.
- 탬버린을 흔들어 소리를 낼 수 있다.

제작재료

- 귀로: 빨래판, 다양한 색상의 펠트지, 나무숟가락, 끈, 까슬이, 보슬이, 가위, 실, 바늘, 리본, 가위, 글루건
- 탬버린: 펠트지, 미니 방울, 백업, 가위, 실, 바늘, 글루건

제작방법

〈귀로〉

① 노란색 펠트지에 나무 플라스틱 빨래판을 놓고 빨래판보다 가로 10cm, 세로 3cm 크게 그린 후 오린다.

② ①을 가로와 세로로 나무 빨래판 뒷면에서 앞으로 감싸 씌운 다음 글루건으로 마무리한다.

③ 노란색 펠트지를 두 겹으로 겹친 후 곰돌이 캐릭터 얼굴을 그려서 오린다.

④ 솜 구멍을 남겨 놓고 노란색 실을 사용하여 버튼홀 스티치로 바느질한다.

⑤ 솜을 넣고 버튼홀 스티치로 바느질하여 곰돌이 캐릭터 얼굴을 제작한다.

⑥ 노란색 펠트지를 두 겹으로 겹친 후 곰돌이 발바닥 4개를 그린 후 오린다.

⑦ 솜 구멍을 남겨 놓고 버튼홀 스티치로 바느질한다.

⑧ 솜을 넣고 버튼홀 스티치로 바느질하여 곰돌이 발바닥 4개를 제작한다.

⑨ 빨래판 윗부분에 곰돌이 얼굴을 붙이고 양옆에는 발바닥을 각각 붙인다.

⑩ 갈색 펠트지에 곰돌이의 귀, 코와 발바닥 표시를 각각 오려 글루건으로 붙여 준다.

⑪ 곰돌이 입은 주황색, 눈은 하얀색, 눈동자는 검은색 펠트지에 그려 오린 후 글루건으로 붙여 준다.

⑫ 나무숟가락 밑부분에 글루건으로 줄을 연결하고 나무숟가락 뒷부분에 보슬이를

붙인다.

⑬ 순가락에 글루건으로 리본을 달아 준다.

⑭ 빨래판 뒷면에는 나무순가락과 연결한 다른 쪽 끈을, 앞면 아래쪽에는 까슬이를 붙여 나무순가락을 빨래판에 연결한다.

〈탬버린〉

① 노란색 펠트지를 가로 2.3cm, 세로 50cm 길이로 자른다.

② 자른 펠트지에 백업을 넣은 후 동그란 모양으로 탬버린 틀을 만들어 노란색 실을 사용하여 버튼홀 스티치로 바느질한다.

③ 펠트지에 고양이의 귀와 눈, 코, 수염을 그려 오린다.

④ 귀는 탬버린에 방울 다는 부분의 시작점과 마지막 부분에 각각 붙이고 눈, 코, 수염은 탬버린의 손잡이 부분에 글루건으로 붙인다.

⑤ 미니 방울을 탬버린 위쪽에 바느질하여 고정시킨다.

참고

- 보슬이와 까슬이를 이용하면 나무순가락과 끈을 연결해서 나무순가락을 분실하는 것을 방지하고 사용하지 않을 때는 나무순가락을 앞쪽 까슬이에 붙여 보관할 수 있다.
- 탬버린에 방울을 달아 줄 때 떨어지거나 흔들거리지 않게 꼼꼼하게 바느질해 준다.
- 탬버린 제작 시 백업이 없을 경우 솜을 사용해도 무방하다.

귀로

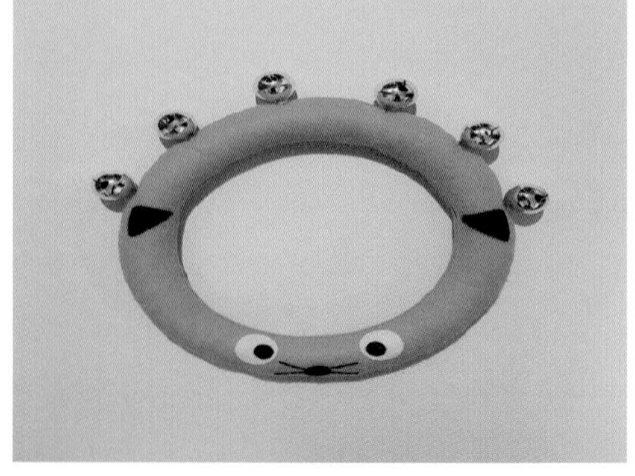
탬버린

활동방법

① 영아에게 교구를 보여 주며 관심을 유도한다.
- (교사가 탬버린을 보여 주며) 이것은 무엇일까요?
- (교사가 귀로를 보여 주며) 이것은 무엇일까요?

② 교사가 영아와 함께 귀로를 탐색한다.
- 교사가 나무숟가락으로 빨래판을 긁으며 귀로 소리를 들려 준다.
- 이런 소리를 들어 본 적이 있나요?
- 어떤 소리가 나는 것 같아요?
- 이것은 귀로라는 악기예요. 나무숟가락이나 막대로 긁어서 소리를 내요.
- 손으로 긁어서 소리를 낼 수도 있어요.

③ 교사가 영아와 함께 탬버린을 탐색한다.
- 교사가 탬버린을 흔들며 소리를 들려 준다.
- 이런 소리를 들어 본 적이 있나요?
- 어떤 소리가 나는 것 같아요?
- 어디에서 들어 보았나요?
- 이것은 탬버린이라는 악기예요. 손으로 흔들어서 소리를 내요.

④ 영아들이 귀로와 탬버린을 자유롭게 탐색할 수 있도록 한다.
- ○○이는 어떤 악기를 만져 보고 싶어요?
- 소리를 내어 볼까요?
- 어떤 소리가 나는 것 같아요?
- 이번에는 다른 악기를 만져 볼까요?
- 어떤 소리가 나는 것 같아요?

⑤ 영아들이 잘 부르는 노래에 맞추어 귀로와 탬버린으로 연주를 한다.
- 노래에 맞추어 탬버린을 흔들어 볼까요?
- 노래에 맞추어 귀로를 긁어 볼까요?
- 친구와 함께 해 볼까요?

⑥ 활동이 끝난 후 영아와 함께 간단하게 이야기를 나눈다.
- 어떤 점이 재미있었나요?
- 친구와 함께 악기놀이를 해 보니 어때요?

- 누가 먼저 이야기해 볼까요?

확장활동

- 다른 악기를 추가하여 친구들과 함께 악기놀이를 해 보도록 한다.
- 동화구연에 효과음으로 활용한다.

주의 및 유의점

- 악기를 고르는 과정에서 영아들의 갈등 상황이 일어날 수 있으므로 활동 전 규칙에 대해 이야기 나눈 후 활동한다.

4-5 마라카스를 흔들어요

활동목표

- 마라카스를 흔들어 소리를 낼 수 있다.
- 신체를 움직이면서 마라카스를 흔들 수 있다.
- 노래에 맞추어 마라카스를 흔들 수 있다.

제작재료

- 플라스틱 병, 펠트지, 글루건, 가위, 곡식(쌀, 보리쌀, 콩류, 단추 등), 바늘, 실

제작방법

① 플라스틱 병을 깨끗하게 씻어 말려 준다.
② 깨끗하게 씻은 플라스틱 병 안에 보리쌀과 단추를 1/2정도 넣어 뚜껑을 닫아 준다.
③ 빨간색 펠트지와 파란색 펠트지를 페트병 둘레에 맞추어 각각 오린다.
④ 분홍색 펠트지에 토끼 얼굴 도안을, 살구색 펠트지에 돼지 얼굴 도안을 그려 오린다.
⑤ 하얀색 펠트지에 토끼와 돼지 눈을, 검정색 펠트지에 토끼와 돼지 눈동자를, 분홍색 펠트지에 돼지 코를 각각 그린 후 오린다.
⑥ 오린 빨간색 펠트지에 토끼 도안을 버튼홀 스티치로 바느질하여 붙여 준다.
⑦ 토끼의 눈과 눈동자를 글루건으로 각각 붙여 준다.

⑧ 오린 파란색 펠트지에 돼지 얼굴 도안을 버튼홀 스티치로 바느질하여 붙여 준다.
⑨ 돼지의 눈과 눈동자, 코를 글루건으로 각각 붙여 준다.
⑩ 뚜껑을 닫은 후 글루건으로 뚜껑을 붙여 준다.
⑪ 뚜껑에도 각각 빨간색과 파란색 펠트지를 오려서 글루건으로 붙여 완성한다.

활동방법

① 영아에게 마라카스를 보여 주며 관심을 유도한다.
- 교사가 마라카스를 보여 주며 이것은 무엇일까요?
- (플라스틱 병을 가리키며) 여기에는 무엇이 들어 있나요?

② 영유아와 함께 마라카스를 탐색한다.
- (마라카스를 흔들며) 무슨 소리가 들리나요?
- 이런 소리를 들어 본 적이 있나요?
- 어떤 소리가 나는 것 같아요?
- 이것의 이름은 마라카스예요. 흔들어서 소리를 내요.
- 누가 한번 소리를 내 볼까요?
- ○○이가 흔들어 보니 어떤 소리가 나는 것 같나요?

③ 영아들이 자유롭게 탐색 할 수 있도록 한다.
- 마라카스를 세게 흔들면 어떤 소리가 날까요?
- 마라카스를 약하게 흔들면 어떤 소리가 날까요?
- 보리쌀을 넣은 마라카스는 어떤 소리가 날까요?
- 단추를 넣은 마라카스는 어떤 소리가 날까요?

④ 영아들이 잘 부르는 노래에 맞추어 마라카스를 흔들어 본다.
- 노래에 맞추어 마라카스를 흔들어 볼까요?
- 친구와 함께 마라카스를 흔들어 볼까요?
- 몸을 움직이면서 흔들어 볼까요?

⑤ 활동이 끝난 후 영아와 함께 간단하게 이야기를 나눈다.
- 어떤 점이 재미있었나요?
- 친구와 함께 마라카스를 흔들어 보니 어때요?
- 누가 먼저 이야기해 볼까요?

- 몸을 움직이면서 마라카스를 흔들어 보니 어때요?

확장활동

- 다른 악기와 함께 흔들어 소리를 비교해 보게 한다.
- 마라카스 안에 있는 곡식을 관찰한다.

주의 및 유의점

- 마라카스를 너무 세게 흔들면 옆에 있는 친구가 다칠 수 있으므로 적합한 주변 환경을 제공하여 연주할 수 있도록 한다.

5-1 과일의 겉과 속을 찾아보아요

활동목표

- 과일의 겉과 속을 탐색할 수 있다.
- 과일의 겉과 속을 찾아 붙일 수 있다.
- 친숙한 과일의 이름을 말할 수 있다.

제작재료

- 하드보드지 4장, 다양한 색상의 펠트지, 실, 바늘, 까슬이, 보슬이, 가위, 글루건

제작방법

① 하드보드지 2장을 글루건으로 겹쳐서 붙여 각각 2개의 배경판을 만든다.
② ①을 하늘색 펠트지로 감싼 후 글루건으로 붙여 배경판을 완성한다.
③ 빨간색과 흰색 펠트지에 사과를 그려서 오린다.
④ 겉모양이 될 빨간색 사과는 솜 구멍을 남긴 후 바느질한다.
⑤ 사과를 솜 구멍을 통해 뒤집은 후 솜을 넣고 바느질하여 마무리한다.
⑥ 초록색 펠트지에 사과 잎을 그린 후 오려서 사과에 붙여 겉모양이 될 사과를 완성한다.
⑦ 흰색 사과는 솜 구멍을 남기고 빨간색 실을 사용하여 버튼홀 스티치로 바느질한다.
⑧ 솜 구멍을 통해 솜을 넣은 후 버튼홀 스티치로 바느질한다.

⑨ 노란색과 검은색, 흰색 펠트지에 각각 사과 속, 씨, 흰색 기둥을 그린 후 오린다.

⑩ 흰색 사과 중앙에 ⑨를 차례대로(사과 속, 씨, 흰색 기둥) 버튼홀 스티치로 바느질하여 사과 속을 완성한다.

⑪ 다른 과일들도 ③~⑩과 같은 방법으로 제작한다.

⑫ 배경판에 까슬이를 붙인 후 과일은 보슬이를 붙이고, 과일 속은 앞면에는 까슬이를, 뒷면에는 보슬이를 붙여 완성한다.

참고

- 하드보드지 1장으로 배경판을 만들면 휘어지기 쉽기 때문에 반드시 2장 이상 겹쳐 사용하도록 한다.
- 겉과 속의 모양 크기를 반드시 맞추어 재단한다.

활동방법

① 영아와 과일에 대한 경험을 이야기한다.

- 무슨 과일을 좋아하나요?
- 무슨 과일이 맛있었나요?
- 사과는 무슨 색이에요?
- 바나나는 무슨 색이에요?
- 잘라진 과일을 본 적이 있나요?
- 어디에서 보았나요?

② 영아와 함께 교구를 탐색하며 이야기를 나눈다.

- (사과를 가리키며) 이것은 무슨 과일일까요?
- (참외를 가리키며) 이것은 무슨 과일일까요?
- (오렌지를 가리키며) 이것은 무슨 과일일까요?
- (딸기를 가리키며) 이것은 무슨 과일일까요?
- 과일 안에 모양은 어떻게 생겼을까요?
- 한번 떼서 볼까요?
- 어떤 모양이 나왔나요?

③ 영아들이 자유롭게 가지고 놀게 한다.

- 교사가 과일을 떼는 시범을 보인다.
- 과일을 잘랐을 때 이런 모양이 나와요.
- 누가 좋아하거나 먹고 싶은 과일을 떼어 볼까요?
- 어떤 모양이 나왔나요?
- ○○는 이런 모양을 본 적이 있나요?

④ 활동이 끝난 후 영아와 함께 간단하게 이야기를 나눈다.

- 어떤 점이 재미있었나요?
- 과일을 떼 보니 어때요?
- 누가 먼저 이야기해 볼까요?

확장활동

- 교사가 '키즈 쿠킹 시간'을 계획하여 실제 과일을 활용해서 다양한 과일의 맛과 모양을 영아들이 확인할 수 있도록 한다.
- 과일의 겉과 속을 색칠하는 놀이를 통해 과일에 대한 호기심을 확장할 수 있다.

주의 및 유의점

- 활동 진행 시 실제 과일을 가져가서 영아들이 보는 앞에서 자른 후 보여 주면서 활동을 진행하면 효과적이다.

5-2 구슬이 굴러가요

활동목표

- 구슬을 굴릴 수 있다.
- 눈으로 구슬이 굴려가는 방향을 따라갈 수 있다.
- 구슬을 굴려 보며 자신의 신체를 조절할 수 있다.

제작재료

- 1,000ml 우유팩 3개, 180ml 우유팩, 폼보드, 다양한 색깔의 접착 색상지, 셀로판테이프, 글루건, 칼, 가위, 자

제작방법

① 1,000ml 우유팩을 깨끗하게 씻어 말린다.
② 긴 우유팩 3개를 가로로 반씩 잘라 둔다.
③ 우유팩 크기에 맞춰 색지를 자른 다음 한 면이 뚫린 6개의 우유팩에 각각 다른 색의 접착 색상지를 붙인다.
④ 검은색 색상지에 동그라미를 그려 자른 후 동그라미 안을 오려 낸 뒤 ③의 우유팩에 각각 붙인다.
⑤ 우유팩 1개는 굴러 내려오는 공을 담을 수 있도록 양쪽을 막아 둔다.
⑥ 폼보드에 벽면과 지붕을 재단해 집 모양을 만들어 글루건으로 고정시킨다.
⑦ 180ml 우유팩을 굴뚝 모양으로 자른 뒤 색지를 입힌다.
⑧ 지붕에 굴뚝이 들어갈 자리를 뚫어 굴뚝을 글루건으로 고정시킨다.
⑨ 폼보드 지붕을 벽면에 부착해 집 모양을 완성한다.
⑩ 집 모양에 ④를 지그재그로 엇갈리게 미끄럼틀처럼 붙인다.
⑪ 양쪽을 모두 막아 놓은 우유팩을 미끄럼틀 맨 아래에 붙여 완성한다.

참고

- 구슬이 내려오는 방향을 고려하여 우유팩을 붙여야 한다.

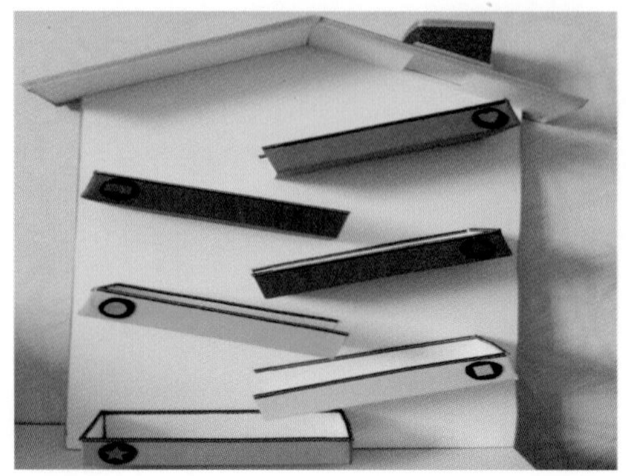

활동방법

① 영아들과 구슬에 대한 경험을 이야기한다.
- (구슬을 보여 주며) 구슬을 본 적이 있나요?
- 어디에서 보았나요?
- 구슬을 굴려 본 적이 있나요?
- 어디에서 굴려 보았나요?

② 영아와 함께 교구를 탐색하며 이야기를 나눈다.
- 구슬을 만지면 어때요?
- 구슬을 굴려 볼까요?
- 집에 미끄럼틀이 있네요.
- 친구들도 미끄럼틀을 타 본 적이 있나요?
- 미끄럼틀을 타 보니 어떻게 내려갔어요?

③ 영아들이 자유롭게 교구를 가지고 놀게 한다.
- 교사가 구슬을 굴리는 시범을 보인다.
- 지붕에 구슬을 넣으면 구슬도 미끄럼틀을 타고 쑤~웅 내려가요.
- 어떻게 구슬이 미끄럼틀을 타고 내려가고 있는지 잘 살펴보아요.
- 누가 좋아하는 색깔의 구슬을 미끄럼 태워 주고 싶나요?

④ 활동이 끝난 후 영아와 함께 간단하게 이야기를 나눈다.

- 어떤 점이 재미있었나요?
- 구슬을 미끄럼 태워 보니 어때요?
- 미끄럼 타는 구슬을 눈으로 보니 어때요?
- 누가 먼저 이야기해 볼까요?

확장활동

- 털실, 볼풀공 등 교실에 있는 재료를 다양하게 굴려 보면서 재료를 탐색하게 할 수 있다.
- 같은 색의 구슬을 분류하는 활동으로 연계할 수 있다.

주의 및 유의점

- 영아들이 구슬을 입에 넣지 않도록 유의해서 살피도록 한다.

5-3 낚시를 해요

활동목표

- 낚시를 할 수 있다.
- 자석의 힘을 낚시를 통해 확인할 수 있다.

제작재료

- 자석, 다양한 색상의 펠트지, 초록색, 연두색, 파란색 접착 펠트지, 클립, 글루건, 가위, 실, 바늘, 끈, 나무 막대, PVC 가방, 솜

제작방법

〈어항〉

① 파란색 펠트지를 투명한 PVC 가방 둘레에 글루건으로 붙인다.

② 초록색과 연두색의 접착 펠트지에 미역을 그린 후 오려서 ①에 붙여 바다처럼 장식한다.

③ 파란색 접착 펠트지에 파도를 그린 후 오려서 ①에 붙여 바다처럼 장식한다.

〈물고기〉

① 노란색 펠트지를 두 겹으로 접은 후 물고기를 그려 오린다.

② ①을 솜 구멍을 남기고 버튼홀 스티치로 바느질한다.

③ 솜 구멍을 통하여 솜을 얇게 넣은 후 클립을 넣고 버튼홀 스티치로 바느질한다.

④ 물고기 눈과 꼬리는 검정색 실로 바느질하여 노란색 물고기를 완성한다.

⑤ 다른 물고기도 ①~④와 같은 방법으로 각각 제작한다.

〈낚싯대〉

① 나무 막대에 글루건으로 하늘색 펠트지를 붙인다.

② 갈색 펠트지에 사다리 모양 도형을 그린 후 오린다.

③ 나무 막대가 들어갈 공간을 남긴 후 버튼홀 스티치로 바느질한다.

④ 나무 막대를 넣고 남은 공간에는 솜을 넣어 버튼홀 스티치로 바느질한다.
⑤ 노란색 펠트지를 두 겹으로 접은 후 자석이 들어갈 동그라미를 그린 후 오린다.
⑥ 자석이 들어갈 공간을 남긴 후 버튼홀 스티치로 바느질한다.
⑦ 자석을 넣고 낚싯대 끈을 넣은 후 버튼홀 스티치로 바느질한다.
⑧ 자석을 연결한 끈을 낚시 막대에 감은 후 끈을 묶어 낚싯대를 완성한다.

참고

- 물고기 속에 솜을 얇게 넣어야 한다.
- 주사위는 유아들이 사용할 경우 따로 제작하도록 한다.

활동방법

① 영아들과 낚시에 대한 경험을 이야기한다.
- (물고기를 보여 주며) 물고기를 본 적이 있나요?
- 어디에서 보았나요?
- (낚싯대를 보여 주며) 낚싯대를 본 적이 있나요?
- 어디에서 보았나요?

② 영아와 함께 교구를 탐색하며 이야기를 나눈다.
- (낚싯대 줄에 달린 자석을 보여 주며) 이것은 자석이라는 물건이에요.
- (철로 된 물건을 보여 주며) 자석은 쇠(철)로 된 물건을 끌어당겨요.
- 자석을 본 적이 있나요?
- 어디에서 보았나요?

- 친구들도 자석으로 물건을 끌어당겨 볼까요?
- 누가 자석으로 끌어당겨 볼까요?

③ 영아와 함께 낚시놀이를 한다.

- (물고기를 보여 주며) 여기 쇠가 붙어 있어요. 여기에 물고기 줄에 달린 동그라미를 대면 물고기가 올라와요.
- 교사가 물고기를 잡는 시범을 보인다.
- 누가 먼저 물고기를 잡아 볼까요?
- 친구들이 좋아하는 물고기를 잡아 볼까요?
- 어떤 색깔의 물고기를 잡아 볼까요?
- 물고기가 어떻게 막대기에 붙었나요?

④ 활동이 끝난 후 영아와 함께 간단하게 이야기를 나눈다.

- 어떤 점이 재미있었나요?
- 누가 물고기를 많이 잡았나요?
- 낚시를 해 보니 어때요?
- 누가 먼저 이야기해 볼까요?

확장활동

- 자석의 힘에 관심을 가질 수 있다.
- 자석에 붙는 다양한 물체를 제시해 자석에 대한 힘을 직접적으로 경험하게 할 수 있다.

주의 및 유의점

- 클립이 빠져나오지 않도록 유의하여 제작한다.
- 자석이 힘이 너무 약하면 낚시 도중 물고기가 떨어지기 때문에 강력한 자석을 사용하도록 한다.

다양한 촉감을 느껴요

활동목표

- 거북이 모형을 통해 다양한 촉감을 경험할 수 있다.
- 색과 도형을 탐색할 수 있다.

제작재료

- 펠트지, 가위, 촉감 재료(때밀이 수건, 수면 양말, 스타킹, 폼폼이, 단추 등), 글루건, 바늘, 실, 리본이나 끈

제작방법

① 초록색 펠트지에 거북이 등 모양인 타원을 그린 후 오린다.
② 타원으로 자른 펠트지 가운데에 자를 대고 오각형을 그린 후 각 변에 맞춰 총 6개의 오각형을 그린다.
③ 거북이 배가 될 타원형을 아이보리색 펠트지에 그린 후 초록색 타원보다 크게 오린다.
④ 오린 ①의 초록색 펠트지와 ③의 흰색 펠트지에 솜 구멍을 남긴 후 바느질한다.
⑤ ④를 뒤집은 후 펠트지 안에 솜을 넣고 바느질한다.
⑥ 오각형에 다양한 촉감을 표현할 재료(때밀이 수건, 수면 양말, 스타킹, 폼폼이, 단추 등)를 각각 글루건으로 붙인다.
⑦ 흰색 펠트지를 두 겹으로 접은 후 거북이의 머리, 손, 발을 그린 후 오린다.
⑧ 거북이의 머리를 솜 구멍을 남긴 후 바느질한다.
⑨ 솜 구멍으로 머리를 뒤집은 후 솜을 넣고 바느질한다.
⑩ 거북이의 손, 발도 ⑧~⑨와 같은 방법으로 제작한다.
⑪ 거북이 머리 부분에 리본을 묶어 끌고 다닐 수 있게 한다.

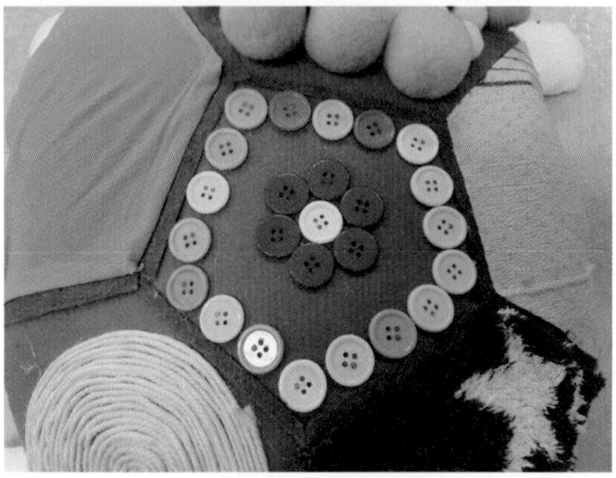

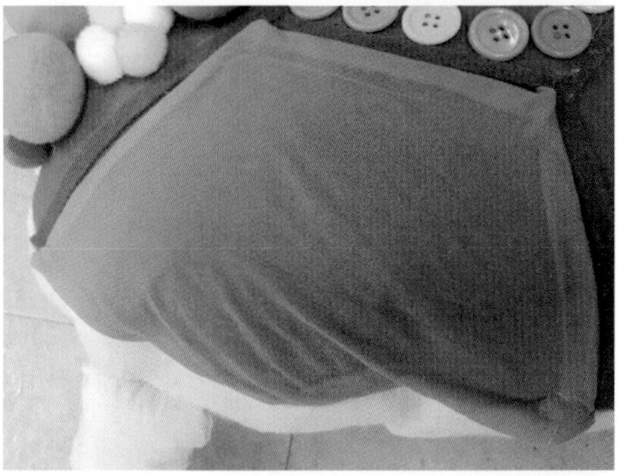

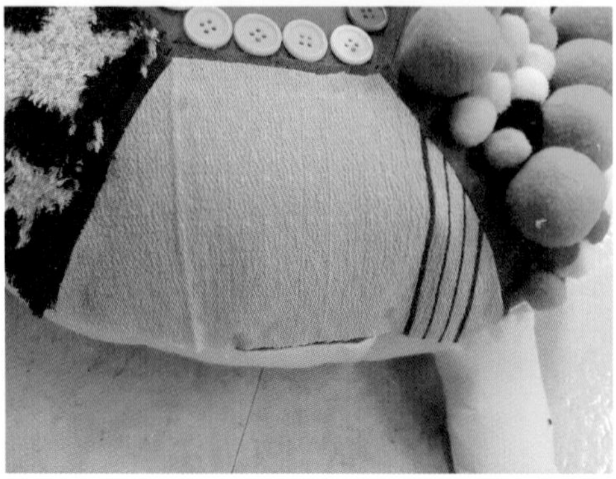

활동방법

① 영아들과 거북이에 대한 경험을 이야기한다.
- (거북이 그림책을 보여 주며) 거북이를 본 적이 있나요?
- 어디에서 보았나요?
- 누구랑 보았나요?

② 거북이 촉감 교구를 탐색하며 영아들과 이야기를 나눈다.
- 거북이 등 모양이 어떻게 생겼는지 살펴볼까요?
- 거칠거칠한 것도 있고 부드러운 것도 있네요.
- 딱딱한 것도 있어요.
- 거북이 등을 친구들과 함께 만져 볼까요?
- 어느 것을 만지는 것이 제일 좋은가요?
- 만지기 싫은 것도 있나요?
- 다른 곳에서도 이런 것을 만져 본 적이 있나요?
- 끈도 있네요.

③ 영아들이 자유롭게 거북이를 가지고 놀도록 한다.
- 교사가 거북이 등을 만지고 거북이를 끌고 다니는 시범을 보인다.
- 친구들과 거북이 등을 같이 만져 보아요.
- 거북이로 무엇을 하고 싶나요?
- 어떻게 가지고 놀면 좋을 것 같나요?
- 누가 거북이를 끌어 볼까요?
- 거북이 친구를 어디에 데려 가고 싶나요?

④ 활동이 끝난 후 영아와 함께 간단하게 이야기를 나눈다.
- 어떤 점이 재미있었나요?
- 어떤 것을 만지면 기분이 좋았나요?
- 만질 때 어떤 느낌이 들었나요?
- 거북이를 끌고 어디를 다녔나요?
- 누가 먼저 이야기해 볼까요?

확장활동

- 주변에서 다양한 촉감을 찾는 놀이를 할 수 있다.
- 가정에서 다양한 촉감을 찾는 놀이를 할 수 있다.
- 가정 연계를 통해 거북이 이야기 동화책을 영상으로 제공하고 부모님들과 간단하게 이야기 나누는 시간을 가지게 할 수 있다.
- 거북이 인형을 끌고 다닐 수 있게 해서 장난감 인형처럼 가지고 놀게 할 수 있다.

주의 및 유의점

- 영아들의 발달에 맞는 언어로 상호작용하여 호기심을 높인다.
- 자칫 영아들이 쉽게 삼킬 수 있는 재료는 단단하게 제작하고 제시 전 다시 한번 살펴보도록 한다.
- 영아들이 촉감 재료를 떼지 않도록 미리 지도한다.

5-5 곤충의 그림자를 찾아요

활동목표

- 곤충의 그림자를 찾을 수 있다.
- 곤충을 탐색할 수 있다.

제작재료

- 하드보드지, 다양한 색상의 펠트지, 검은 색상지, 솜, 까슬이, 보슬이, 바늘, 실, 가위, 글루건, 코팅지, 지끈

제작방법

① 하드보드지 2장을 글루건으로 겹쳐서 붙인다.
② ①을 노란색 펠트지로 감싼 후 글루건으로 붙여 배경판을 완성한다.
③ 하드보드지 옆으로 접었다 폈다 할 수 있도록 만든 교구를 붙여 놓을 수 있는 교구 보관판을 만든다.
④ 초록색 펠트지에 나뭇잎을, 갈색 펠트지에 나무 기둥을 그린 후 오려서 배경판에 글루건으로 붙인다.
⑤ 분홍색 펠트지를 두 겹으로 접은 후 나비 몸과 날개를 그려 오린다.
⑥ 빨간색 펠트지에 나비 날개를 장식할 동그라미와 나비 더듬이, 볼을 장식할 작은 동그라미를 그린 후 오린다.
⑦ 노란색 펠트지에 나비 얼굴과 나비 몸을 장식할 띠를 그린 후 오린다.
⑧ 나비 날개를 두 장 겹쳐 솜 구멍을 남겨 놓고 바느질한다.
⑨ 솜 구멍으로 나비 날개를 뒤집은 후 솜을 얇게 넣고 바느질한다.
⑩ 나비 몸과 얼굴도 나비 날개와 같은 방법으로 제작한다.
⑪ 나비 날개에 나비 몸을 붙인 후 나비 얼굴을 붙여 준다.
⑫ 나비를 장식하려고 오려 놓은 도안을 각각 글루건으로 붙여 나비를 완성한다.
⑬ 나비를 제작한 것과 같은 방법으로 무당벌레, 잠자리, 꿀벌을 제작한다.
⑭ 사과도 나비와 같은 방법으로 제작한다.

⑮ 검은 색상지로 제작한 곤충과 똑같은 모양의 그림자를 각각 만들어 코팅한 후 오린다.

⑯ 배경판에 까슬이를 붙인 후 곤충 그림자 뒷면에 보슬이를 붙이고 앞면에는 까슬이를, 곤충은 뒷면에 보슬이를 붙인다.

⑰ 제작한 사과를 글루건으로 나무에 붙이고, 펠트지로 구름과 울타리 등을 그려 오린 후 주변을 장식하여 마무리한다.

활동방법

① 영아들과 곤충에 대한 경험을 이야기한다.

- (곤충 그림책이나 나비, 잠자리, 무당벌레, 꿀벌 모형을 보여 주며) 나비를 본 적이 있나요?
- 어디에서 보았나요?
- 누구랑 보았나요?
- 잠자리를 본 적이 있나요?
- 무당벌레를 본 적이 있나요?

- 꿀벌을 본 적이 있나요?

② 영아와 함께 교구를 탐색하며 이야기를 나눈다.
- 나비가 어떻게 생겼는지 살펴볼까요?
- 잠자리가 어떻게 생겼는지 살펴볼까요?
- 무당벌레가 어떻게 생겼는지 살펴볼까요?
- 꿀벌이 어떻게 생겼는지 살펴볼까요?

③ 영아들이 그림자 맞추기 놀이를 하도록 한다.
- 교사가 나비와 나비 그림자, 잠자리와 잠자리 그림자, 무당벌레와 무당벌레 그림자, 꿀벌과 꿀벌 그림자를 맞추는 시범을 보인다.
- 누가 먼저 그림자 맞추기를 하고 싶은가요?
- 누가 나비와 나비 그림자를 맞추어 볼까요?
- 친구들과 같이 맞추어 볼까요?
- 누가 먼저 그림자를 찾았나요?

④ 활동이 끝난 후 영아와 함께 간단하게 이야기를 나눈다.
- 어떤 점이 재미있었나요?
- 누가 먼저 이야기해 볼까요?

확장활동

- 지역사회 연계로 어린이집 주변 숲 체험을 진행할 수 있다.

5-6 같은 모양과 색을 찾아요

활동목표

- 도형과 같은 색을 찾을 수 있다.
- 같은 도형을 찾을 수 있다.

제작재료

- 다양한 색상의 펠트지, 하드보드지, 눈알, 글루건, 끈, 다양한 색상의 고리, 가위, 실, 바늘, 펀치,

제작방법

① 하드보드지 2장을 글루건으로 겹쳐서 붙여 각각 2개의 배경판을 만든다.
② ①을 펀치로 뚫은 후 다양한 색상의 고리를 끼워 준다.
③ ②를 베이지색 펠트지로 감싼 후 글루건으로 붙여 배경판을 완성한다.
④ 검은색 펠트지를 두 겹으로 접은 후 무당벌레 얼굴을 그린 다음 오린다.
⑤ 무당벌레 얼굴을 두 개 겹쳐 솜 구멍을 남긴 후 버튼홀 스티치로 바느질한다.
⑥ 솜 구멍을 통해 솜을 얇게 넣은 후 버튼홀 스티치로 바느질한다.
⑦ 빨간색 펠트지를 두 겹으로 접은 후 무당벌레 몸을 그린 다음 오린다.
⑧ 무당벌레 몸을 두 개 겹쳐 무당벌레 얼굴이 들어갈 공간을 남긴 후 버튼홀 스티치로 바느질 한다.
⑨ 무당벌레 몸과 얼굴에 솜을 얇게 넣은 다음 버튼홀 스티치로 바느질한다.
⑩ 무당벌레 얼굴에 눈알을 붙여 무당벌레를 완성한다.
⑪ 완성된 무당벌레를 한쪽 배경판에 글루건으로 붙인다.
⑫ 4장의 색이 다른 펠트지에 4가지 도형을 그린 후 오린 다음 무당벌레 몸에 글루건으로 붙인다.
⑬ 4장의 색이 다른 펠트지를 두 겹으로 접은 후 4가지 도형을 여러 개 그려 오린다.
⑭ 한쪽 배경판에 도형을 양쪽으로 서로 어긋나게 놓은 후, 한쪽 도형 밑에 가죽끈을 넣고 글루건으로 고정한다.

⑮ 한쪽 도형은 글루건으로 고정시킨 후 도형에 까슬이를 붙인다.

⑯ 다른 한쪽 가죽끈에는 같은 모양으로 오려 둔 회색 동그라미 2개씩을 겹쳐 그 사이에 끈을 넣어 글루건으로 붙인다.

⑰ ⑯과 같은 방법으로 3개를 제작한다.

⑱ ⑯과 ⑰의 동그라미 밑에 보슬이를 붙여 짝을 찾을 수 있게 한다.

참고

- 하드보드지 1장으로 배경판을 만들면 휘어지기 쉽기 때문에 반드시 2장 이상 겹쳐 사용하도록 한다.

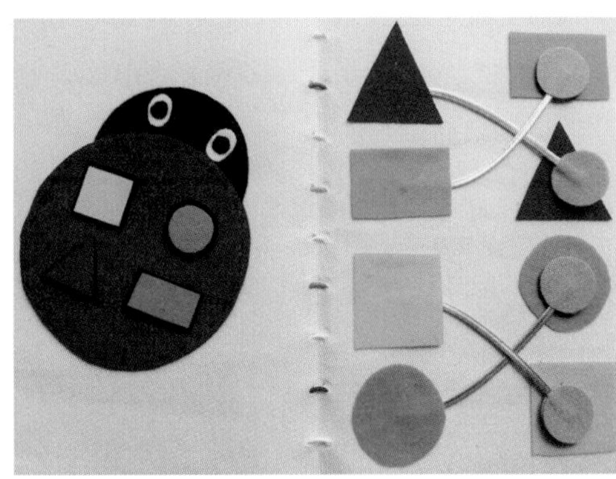

활동방법

① 영아들과 도형에 대한 이야기를 나눈다.
- (각 도형을 보여 주며) 동그라미를 본 적이 있나요?
- 어디에서 보았나요?
- 이것과 같은 색을 본적이 있나요?
- 네모를 본 적이 있나요?
- 세모를 본 적이 있나요?
- 이것과 같은 색을 본 적이 있나요?
- 긴 네모를 본 적이 있나요?

② 영아와 함께 교구를 탐색하며 모양에 대한 이야기를 나눈다.
- (각 도형을 보여 주며) 이 모양은 동그라미예요. 이것과 같은 모양을 찾아볼까요?

- 어디에 있을까요? 누가 찾았나요?
- 이것은 세모예요. 이것과 같은 모양을 찾아볼까요?

③ 영아와 함께 교구를 탐색하며 색깔에 대한 이야기를 나눈다.

- (각 도형을 보여 주며) 세모는 빨간색이에요. 이것과 같은 색을 어디에서 보았나요?
- 이것과 같은 색을 찾아볼까요?
- 어디에 있을까요? 누가 찾았나요?
- 이것은 노란색이에요. 이것과 같은 색깔을 찾아볼까요?
- 이것은 초록색이에요. 이것과 같은 색깔을 찾아볼까요?
- 이것은 파란색이에요. 이것과 같은 색깔을 찾아볼까요?

④ 영아들이 친구들과 같이 교구로 모양과 색 찾기 놀이를 하도록 한다.

- 교사가 각 도형과 같은 모양을 짝짓는 시범을 보인다.
- 교사가 각 도형과 같은 색깔을 짝짓는 시범을 보인다.
- 누가 먼저 동그라미와 같은 동그라미를 짝지어 볼까요?
- 누가 먼저 네모와 같은 색깔을 짝지어 볼까요?
- 친구들과 같이 맞추어 볼까요?

⑤ 활동이 끝난 후 영아와 함께 간단하게 이야기를 나눈다.

- 어떤 점이 재미있었나요?
- 같은 모양을 찾아보니 어땠나요?
- 같은 색을 찾아보니 어땠나요?
- 누가 먼저 이야기해 볼까요?

확장활동

- 각 도형을 여러 개 오려 도형 모양을 분류하는 놀이를 할 수 있다.
- 각 도형을 여러 개 오려 같은 색 도형끼리 분류하는 놀이를 할 수 있다.
- 주변에 같은 모양과 같은 색깔의 물건을 찾아볼 수 있다.
- 가정과 연계하여 가정에서 각 도형과 같은 모양을 찾아볼 수 있다.

6. 영아 환경판

6-1 봄이 왔어요

전시목표

- 봄의 특징을 느낄 수 있다.

제작재료

- 우드락, 색상지, 다양한 색상의 펠트지, 가위, 글루건, 다양한 색상의 한지, 검정색 네임펜, 꽃 모양 펀치

제작방법

① 우드락에 하늘색 한지를 붙여 배경판을 완성한다.
② 한지로 나무 기둥을 만들어 배경판에 붙인다.
③ 연두색, 초록색 펠트지로 언덕과 풀을 만들어 붙인다.
④ 노란색 펠트지에 병아리 얼굴과 몸통을 4개 그린 후 각각 오린다.
⑤ 빨간색 펠트지에 병아리 옷과 입을, 주황색 펠트지에 병아리 모자를 각각 4개 그린 후 오린다.
⑥ ⑤를 4마리의 병아리 몸과 머리에 각각 글루건으로 붙이고 병아리 입도 붙인다.
⑦ 검정색 네임펜으로 4마리의 병아리 눈을 그려 준다.
⑧ 완성된 병아리를 글루건으로 언덕 위에 붙여 준다.
⑨ 분홍색, 연분홍색 색상지에 꽃 모양 펀치를 사용하여 나무에 붙일 꽃만큼 만들어 둔다.

⑩ 꽃잎 가운데 부분만 글루건을 칠해 나무에 붙여 주고, 몇 개의 꽃은 꽃잎 중간을 각각 한 번씩 접어 입체 모양이 되게 한 후 글루건으로 붙인다.

⑪ 흰색 펠트지에 구름 모양을 여러 개 그린 다음 오린다.

⑫ 구름을 배경판(하늘색 펠트지)에 글루건으로 붙여 완성한다.

참고

- 꽃잎은 입체감을 주기 위해 꽃잎 가운데 부분만 글루건을 칠해 나무에 붙여 바람에 날리는 모습이 연상될 수 있도록 한다.

전시 효과

- 봄의 특징을 느낄 수 있다.

6-2 기차를 타고 봄 여행을 떠나요

전시목표

- 봄에 볼 수 있는 동 · 식물에 관심을 가질 수 있다.
- 친구 이름을 말할 수 있다.

제작재료

- 우드락, 다양한 색상의 펠트지, 반짝이 펠트지, 주름지, 펄 색상지, 다양한 색상의 폼폼이, 눈알, 영아 사진, 모루, 가위, 글루건

제작방법

① 하늘색 펠트지를 자른 후 글루건으로 우드락에 붙여 배경을 만든다.

② 초록색과 검정색 펠트지를 오려 언덕을 각각 만든다.

③ 주름지를 활용하여 나무를 만든다.

④ 분홍색과 노란색 펄 색상지에 필요한 꽃송이만큼 꽃 모양을 그린 후 오린다.

⑤ 오린 꽃송이의 꽃잎 중간을 각각 한 번씩 접어 입체 모양이 되게 한 후 분홍색 꽃은 나무에, 노란색 꽃은 언덕에 글루건으로 붙인다.

⑥ 우드락을 울타리 모양으로 잘라 글루건으로 붙인다.

⑦ 펠트지로 풀 모양을 만들어 울타리에 글루건으로 붙인다.

⑧ 반짝이 펠트지 및 다양한 색상의 펠트지에 기차 도안을 여러 개 그린 후 각각 오린다.

⑨ 다양한 색상의 펠트지에 기차 바퀴, 기차를 장식할 하트 모양, 기차를 연결할 고리를 그린 후 각각 오린다.

⑩ ⑨로 각각 사진처럼 장식한다.

⑪ 영아들의 얼굴을 출력하여 기차에 붙인다.

⑫ 색깔이 각각 다른 폼폼이 4개를 글루건으로 붙여 여러 마리의 애벌레를 만든 후 눈알을 각각 붙여 준다.

⑬ ⑫에 모루를 활용하여 애벌레 수염을 만든 후, 글루건으로 언덕에 붙여 완성한다.

참고

- 폼폼이로 애벌레를 만들 시 폼폼이끼리 떨어지지 않도록 서로 단단히 붙여 준다.

전시 효과

- 봄의 특징을 느낄 수 있다.
- 봄에 볼 수 있는 동 · 식물에 관심을 가질 수 있다.
- 우리 반 친구들의 사진을 보며 친구 찾기 놀이를 할 수 있다.
- 친구들의 얼굴을 빨리 익힐 수 있다.

주의 및 유의점

- 친구들의 사진을 주기적으로 골고루 바꾸어 준다.

6-3 바다 친구를 찾아보아요

전시목표

- 좋아하는 바다생물을 찾아볼 수 있다.
- 각 촉감의 차이를 손으로 느낄 수 있다.

제작재료

- 가죽, 하얀 자갈, 모래, 조개, 폼폼이, 수세미, 모루, 진주, 글루건, 골판지, 목공풀, 종이, 눈알, 물고기 반제품, 가위

제작방법

① 골판지에 물고기 모양을 그린 후 안을 동그랗게 오려 낸다.
② ①에 가죽을 넣고 글루건으로 붙인 후 눈알을 붙인다.
③ 골판지에 꽃게 모양을 그린 후 안을 동그랗게 오려 낸다.
④ ③에 종이를 넣고 위에 하얀 자갈을 글루건으로 붙인 후 눈알을 붙인다.
⑤ 골판지에 거북이 모양을 그린 후 안을 동그랗게 오려 낸다.
⑥ ⑤에 종이를 넣고 위에 금색 모래를 글루건으로 붙인 후 눈알을 붙인다.
⑦ 골판지에 조개를 그린 후 안을 동그랗게 오려 낸다.
⑧ ⑦에 종이를 넣고 위에 글루건으로 조개를 붙인다.
⑨ 골판지에 문어 모양을 그린 후 안을 동그랗게 오려 낸다.
⑩ ⑨에 종이를 넣고 글루건으로 폼폼이를 붙인 후 다리에 진주를 붙인다.
⑪ 골판지에 돌고래 모양을 그린 후 안을 동그랗게 오려 낸다.
⑫ ⑪에 종이를 넣고 수세미를 글루건으로 붙인 후 눈알을 붙인다.
⑬ 폼보드에 ②, ④, ⑥, ⑧, ⑩, ⑫를 글루건으로 붙인다.
⑭ 오른쪽에 '만져 보아요'를 글루건으로 붙여 준다.
⑮ 모루로 테두리를 만들어 글루건으로 붙여 준다.
⑯ 빈 공간에 물고기 반제품을 글루건으로 붙여 완성한다.

참고

- 촉감 재료를 붙일 시 떨어지지 않도록 주의하며 작업한다.

전시 효과

- 바다생물에 관심을 가진다.
- 다양한 촉감을 통해 오감을 자극한다.
- 내가 좋아하는 바다생물에 대해 이야기한다.
- 다양한 촉감을 느끼도록 만져 보며 비슷한 느낌의 물건을 찾아본다.

주의 및 유의점

- 영아들이 촉감을 느끼기 위해 만져 볼 때 거친 부분들은 항상 재점검 후 제공한다.

6-4 선생님 저 왔어요

전시목표

- 가을의 특징을 느낄 수 있다.
- 우리 반 친구들에게 관심을 가질 수 있다.

제작재료

- 하드보드지 3장, 다양한 색상의 펠트지, 영아의 사진, '선생님 저 왔어요' 글씨 도안, 코팅지, 코팅기, 양면테이프, 검정색 테이프, 풀, 가위, 글루건, 다양한 색깔의 색상지, 눈알

제작방법

① 하드보드지 3장을 글루건으로 각각 겹쳐서 붙여 배경판을 만든다.
② 검정색 테이프로 ①의 둘레를 모두 붙인다.
③ '선생님 저 왔어요' 글씨 도안을 오려 코팅한다.
④ 영아의 얼굴 사진을 자른다.
⑤ 다양한 색상지로 허수아비 몸을 7개 만든 후 다양한 장식을 한다.
⑥ 영아의 얼굴 사진을 각각 허수아비 몸에 붙인 후 코팅하여 자른다.
⑦ 갈색 펠트지와 황토색 펠트지로 참새의 몸과 날개, 부리와 다리를 만든 후 눈알을 붙여 참새를 제작한다.
⑧ 빨간색과 검정색 펠트지에 잠자리 몸을, 주황색과 연두색 펠트지에 잠자리 얼굴을 각각 그린 후 오린다.
⑨ 흰색 펠트지를 두 겹 겹친 후 2마리의 잠자리 날개를 각각 그린 후 오린다.
⑩ 빨간색 잠자리 몸에 주황색 얼굴을, 검정색 잠자리 몸에 연두색 얼굴을 글루건으로 각각 붙인다.
⑪ 2마리의 잠자리 얼굴에 눈알을 각각 붙인다.
⑫ 검정색 펠트지를 두 겹 겹친 후 잠자리 날개 장식을 4개 그려 오린다.
⑬ 잠자리 몸 아래로 날개를 4개씩 각각 붙여 준다.

⑭ 흰색과 하늘색 펠트지에 구름을, 갈색과 황토색 펠트지에 곡식을 그린 후 오린다.

⑮ 만든 자료를 사진처럼 각각 배경판에 붙인다.

참고

- 영아의 얼굴 사진이 어둡지 않도록 밝기 조절을 하여 프린트한다.
- 글씨 도안을 코팅한 후 자를 때 끝이 뾰족하지 않도록 둥글려서 자른다.

전시 효과

- 가을의 풍경을 감상하며 계절의 특징을 알 수 있다.
- 허수아비, 참새, 잠자리 등에 관심을 가진다.
- 우리 반 친구들이 누가 왔나 찾아보고 친구들에게 관심을 가진다.

6-5 나무와 동물은 친구

전시목표

- 나무에 관심을 가질 수 있다.
- 동물의 이름을 말할 수 있다.

제작재료

- 우드락, 눈알, 글루건, 가위, 다양한 색상의 펠트지, 네임펜, 벨크로테이프(까슬이, 보슬이)

제작방법

① 우드락에 검정색 펠트지를 붙여 배경판을 만든다.
② 빨간색 펠트지에 나무 얼굴을 파란색 펠트지에 나무 얼굴 장식을 그려 오린다.
③ 나무 얼굴 장식 위에 나무 얼굴을 글루건으로 붙인 후, 나무 얼굴에 눈알을 붙이고 코와 입은 검정색 펠트지를 오려 붙인다.
④ 갈색 펠트지에 나무 기둥을 그린 후 오린다.
⑤ 노란색 펠트지에 울타리 모양을, 초록색 펠트지에 울타리 장식을 그린 후 오린다.
⑥ 분홍색 펠트지로 돼지 몸을 만들고 빨간색, 파란색 펠트지로 리본넥타이, 돼지 발끝을 꾸며 붙여 준다.
⑦ 돼지 얼굴에 네임펜으로 눈썹을 그리고 눈알을 붙인다.
⑧ 노란색과 빨간색 펠트지로 돼지 코와 입을 만든다.
⑨ 노란색 펠트지로 다람쥐 몸을, 갈색 펠트지로 다람쥐 몸과 머리 장식 줄을, 검정색과 흰색 펠트지로 눈을, 검정색 펠트지로 코를 오려서 각각 조합하여 다람쥐를 만든다.
⑩ 나무, 울타리, 나무 얼굴 순으로 배경판에 붙인다.
⑪ 돼지와 다람쥐 뒤에 보슬이를 붙이고 배경판에 까슬이를 붙여서 고정한다.

참고

- 나무, 울타리, 나무 얼굴은 배경판에 고정시켜 붙이고 동물들은 영아들의 흥미에 따라 변경할 수 있도록 벨크로테이프(까슬이, 보슬이)를 활용하여 붙인다.

전시 효과

- 숲이 있는 곳에 동물이 있다는 것을 안다.
- 나무와 동물에 관심을 가질 수 있다.
- 돼지 소리를 흉내 낼 수 있다.

주의 및 유의점

- 영아들이 관심을 가지고 있거나 흥미 있어 하는 동물로 자주 변경하여 제공해 주도록 한다.

6-6 겨울 이야기

전시목표

- 겨울 풍경을 느낄 수 있다.
- 겨울의 날씨 특징을 알 수 있다.

제작재료

- 파란색 우드락, 다양한 색상의 폼폼이, 색 도화지, 반짝이 펠트지, 다양한 색상의 접착 펠트지, 나뭇가지, 플라스틱 당근, 영아 사진, 모루, 색 골판지, 가위, 풀, 글루건

제작방법

① 흰색 접착 펠트지에 얼음판을 도안한 후 오려서 파란색 우드락의 밑부분에 붙인다.
② 초록색과 연두색 접착 펠트지에 크리스마스트리 모양을 도안한 후 오린다.
③ 갈색 접착 펠트지에 나무 기둥을 그린 후 오린다.
④ 나무 기둥에 크리스마스트리 모양을 붙인다.
⑤ 다양한 색상의 폼폼이와 모루를 글루건으로 크리스마스트리에 붙여 장식한 후 얼음판 위에 붙인다.
⑥ 집 모양을 여러 색의 도화지로 꾸며 글루건으로 얼음판 위에 붙인다.
⑦ 은색 반짝이 접착 펠트지에 눈사람의 얼굴과 목, 몸, 다리를 그린 후 오린다.
⑧ ⑦을 얼굴, 목, 몸, 다리 순서대로 붙여 눈사람을 만든다.
⑨ 나뭇가지로 눈사람의 머리와 눈썹, 팔을 만들어 글루건으로 붙인다.
⑩ 흰색과 검정색 접착 펠트지에 눈사람의 눈과 입, 몸을 장식할 도안을 그린 후 오린다.
⑪ 눈사람의 눈과 입을 각각 붙여 주고 몸을 장식한 후 글루건으로 플라스틱 당근을 코에 붙여 준다.
⑫ 다양한 색상의 색 도화지로 영아들의 몸과, 팔, 손, 다리 등을 여러 개 각각 도안한 후 오린다.

⑬ ⑫로 옷을 각각 완성한 후 영아들 얼굴 사진을 글루건으로 붙여 준다.

⑭ 빨간색 접착 펠트지에 산타 모자와 머리 띠 등을 여러 개 그린 후 오린다.

⑮ 산타 모자의 끝에 흰색 폼폼이를 글루건으로 붙인 후 영아의 머리 위에 붙여 주고 머리띠도 붙여 준다.

⑯ 솜을 눈송이처럼 동그랗게 뭉쳐 파란색 우드락 곳곳에 글루건으로 붙여 주고 크리스마스트리 위에 모루로 만든 별도 붙여 준다.

⑰ 색 골판지와 모루를 이용하여 해를 만들어 붙여 마무리한다.

참고

- 영아는 일반적으로 눈으로 보는 것이 아니라 손으로 만지기 때문에 재료들을 단단하게 고정시켜 떨어지지 않도록 한다.

전시 효과

- 겨울의 특징을 느낀다.
- 크리스마스에 관심을 가진다.
- 친구들에게 관심을 가진다.
- 친구의 얼굴을 쉽게 익힌다.

주의 및 유의점

- 각 반의 영아들의 인원 수대로 사진을 붙일 수 있도록 제작한다.

제7장

유아 교구 제작

마인드 맵

유아 교구 제작
1. 신체운동 · 건강 영역
• 다람쥐 먹이 주기
• 치카치카 이를 닦아요
• 골프놀이를 해요
• 고리 던지기
• 동물 먹이 주기
• 목표물 맞추기
2. 사회관계 영역
• 다양한 직업
• 가족
• 윷놀이를 해요
• 멋진 주방 요리사가 되어 보아요
• 우리 집 김장하는 날
• 트리를 꾸며 보아요
3. 의사소통 영역
• 난 무엇일까요?
• 부분 글자와 그림 맞추기
• 아기 돼지 삼형제 손가락 인형
• 교통수단 이름 말하기
• 숨은 단어 찾기
• 이름을 맞춰 보아요
4. 예술경험 영역
• 악기를 연주해요
• 장구를 쳐 봐요
• 꽃 도장 찍기
• 실로폰 연주
• 귀로로 연주하기
• 마라카스
5. 자연탐구 영역
• 어떤 과일 속일까요?
• 자석은 힘이 세!
• 숫자만큼 당근을 심고 수확해요
• 거미줄 숫자 구슬 끼우기
• 달을 관찰해 보아요
• 막대 똑딱이로 모양 만들기
6. 유아 환경판
• 숲이랑 놀아요
• 가을이 왔어요
• 우리나라 장터
• 5대양 6대륙
• 벽난로
• 지구를 지켜요

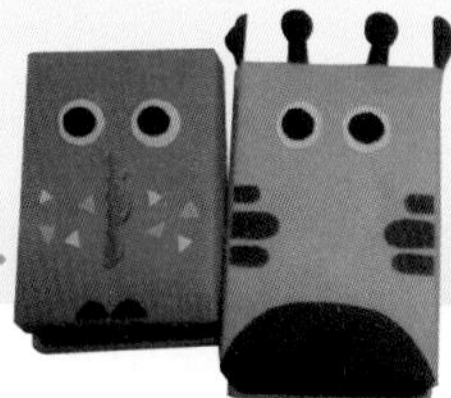

1-1 다람쥐 먹이 주기

활동목표

- 도토리와 밤을 통에 넣을 수 있다.
- 게임의 규칙을 지킬 수 있다.

제작재료

- 함석판, 하드보드지, 융, 색상별 펠트지, 도안(다람쥐 얼굴 2개, 도토리, 밤, 숫자), 코팅지, 미끄럼방지 패드, 쓰레기통, 솜, 실, 바늘, 가위, 글루건

제작방법

〈다람쥐 얼굴〉

① 펠트지에 두 마리의 다람쥐 얼굴을 도안에 따라 그린 후 두 장을 겹쳐 오린다.

② 다람쥐 얼굴을 두 장 겹쳐 버튼홀 스티치(단춧구멍 뜨는 방법)로 솜이 들어갈 수 있는 공간만 남기고 바느질한 후 솜을 넣고 나머지 부분을 바느질한다.

③ 다양한 색상의 펠트지에 다람쥐 얼굴을 장식할 도안을 그려 오린 후 다람쥐 얼굴에 각 부분의 위치를 정한 후 본드로 붙이거나 바느질하여 마무리한다.

〈도토리, 밤〉

① 고동색과 갈색 펠트지에 도토리와 밤을 그린 후 오린다.

② 도토리와 밤을 딸랑이와 솜이 들어갈 수 있는 공간만 남기고 버튼홀 스티치로 바느

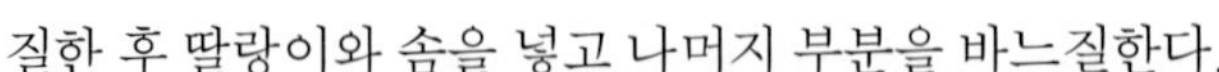

질한 후 딸랑이와 솜을 넣고 나머지 부분을 바느질한다.

〈출발 표시판〉

① 빨간색 펠트지를 하드보드지(40×40cm)보다 1cm 정도 크게 자른 후 하드보드지를 감싼 다음 버튼홀 스티치로 바느질한다.

② 검정색 펠트지에 발자국 모양의 도안을 그려 오린 후 윗면의 출발 표시판 중앙에 글루건으로 붙인다.

③ 아랫면에 글루건으로 미끄럼 방지 패드를 붙인다.

〈확장판〉

① 직사각형 모양(70×80cm)의 함석판 앞과 뒤에 융을 붙여 앞은 코팅 자료를 붙일 수 있게 하고, 뒷면은 던진 도토리와 밤을 붙일 수 있게 한다.

② 확장판 위에 마무리된 다람쥐 얼굴을 붙여 준다.

〈기타〉

① 확장판에 붙일 도토리, 밤, 숫자 도안은 인쇄하여 자르고 코팅을 한 후 자른다.

② 쓰레기통은 노란 펠트지로 감싼 후 글루건으로 붙인다.

③ 펠트지로 감싼 쓰레기통에 완성된 다람쥐 얼굴을 붙여 준다.

④ 주황색과 파란색 펠트지로 숫자 및 코팅된 밤과 도토리, +, − 기호 등을 보관할 주머니를 만들어 필요 시 확장판에 붙여 보관한다.

참고

- 함석판을 사용할 때는 날카로우니 주의해야 한다.
- 출발 표시판을 만들 때 영유아의 안전을 위해서 미끄럼 방지 패드를 꼭 붙여야 한다.

활동방법

① 다람쥐에게 먹이를 준 경험이 있는지에 대하여 이야기를 나눈다.
- 누구와 줘 보았나요?
- 먹이를 주고 난 후 기분이 어땠나요?

② 게임 방법과 규칙에 대해 유아들과 의논한다.
- 다람쥐 먹이 주기 출발 표시판, 확장판 등에 대해서 소개한다.
- 다람쥐 먹이 주기는 어떻게 놀이할 수 있을까요?
- 어떻게 게임을 할까요?
- 어떤 규칙이 있어야 할까요?

③ 교사가 밤과 도토리를 다람쥐 먹이통에 던지는 시범을 보인다.
- 누가 먼저 다람쥐 먹이통에 밤과 도토리를 던져 볼까요?
- ○○가 잘 던졌구나! 다람쥐가 좋아하겠네.
- 이번엔 누가 던져 볼까요?

④ 유아들이 제안한 방법에 따라 다람쥐 먹이 주기 게임을 한다.
- 친구들이 말한 규칙은 어떻게 해야 하나요?
- 어느 조가 규칙을 더 잘 지켰나요?
- 통에 던진 밤과 도토리의 숫자를 세어 볼까요?

⑤ 유아와 함께 다람쥐 먹이 주기에 대해 느낀 점을 간단하게 이야기한다.
- 어떤 점이 재미있거나 좋았나요?
- 누가 먼저 이야기해 볼까요?

확장활동

- 확장판에 붙어 있는 밤과 도토리를 세어 보면서 수 개념을 습득하도록 한다.
- 밤과 도토리를 가지고 필요시 간단한 계산을 해 보도록 한다.

활동의 효과

- 유아들이 밤과 도토리를 던지는 과정에서 눈과 손의 협응력 및 신체 조절 능력을 기를 수 있다.
- 놀이를 통해 자연스럽게 숫자와 수 개념을 습득할 수 있다.
- 또래들과 순서를 정해 진행하므로 사회성 및 질서의식을 습득할 수 있다.

1-2 치카치카 이를 닦아요

활동목표

- 양치 도구의 올바른 사용방법을 습득할 수 있다.
- 이 닦는 순서를 지켜 양치를 할 수 있다.

제작재료

- 크기가 다른 뚜껑이 있는 상자 2개, 색상별 접착 펠트지, 노란색과 흰색 펠트지, 계란판, 책 거치대, 이 닦는 순서 사진, 칫솔, 컵, 솜, 코팅지, 아크릴 물감(흰색), 글루건, 까슬이, 가위

제작방법

〈치아 모형〉

① 초록색과 노란색 접착 펠트지로 각 상자를 감싼다.
② 상자 안에는 빨간색 접착 펠트지를 붙인다.
③ 다양한 색상의 접착 펠트지로 악어와 기린의 눈, 코, 입, 귀 등을 그려 오린 후 두 개의 상자 위에 각각 붙인다.
④ 계란판을 잘라 흰색의 아크릴 물감으로 색칠한 후 글루건으로 붙여 완성한다.

〈치약〉

① 흰색과 노란색 펠트지를 각각 겹쳐 치약 도안을 그린 후 오린다.
② 흰색과 노란색 펠트지를 겹쳐 윗면을 글루건으로 연결한 후 아랫면도 연결한다.
③ 흰색의 윗부분(입구)만 제외하고 흰색과 노란색 펠트지를 전체적으로 바느질한 후 솜을 넣고 나머지 부분도 바느질하여 마무리한다.

〈거치대와 양치 순서지〉

① 책 거치대를 하늘색 접착 펠트지로 붙인다.
② 이 닦는 순서 사진을 코팅한 후 뒷면에 까슬이를 붙인다.

참고

- 치약 제작 시 흰색의 윗부분(입구)만 제외하고 흰색과 노란색 펠트지를 전체적으로 바느질한 후 솜 대신 실제 치약을 넣고 사용해도 효과적이다.
- 치아 모형 제작 시 미리 유아들이 좋아하는 동물을 파악하여 제작하면 유아들의 흥미를 좀 더 쉽게 유도할 수 있다.

활동방법

① 동물 치아 모형판을 탐색하며 이야기를 나눈다.
- 이것은 무엇일까요?
- 입안에는 무엇이 있나요?

② 이 닦을 때 필요한 도구와 방법에 대해 이야기를 나눈다.
- 이 닦을 때 무엇이 있어야 하나요?
- 친구들은 어떻게 이를 닦나요?

③ 교사가 이를 닦는 시범을 보인 후 유아들이 연습해 보도록 한다.
- 누가 먼저 해 볼까요?
- ○○가 이를 아주 깨끗하게 잘 닦네요.

④ 유아와 함께 이 닦기에 대해 느낀 점을 간단하게 이야기한다.
- 어떤 점이 재미있거나 좋았나요?
- 누가 먼저 이야기해 볼까요?

확장활동

- 유아가 스스로 직접 칫솔과 치약을 사용하여 이를 닦게 해 본다.

활동의 효과

- 이 닦는 교구를 활용해 자연스럽게 양치질하는 방법을 습득할 수 있다.

1-3 골프놀이를 해요

활동목표

- 골프공을 쳐서 터널을 통과시킬 수 있다.
- 골프놀이의 게임 규칙을 지킬 수 있다.

제작재료

- 다양한 색상의 펠트지, 하드보드지, 압축 스티로폼, 나무판자 8개, 백업, 나무 막대, 공, 접착식 눈알, 실과 바늘, 글루건, 본드, 검정색 테이프, 가위

제작방법

〈터널 만들기〉

① 압축 스티로폼에 터널(너비 40cm, 높이 25cm) 도안을 4개 그린 후 자른다.

② 하드보드지에 터널(너비 40cm, 높이 25cm) 도안을 8개 그린 후 오린다.

③ 하드보드지 2장 사이에 자른 압축 스티로폼을 넣은 후 각각 본드로 붙여 4개의 터널 모양을 만든다.

④ 4개의 터널을 파란색, 갈색, 노란색, 분홍색 펠트지로 감싼다.

⑤ 파란색, 갈색, 노란색, 분홍색 펠트지에 각각 동물 얼굴의 도안을 그린 후 오린다.

⑥ 다양한 색상의 펠트지에 터널을 장식할 도안을 그린 후 오린다.

⑦ ⑤, ⑥의 도안을 글루건이나 본드로 터널에 붙여 터널을 장식한다. 동물 눈은 접착식 눈알을 붙인다.

⑧ 나무판자 2개씩을 같은 색상의 펠트지로 감싸 4쌍(8개)을 바느질한 후 터널 받침대를 만든다.

⑨ 터널 받침대 2개에 터널 1개씩을 글루건으로 붙여 총 4개의 터널을 완성한다.

〈골프채 만들기〉

① 헤드는 깡통의 가운데에 구멍을 뚫은 후 안에 모래나 콩을 넣어 만든다.

② 빨간색 펠트지에 깡통 크기와 맞추어 원 4개와 깡통의 몸통을 감쌀 크기의 도안 두

개를 그린 후 오린다.

③ 깡통의 몸통 도안 1개를 먼저 바느질한 후 아래쪽 면을 1개의 원과 연결하여 바느질한다.

④ ③을 뒤집어 깡통을 넣고 윗면을 1개의 원으로 덮은 후 바느질하여 마무리한다.

⑤ ③, ④와 같은 방법으로 1개의 헤드를 더 만든다.

⑥ 샤프트(헤드와 그립 사이에 있는 것)와 그립(손잡이 부분)은 나무 막대를 깡통(헤드 부분) 가운데의 뚫린 구멍에 넣어 글루건으로 붙인 후 샤프트 부분은 검정색 테이프로 감싸 마무리한다.

⑦ 그립(손잡이 부분)은 백업을 반으로 잘라 나무 막대를 감싼 후 하늘색 테이프를 감아 완성한다.

참고

- 바느질이 힘들 경우 헤드 부분의 깡통에 빨간색 시트지를 붙여 완성해도 무방하다.
- 터널이 넘어지지 않도록 받침대 부분이 무게중심을 잡을 수 있도록 제작한다.

활동방법

① 교사는 넓은 공간에서 골프놀이를 할 수 있도록 배치한 후 유아와 함께 골프에 대한 이야기를 나눈다.

- 친구들은 골프하는 것을 본 적이 있나요?
- 어디에서 보았나요?
- 골프채로 공을 쳐서 터널을 통과하는 놀이를 해 본 적이 있나요?

- 어디에서 해 보았나요?
- 오늘은 우리 친구들이 골프놀이를 할 거예요.

② 게임 방법과 규칙에 대해 유아들과 의논한다.
- 어떻게 게임을 할까요?
- 어떤 규칙이 있어야 할까요?

③ 교사가 골프채로 공을 쳐서 터널을 통과하는 시범을 보인다.
- 누가 먼저 해 볼까요?
- ○○가 잘 넣었네요.

④ 유아들이 제안한 방법에 따라 목표물 맞추기 게임을 한다.
- 친구들이 말한 규칙은 어떻게 해야 하나요?

⑤ 유아와 함께 골프놀이에 대해 느낀 점을 간단하게 이야기한다.
- 어느 조가 규칙을 더 잘 지켰나요?
- 어떤 점이 재미있거나 좋았나요?
- 누가 먼저 이야기해 볼까요?

확장활동

- 공을 발로 차서 터널에 골인시키는 활동을 해 본다.

활동의 효과

- 유아들이 골프채로 공을 치는 과정에서 눈과 손의 협응력을 기를 수 있다.
- 공을 터널 안으로 넣는 동작을 통해 공간 및 신체 조절 능력을 기를 수 있다.
- 또래들과 순서를 정해 진행하므로 사회성 및 질서의식을 습득할 수 있다.

1-4 고리 던지기

활동목표

- 막대에 고리를 던져 넣을 수 있다.
- 게임의 규칙을 습득할 수 있다.

제작재료

- 고리(솜, 딸랑이, 삑삑이) 기둥(백업), 받침(스폰지, EVA, 접착제), 펠트지, 폼보드, 실, 바늘, 가위

제작방법

〈고리〉

① 5가지 색상의 펠트지 2장을 각각 겹쳐서 5개의 고리(동그라미 모양) 도안을 그려서 오린다.

② 5가지 색상의 펠트지에 각각 1~5 숫자를 써서 오린다.

③ 각 숫자만큼 숫자와 같은 색의 동그라미 모양 도안을 그려서 오린다.

④ 고리 도안 1개에 숫자(예: 1)와 숫자만큼의 동그라미(예: 1) 모양을 꿰맨다.

⑤ 같은 색상의 고리 도안 2장을 겹쳐 솜이 들어갈 공간만 남기고 바느질한 후 뒤집은 다음, 공간을 통해 솜과 딸랑이 또는 삑삑이를 넣고 바느질로 마무리한다.

⑥ 이와 같은 방법으로 5개의 고리 도안을 완성한다.

〈기둥 및 받침〉

① 기둥은 백업을 잘라 펠트지를 감싸서 꿰맨다.

② 받침은 EVA를 원 모양으로 2개 그려(원 모양의 EVA 구입하여 사용 가능) 오려 놓는다.

③ 2개의 받침대 사이에 스펀지를 넣는다.

④ 받침대 겉면은 펠트지를 감싸서 꿰맨다.

참고

- 고리가 기둥에 잘 들어갈 수 있게 구멍을 여유 있게 만든다.
- 기둥 받침이 가벼워서 쓰러지기 쉬우므로 폼보드 위에 올려서 붙여 고정한다.
- 솜을 너무 적게 넣으면 잘 던져지지 않으므로 적절한 양을 넣도록 한다.

활동방법

① 고리 던지기를 탐색하면서 이야기를 나눈다.
   - 고리 안에 동그란 구멍이 뚫려 있네요.
   - 이 고리로 어떻게 놀이할 수 있을까요?
   - 고리를 만져 보니 어때요?

② 교사가 고리 던지기를 할 때 지켜야 할 규칙에 대해 설명한 후, 기둥에 고리를 던져 넣는 시범을 보인다.
   - 선생님이 고리를 던져 볼게요. 친구들도 고리를 던져 볼까요?
   - 우와, ○○가 던진 고리가 기둥 속으로 쏘~옥 들어갔네요.
   - ○○는 고리를 살살 던졌더니 고리가 안 들어갔네요. 어떻게 해야 할까요?

③ 유아와 함께 고리 던지기에 대해 느낀 점을 간단하게 이야기한다.

확장활동

- 고리를 많이 넣는 유아가 이기는 게임 활동으로 활용하도록 한다.
- 고리의 색을 표현해 본다.
- 고리에 쓰여 있는 숫자를 읽고, 유아의 발달에 따라 수 개념도 습득할 수 있도록 유

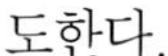

도한다.

- 던지는 지점에 따라 거리가 변화되는 것을 습득할 수 있도록 한다.

활동의 효과

- 눈과 손의 협응력을 발달시킬 수 있다.
- 던지는 지점에 따라 거리가 변화되는 것을 습득하여 공간 능력을 증진시킬 수 있다.
- 또래들과 순서를 정해 진행하므로 사회성 및 질서의식을 습득할 수 있다.

주의 및 유의점

- 눈과 손의 협응에 어려움이 있는 유아에게는 충분한 시간을 배려하여 성취감을 경험할 수 있도록 한다.
- 고리를 던지는 순서는 유아들끼리 자율적으로 정하도록 한다.
- 고리를 던질 때 유아의 상태에 따라 거리를 적절하게 조절해 주도록 한다.

1-5 동물 먹이 주기

활동목표

- 발바닥 모양의 반복된 패턴을 따라 뛸 수 있다.
- 공을 동물 입에 던질 수 있다.

제작재료

- 다양한 색상의 펠트지, 미끄럼 방지 패드, 공, 상자, 눈알, 천, 철사, 손잡이, 색 테이프, 레이스, 칼, 바늘, 실, 가위, 글루건

제작방법

〈발바닥 매트〉

① 초록색 펠트지 2장을 겹쳐 2마 정도 크기로 자른다.

② 자른 펠트지 2장 밑면에 미끄럼 방지 패드를 붙여 같이 꿰맨다.

③ 각기 색상이 다른 펠트지에 동그라미 6개를 크기별로 그린 후 오린다.

④ 각기 색상이 다른 펠트지에 유아용 사이즈의 발 모양을 노란색 3개, 파란색, 보라색, 주황색 각각 2개, 빨간색 1개를 그린 후 오린다.

⑤ ②에 오린 동그라미 6개를 크기 순서대로 꿰맨다.

⑥ 크기 순서대로 꿰매져 있는 동그라미 안과 밖에 ④(오린 발 모양)를 똑같은 모양의 패턴으로(사진 참조) 반복해서 꿰매어 발바닥 매트를 완성한다.

〈공 던지기 상자〉

① 빈 상자를 준비하여 공을 던져 넣을 사자 입 부분을 오려 낸다.

② 상자 전체를 펠트지로 감싸 붙인다.

③ 갈색 펠트지에 사자 털을 그린 후 오린다.

④ 사자 털을 상자 1/4지점에 붙인다.

⑤ 하얀색 펠트지로 사자 이빨을 그린 후 오려 사자 입 부분에 붙인다.

⑥ 눈을 붙여 사자 상자를 완성한다.

〈발바닥 매트 보관함〉

① 발바닥 매트를 굴려 접은 후 발바닥 매트를 감쌀 수 있을 정도의 천을 자른다.

② 천 가장자리에 레이스를 붙여 바느질하거나 재봉틀로 박는다.

③ 철사를 색 테이프로 감싼다.

④ 철사에 손잡이를 부착한다.

참고

- 발바닥 매트 제작 시 접착 펠트지 2장을 겹쳐 사용하면 간단하나 비용 문제가 발생한다.
- 출발 표시판을 만들 때 영유아의 안전을 위해서 미끄럼 방지 패드를 꼭 붙여야 한다.
- 공은 시중에서 판매하는 고무공을 색깔별로 구입하여 사용하면 된다.

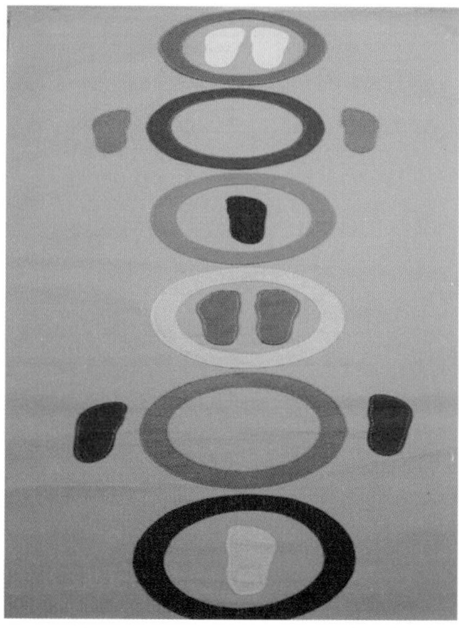

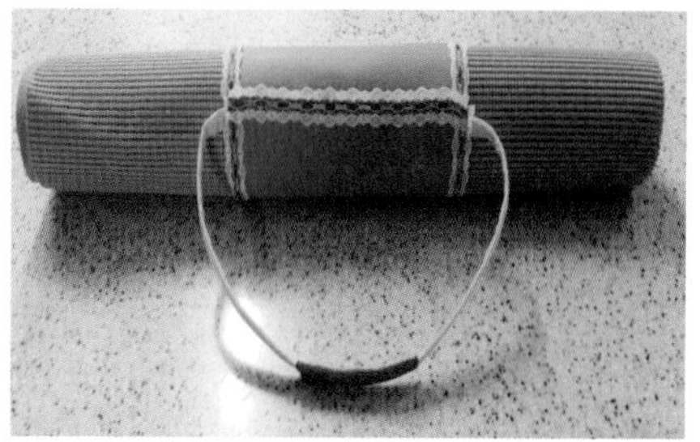

활동방법

① 유아가 교구를 탐색하고 무엇을 할 수 있는지에 대하여 이야기를 나눈다.

- 바닥에 깔린 발판에 무엇이 있나요?
- 저 발 모양을 따라 뛰어 볼 수 있나요?
- 원과 발 모양을 따라가서 어떤 놀이를 할 수 있을까요?

② 교사는 유아들과 사자에게 먹이 주기 게임 방법에 대해 이야기한다.
- 발 모양을 따라 가서 도착하면 상자에 공을 던져 넣어야 해요. 그러면 사자가 먹이를 맛있게 냠냠 먹을 수 있어요.
- 어떻게 게임을 할까요?
- 팀을 나누어 게임해요.
- 누가 빠른지 시합해 봐요!

③ 교사는 유아들과 게임 규칙을 의논한다.
- 어떤 규칙이 있어야 할까요?
- 친구를 밀지 않아요.
- 질서를 잘 지켜요.

④ 교사가 발바닥을 따라 가서 사자 입에 공을 던지는 시범을 보인다.
- 누가 먼저 해 볼까요?
- ○○가 잘 넣었네요.

⑤ 정해진 규칙에 따라 게임을 진행한다.

⑥ 활동 후 유아와 함께 간단한 이야기를 나눈다.
- 어느 조가 규칙을 더 잘 지켰나요?
- 어떤 점이 재미있거나 좋았나요?
- 누가 먼저 이야기해 볼까요?

확장활동

- 한 발로 뛰기, 두 발 모아 뛰기 등으로 발 모양을 따라가는 게임을 진행할 수 있다.
- 사자 입에 던져진 숫자를 세어 보도록 한다.

활동의 효과

- 반복된 패턴의 원리를 자연스럽게 습득할 수 있다.
- 대근육 및 소근육을 발달시킬 수 있다.
- 수 개념을 자연스럽게 습득할 수 있다.
- 또래들과 순서를 정해 진행하므로 사회성 및 질서의식을 습득할 수 있다.

1-6 목표물 맞추기

활동목표

- 목표물에 공을 던질 수 있다.
- 게임의 규칙을 지킬 수 있다.

제작재료

- 하드보드지 여러 장, 함석판 2장, 벨크로테이프(까슬이와 보슬이), 다양한 색상의 펠트지, 고무공 5개, 자석 5개, 접착식 눈알, 백업 1.5cm

제작방법

〈목표물 판 – 원〉

① 원 모양의 목표물 판은 하드보드지 사이에 함석판을 넣은 후 파란색 펠트지로 감싼다.

② 분홍색, 빨간색, 노란색 펠트지에 원하는 크기로 원 모양을 각각 오린다.

③ 하드보드지를 감싼 파란색 펠트지 중앙에 먼저 오려 놓은 노란색 펠트지를 붙인 후, 그 위에 빨간색을 붙이고 빨간색 위에 분홍색 펠트지를 붙인다.

④ 각 색상의 펠트지에 달팽이 도안을 그려 오린 후 접착식 눈알을 붙여 달팽이 모양을 완성한 다음 파란색 펠트지 하단을 장식한다.

〈목표물 판 – 악어〉

① 악어 모양의 목표물 판은 하드보드지 사이에 함석판을 넣은 후 갈색 펠트지로 감싼다.

② 연두색 펠트지에 악어 도안을 그려서 오린다.

③ 다양한 색상의 펠트지에 악어의 얼굴과 몸을 장식할 도안을 각각 그려서 오린다.

④ 악어 도안에 얼굴과 몸을 장식할 도안을 각각 붙여 악어를 만든다.

⑤ 갈색 펠트지 위에 장식된 악어 몸을 먼저 붙인 다음 악어 얼굴을 붙여 완성한다.

〈공〉

① 고무공 5개는 본드를 사용하여 다양한 색상의 펠트지로 감싼다.

② 펠트지로 감싼 공에 까슬이를 가로 세로 방향으로 전체적으로 붙여 준다.

〈다트〉

① 5개의 1.5cm 백업 밑에 각각 자석을 붙여 놓는다.

② 5가지 색상의 펠트지를 각각 2장씩 겹쳐서 자석이 붙어 있는 1.5cm 백업이 들어갈 크기의 도안을 5개 그린 후 오린다.

③ 같은 색상의 펠트지 2장을 겹쳐 자석이 붙어 있는 1.5cm 백업이 들어갈 공간만 남기고 바느질한 후 뒤집은 다음, 공간을 통해 백업을 넣고 바느질로 마무리한다.

활동방법

① 교사는 넓은 공간에서 악어 목표물 맞추기를 할 수 있도록 배치한 후 유아와 함께 벽에 부착해 놓은 목표물 맞추기에 대해 이야기를 나눈다.
  - 친구들은 동그라미나 악어 목표물 맞추기 놀이를 해 본 적이 있나요?
  - 어디에서 해 보았나요?
  - 오늘은 우리 친구들이 동그라미나 악어 목표물 맞추기 놀이를 할 거예요.

② 교사가 예를 들어 악어 목표물을 맞추는 시범을 보인다.
  - 악어 배에 무슨 색의 공이나 다트를 던져 볼까요?
  - ○○가 잘 던지는구나! 하얀색 공이 악어 배에 붙었네요.
  - 이번엔 조금 더 멀리 던져 볼까요?

③ 게임 방법과 규칙에 대해 유아들과 의논한다.
- 어떻게 게임을 할까요?
- 어떤 규칙이 있어야 할까요?

④ 유아들이 제안한 방법에 따라 목표물 맞추기 게임을 한다.
- 친구들이 말한 규칙은 어떻게 해야 하나요?
- 어느 조가 규칙을 더 잘 지켰나요?

⑤ 유아와 함께 목표물 맞추기에 대해 느낀 점을 간단하게 이야기한다.
- 어느 조가 규칙을 더 잘 지켰나요?
- 어떤 점이 재미있거나 좋았나요?
- 누가 먼저 이야기해 볼까요?

확장활동

- 유아들끼리 공을 멀리 던지거나 굴리는 게임을 할 수 있도록 유도한다.
- 공이나 다트를 이용하여 악어 배를 꾸며 주는 놀이를 할 수 있도록 한다.

활동의 효과

- 자석의 원리를 자연스럽게 습득할 수 있다.
- 던지는 지점에 따라 거리가 변화되는 것을 습득하여 공간 능력을 증진시킬 수 있다.
- 또래들과 순서를 정해 진행하므로 사회성 및 질서의식을 습득할 수 있다.

주의 및 유의점

- 처음에는 가까운 거리에서 공을 던지게 한 후 수행되면 점차 거리를 멀리해 준다.
- 공 던지기를 어려워하는 유아의 경우 거리를 적절하게 조절해 주어 공을 던질 수 있도록 유도한다.

2-1 다양한 직업

활동목표

- 각 직업의 역할을 말할 수 있다.
- 각 직업에 적절한 도구를 분류할 수 있다.
- 각 직업과 관련된 극놀이를 할 수 있다.

제작재료

- 색상별 펠트지, 색지, 코팅지, 프린트 도안(각 직업을 나타내는 문양이 그려져 있는 모자), 고무줄, 네임펜, 글루건, 펀치, 솜풀, 가위, 코팅지

제작방법

〈직업을 나타내는 모자 모형〉

① 색지에 소방관, 경찰, 의사, 요리사 모자의 도안을 올려놓고 네임펜으로 테두리만 그린 후 오린다.
② 오린 모자를 코팅한 후 오린다.
③ 오린 모자의 양쪽에 두꺼운 고무줄을 글루건으로 붙여 머리띠 모양을 만든다.

〈소화기, 진압봉, 권총, 청진기, 칼 모형〉

① 빨간색 펠트지를 2장 겹쳐 소화기 몸통 모형을 그린 후 오린다.
② 노란색 펠트지에 소화기 입구와 호스 모형을 그린 후 오린다.

③ 회색 펠트지에 소화기 줄 끝에 연결할 노즐을 그린 후 오린다.

④ 파란색 펠트지를 2장 겹쳐 소화기 밸브 모형을 그린 후 오린다.

⑤ 오린 펠트지는 호스 모형만 제외하고 각각 2장을 겹쳐 솜이 들어갈 수 있는 공간만 남기고 바느질한 후 뒤집은 다음, 솜을 넣고 나머지 부분을 바느질하여 마무리한다.

⑥ 호스 모형은 솜을 얇게 넣은 후 둥글게 말아 바느질하여 마무리한다.

⑦ 소화기 몸통에 바느질로 소화기 입구와 호스, 노즐, 밸브를 순서대로 연결한다.

⑧ 진압봉, 권총, 청진기, 칼도 각 색상에 맞게 펠트지에 도안을 그린 후, 2장을 겹쳐 오리거나 혹은 도안을 오린 다음 소화기를 만드는 것과 같은 과정을 거쳐 마무리한다.

⑨ 필요 시 각 모형에 붙일 장식을 펠트지에 그린 후 오린 다음 글루건으로 붙여 마무리한다.

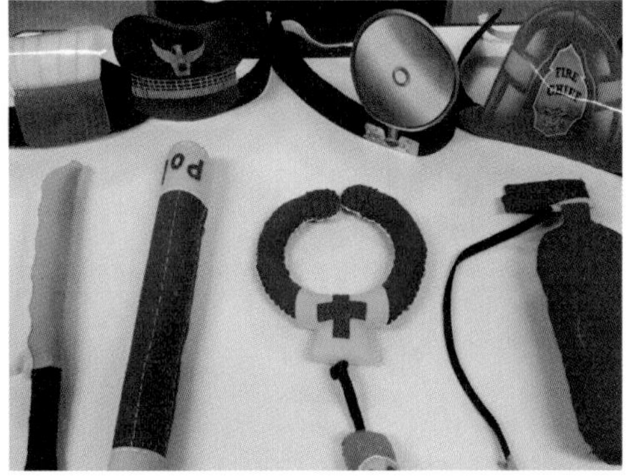

활동방법

① 소방관, 경찰, 의사, 요리사 등을 본 경험을 이야기한다.

- 소방관, 경찰, 의사, 요리사 등을 본 적이 있나요?

- 어디에서 보거나 만났나요?
- 병원이나, 경찰서, 음식점 등에 가 본 적이 있나요?

② 소방관, 경찰, 의사, 요리사 등이 하는 일에 대해서 이야기를 나눈다.
- 소방관이 하는 일은 무엇일까요?
- 경찰이 하는 일은 무엇일까요?
- 의사가 하는 일은 무엇일까요?
- 요리사가 하는 일은 무엇일까요?

③ 각 직업과 관련된 옷차림과 용품에 대해 이야기를 나눈다.
- 소방관들은 어떤 옷을 입을까요?
- 소방관들이 입는 옷은 어떤 역할을 할까요?
- 안전을 지켜 주는 도구는 무엇일까요?
- 경찰, 의사, 요리사들은 어떤 옷을 입는지, 어떤 도구가 필요한지, 하는 일은 무엇인지 각각 구분해서 물어본다.

④ 직업에 따른 역할놀이를 한다.
- 어떤 역할을 해 보고 싶나요?
- 직업을 나타내는 용품을 선택해서 역할놀이를 하도록 한다.

⑤ 역할놀이 후 느낀 점을 유아와 함께 이야기를 나눈다.
- 어떤 점이 재미있거나 좋았나요?
- 누가 먼저 이야기해 볼까요?

확장활동

- 소방관, 경찰, 의사, 요리사에게 고마움을 전하는 편지를 써 본다.
- 소방서, 경찰서, 병원, 식당에 견학을 가서 소방관, 경찰, 의사, 요리사가 하는 일을 체험한다.

주의 및 유의점

- 유아들이 여러 가지 직업에 대해서 관심을 갖고 활동에 참여하도록 지도한다.

2-2 가족

활동목표

- 손가락 인형 동화를 듣고 가족 구성원의 소중함을 표현할 수 있다.
- 가족과 관련된 역할놀이를 할 수 있다.

제작재료

- 다양한 색상의 펠트지, 글루건, 구름솜, 바늘, 실

제작방법

〈손가락에 끼우는 인형〉

① 다양한 색상의 펠트지를 2장 겹쳐 손가락에 끼울 수 있는 골무 모양을 그린 다음 오린다.

② 다양한 색상의 오린 펠트지를 2장 겹쳐 손가락을 끼울 수 있는 공간을 제외하고 바느질한다.

③ 살구색의 펠트지를 2장 겹쳐 가족의 얼굴과 손을 그린 다음 오린다.

④ 오린 펠트지 2장을 겹쳐 얼굴은 솜을 넣어 바느질하고, 손은 2장을 겹쳐 솜을 얇게 넣은 다음 바느질한다.

⑤ 회색과 검은색 펠트지에 가족의 머리 모양을 각각 그린 다음 오린 후 글루건으로 얼굴에 붙여 준다.

⑥ 다양한 색상의 펠트지 2장을 겹쳐 몸통을 그린 후 오린다.

⑦ 오린 펠트지 2장을 겹쳐 솜을 넣고 바느질한다.

⑧ 펠트지에 옷에 장식할 넥타이와 조끼를 그린 후 오린 다음 몸통에 붙여 준다.

⑨ 몸통에 팔을 붙인 후 바느질을 한다.

⑩ 얼굴과 몸통을 글루건으로 붙인 후 바느질로 마무리한다.

참고

- 얼굴과 몸을 바느질로 연결 시 흔들거리지 않도록 주의해서 바느질하도록 한다.
- 도안을 직접 그리기 어려운 경우 역할에 알맞은 사진을 출력하여 오린 다음 솜을 넣고 바느질한 후 사용해도 무방하다.
- 글루건을 사용할 때는 손에 화상을 입을 수 있으니 안전하게 사용하도록 한다.

활동방법

① 교사가 가족을 소개하는 손가락 인형을 보여 주면서 가족에 대해 이야기를 나눈다.
  - 집에는 누가 살고 있나요?

② 가족들이 하는 역할에 대해서 이야기를 나눈다.
  - 집에서 아빠가 하는 일은 무엇인가요?
  - 엄마가 하는 일은 무엇인가요?
  - 내가 집에서 하는 일은 무엇인가요?

③ 가족을 도와주었던 경험에 대해 이야기한다.
  - 엄마, 아빠를 어떻게 도와주었나요?
  - 엄마, 아빠를 도와준 후 어떤 기분이었나요?

④ 내가 가족을 위해서 할 수 있는 일에 대해 알아본다.
  - 엄마(아빠)를 도와드리고 싶을 때는 언제인가요?
  - 어떻게 도와드리고 싶은가요?
  - 방 정리하기, 옷 벗고 정리하기, 벗은 옷이나 양말 빨래 통에 넣기, 장난감 정리

하기, 강아지 밥 주기, 신발 정리하기 등을 할 수 있나요?

⑤ 가족과 관련된 역할놀이를 하도록 한다.
- 어떤 역할을 해 볼 수 있을까요?
- 할머니, 엄마, 아빠, 누나(오빠), 동생 역할을 정해 인형을 손가락에 끼운 후 역할놀이를 하도록 한다.

⑥ 가족의 소중함 및 가족과 관련된 역할놀이를 한 느낌을 유아와 함께 이야기 나눈다.
- 어떤 점이 재미있거나 좋았나요?
- 누가 먼저 이야기해 볼까요?

확장활동

- 가족사진 액자 만들기를 미술활동과 연계하여 전개한다.
- 가족 구성원에게 줄 감사 편지나 카드를 만들어 보는 활동을 한다.

2-3 윷놀이를 해요

활동목표

- 윷놀이를 할 수 있다.

제작재료

- 펠트지, 하드보드지, 백업, 단추, 똑딱이 단추, 방울, 솜, 고무줄, 가위, 바늘, 실

제작방법

① 펠트지 2장을 맞대어 꿰매고 그 속에 자른 하드보드지를 넣고 꿰맨다.

② 펠트지 2장을 손잡이 모양으로 오려 꿰맨 다음 솜을 넣고 만들어 놓은 ①의 윗부분에 달아 준다.

③ 윷가락은 펠트지로 윗부분 4장, 밑부분 4장을 오려 서로 맞대어 꿰매 준다. 이때 윷가락 윗부분에 실을 이용해 ×자 모양을 그려 준다.

④ 백업의 밑부분을 납작하게 잘라 윷가락 모양으로 만든 펠트지 안에 방울과 함께 넣어 4개를 만들어 꿰맨다.

⑤ 윷판 앞은 여러 색의 펠트지로 동그라미를 오려서 윷판 모양에 맞게 꿰맨다.

⑥ 단추를 3개씩 이어 8개의 말을 만든다.

⑦ 윷판 뒤에는 고무줄 4개를 달아 윷을 보관할 수 있게 주머니를 만든다.

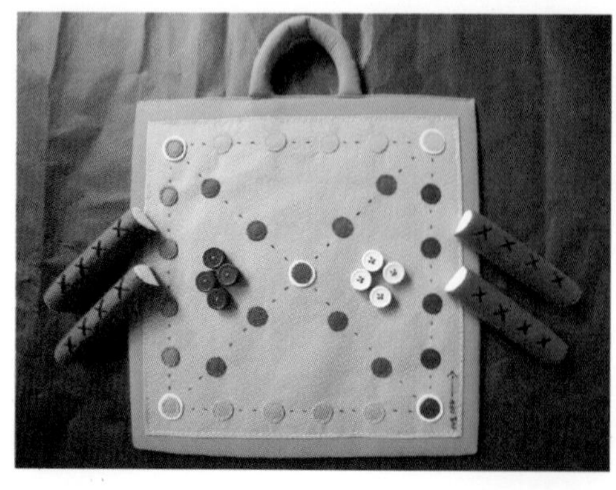

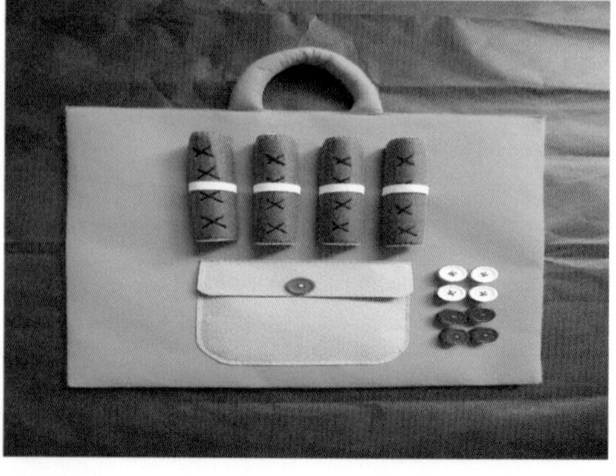

활동방법

① 윷판과 윷가락을 보여 주고 윷놀이에 대해 이야기를 나눈다.
- 이것을 본 적이 있나요?
- 이것이 무엇인가요?
- 윷가락을 본 적이 있나요?
- 윷판을 본 적이 있나요?

② 윷놀이를 해 본 경험을 이야기한다.
- 윷놀이를 해 본 적이 있나요?
- 윷놀이는 언제 하나요?
- 윷놀이를 할 때 무엇이 필요한가요?

③ 교사가 유아들과 함께 게임 방법과 규칙을 정한다.
- 윷을 던지고 나온 수만큼 말을 움직여 먼저 도착하는 팀이 이기는 게임이에요.
- 말을 할 친구를 각 팀에서 한 명씩 정한다.
- 한 명씩 차례대로 윷을 던진다(던지는 곳을 정함).
- 나온 수만큼 말이 된 친구는 윷판에서 칸을 옮겨 간다.
  (도: 1칸, 개: 2칸, 걸: 3칸, 윷: 4칸, 모: 5칸)

④ 어느 편이 먼저 시작할지 정하고 게임을 한다.
- 교사가 먼저 시범을 보여 준다.
- 어느 편이 규칙을 잘 지켜서 먼저 도착했는지 확인한 후 서로에게 격려의 박수를 보낸다.

⑤ 활동 후에 느낀 점에 대해서 유아와 함께 이야기를 나눈다.
- 어느 조가 규칙을 더 잘 지켰나요?
- 어떤 점이 재미있거나 좋았나요?
- 누가 먼저 이야기해 볼까요?

확장활동

- 윷놀이와 관련된 동화를 감상한다.
- 윷놀이 설명서를 만들어서 유아들에게 자연스럽게 우리나라의 전통놀이를 배울 수 있도록 한다.

- 던져서 나온 수만큼 말을 움직일 수 있는 규칙을 수 세기 활동으로 자연스럽게 전개한다.

주의 및 유의점

- 활동을 어려워하는 유아가 있는 경우 처음 시작은 교사가 도와주고, 나머지 부분은 유아들끼리 해 보도록 한다.

2-4 멋진 주방 요리사가 되어 보아요

활동목표

- 주방에서 사용되는 도구를 말할 수 있다.
- 주방에서 지켜야 하는 안전 규칙을 지킬 수 있다.
- 요리사 역할놀이를 할 수 있다.

제작재료

- 상자 6개, 분홍색 시트지, 폼보드, 투명 시트지, 주방용 시트지, 스테인리스 냄비, 스테인리스 볼, 수도꼭지, 스티로폼 봉, 다양한 색상의 펠트지, 다양한 색상의 접착 펠트지, 숫자 도안(1~6) 및 꽃 도안, 국자, 뒤집개 등의 도안, 바구니, 종이컵 및 컵, 기타 주방용품(예: 냄비, 소금통, 설탕통 등), 30cm 자, 칼, 가위, 글루건, 글루건 심, 목공용 풀

제작방법

〈주방 아래 판〉

① 원하는 크기의 상자를 아래에 3개, 위에 3개로 각각 이어 붙인 후 상자 전체(총 6개)를 분홍색 시트지로 감싼다.

② 분홍색 시트지를 붙인 상자 윗부분에 개수대를 만들기 위한 스테인리스 그릇이 들어갈 정도의 크기로 구멍을 낸다.

③ 가스레인지 및 다양한 주방도구들을 놓을 판을 만드는 데 8절 사이즈의 폼보드 3개를 글루건을 이용하여 붙인 다음 투명 시트지로 감싼 후 밑부분에 글루건을 이용하여 붙인다.

〈주방 위 판〉

① 2절 사이즈의 폼보드 2개를 글루건을 이용하여 이어 붙인다.

② 이어 붙인 폼보드를 투명 시트지로 감싼다.

③ 폼보드 앞면의 노출될 부분에 주방 시트지를 붙인다.

〈주방 틀〉

① 상자 아래 판과 위 판 부분을 글루건으로 붙인다. 이때 주방 시트지를 붙인 부분이 앞쪽의 윗부분으로 올라오게 해야 한다.

② 양 옆면에 붙일 기둥은 폼보드를 잘라 분홍색 색지를 붙인 후 투명 시트지로 감싼다.

③ 완성한 기둥을 글루건을 이용하여 상자 양 옆면에 붙인다.

④ 주방 위 판에 선반을 만들기 위해서 적당한 크기로 폼보드를 자른 후 투명 시트지로 감싸고 글루건을 이용하여 붙인다.

⑤ 위 판에 붙일 수도꼭지는 개수대로 만들려고 한 스테인리스 볼 위의 적당한 위치에 붙인다.

〈전자레인지〉

① 주방 위 판에 붙인 선반 크기에 맞게 폼보드를 4개(양옆, 위, 앞) 자른다. 윗부분과 옆면에는 분홍색 색지를 붙인 후 투명 시트지로 감싼다.

② 전자레인지 앞부분은 폼보드를 칼로 가운데를 잘라 그 안에 투명 시트지로 양쪽을 감싼다.

③ 각각 완성된 폼보드 면들을 글루건을 이용하여 붙인다.

④ 검은색 펠트지에 1~6까지 숫자와 꽃 도안을 대고 그린 후 오린 다음 전자레인지 오른쪽 면에 붙인다.

〈가스레인지〉

① 하드보드지 8절지에 회색 펠트지를 잘라서 붙인다.

② 회색 펠트지 끝부분을 검은색 펠트지를 이용하여 마무리해 준다.

③ 폼보드를 직사각형의 조그마한 크기로 10개를 자르고 검은색 접착 펠트지로 감싼 후 폼보드 위에 오각형 형태로 붙인다.

④ 두꺼운 폼보드를 원 형태로 2개를 잘라 할핀을 꼽고 그 위에 레버를 만들어 붙인다.

⑤ 완성된 가스레인지를 미리 붙여 놓은 투명 시트지로 덮인 폼보드(3개) 위에 글루건을 이용하여 붙이고 레버는 그 밑에 붙인다.

〈오븐〉

① 주방 아래 판 왼쪽에 회색 펠트지를 붙인다.
② 검은색 펠트지로 회색 펠트지 전체에 테두리를 해 준다.
③ 스티로폼을 약 3~5cm로 2개 자른 다음 검정색 접착 펠트지로 감싼다.
④ 글루건을 이용하여 ③을 회색 펠트지 윗면의 검정색 접착 펠트지 위에 간격을 띄어 붙인다.
⑤ 스티로폼 봉을 회색 펠트지 윗면과 같은 길이로 잘라 검은색 접착 펠트지로 감싼다.
⑥ ⑤를 ④ 위에 글루건으로 붙여 마무리한다.

〈씽크대 문〉

① 주방 아래 판 오른쪽에 흰색 펠트지로 씽크대의 문을 만든다.
② 스티로폼을 약 3~5cm로 2개 자른 다음 노란색 접착 펠트지로 감싼 후 글루건을 이용하여 씽크대의 문에 양쪽으로 붙여 손잡이 형태를 만든다.
③ 빨간색 접착 펠트지를 꽃 모양으로 오린 후 꽃 모양 안에 분홍색 접착 펠트지를 동그랗게 오려 붙여 꽃을 만든다.
④ 꽃을 손잡이 형태 위에 붙여 손잡이를 완성한다.

〈기타〉

① 종이컵이나 컵을 다양한 색상의 접착 펠트지를 이용하여 장식한다.
② 국자나 뒤집개 등은 펠트지와 접착 펠트지 2장을 겹친 후, 도안을 대고 오린 다음 접착 종이를 떼고 2장을 붙여 마무리한다.
③ 소금통, 설탕통 등은 완제품 통에 펠트지로 이름을 붙여 마무리한다.

참고

- 상자를 자르고 오릴 때 칼을 사용하므로 안전에 유의한다.
- 펠트지를 이용하여 다양한 색상으로 과일, 채소 모형을 만들어 장식해도 효과적이다.
- 주방용품 중 제작이 힘든 것(예 : 냄비)은 완제품을 이용해도 무방하다.
- 주방 아래 판을 제작할 때, 미리 씽크대 문을 여닫을 수 있도록 4개의 상자에 양쪽 문을 디귿자(ㄷ) 형태로 오린 후, 분홍색 시트지로 감싸 실제 문을 여닫을 수 있도

록 제작하면 좀 더 흥미롭다.

활동방법

① 주방 사진을 아이들에게 보여 준 후 이야기를 나눈다.
- 이 사진에는 무엇이 있나요?
- 여기는 어디일까요?
- 무엇을 하는 곳일까요?
- 사진에서 보이는 물건들을 본 적이 있나요?

② 유아들에게 요리사라는 직업과 하는 역할에 대해서 이야기를 나눈다.
- 맛있는 음식을 만드는 사람은 누구일까요?
- 요리사가 무엇을 하는 사람인지 아는 친구가 있나요?

③ 유아들에게 주방모형 교구를 보여 주고 탐색하게 한다.
- 어떤 물건이 있는지 살펴볼까요?
- 어떤 물건을 만질 때 조심해야 할까요?

④ 유아들과 함께 요리사놀이를 하기 전에 지켜야 할 안전 규칙에 대해 의논한다.
- 주방을 안전하게 사용하려면 어떤 규칙이 있어야 할까요?
- 위험한 경우 어떻게 해야 할까요?

⑤ 역할 분담을 하여 요리사와 관련된 역할놀이를 하도록 한다.
- 어떤 역할을 해 볼 수 있을까요?
- 역할을 어떻게 정하면 좋을까요?

⑥ 요리사와 관련된 역할놀이를 한 느낌을 유아와 함께 이야기를 나눈다.
- 어떤 점이 재미있거나 좋았나요?
- 누가 먼저 이야기해 볼까요?

확장활동

- 부모님과 함께 요리를 해 보도록 한다.
- 유아의 주변에서 주방에 필요한 용품들을 살펴보도록 한다.

2-5 우리 집 김장하는 날

활동목표

- 김장의 개념을 습득할 수 있다.
- 김장의 재료를 말할 수 있다.
- 김장을 하면서 또래와 상호작용할 수 있다.

제작재료

- 펠트지(초록색, 노란색, 연두색, 주황색), 흰색 접착 펠트지, 도안(무, 배추, 무 이파리), 키, 투명 플라스틱 통, 갈색 래커, 실, 바늘, 솜, 하드보드지, 시트지, 빨간색 폼폼이, 흰색 폼폼이, 폼폼이를 담을 통 2개

제작방법

① 김장하는 방법을 그림과 글씨로 출력하여 자른 후 하드보드지에 붙인다.
② 하드보드지에 시트지를 붙여 마감 처리를 해 준다.
③ 연두색과 노란색 펠트지를 각각 2장씩 겹쳐 배춧잎 도안을 그린 후 오린다.
④ 하얀색 접착 펠트지에 배추속대 도안을 그린 후 오린다.
⑤ 배춧잎 도안에 오린 접착 배추속대 도안을 붙인다.
⑥ 2장씩 오린 배추 도안에 솜을 넣고 바느질한다.
⑦ 하얀색 펠트지를 2장 겹쳐 무 도안을 그린 후 오린다.
⑧ 2장씩 오린 무 도안에 솜을 넣고 바느질한다.
⑨ 연두색 펠트지와 초록색 펠트지를 각각 2장씩 겹쳐 무 이파리 도안을 그린 후 오린다.
⑩ 2장씩 오린 무 이파리에도 솜을 넣고 바느질한 후 무와 같이 꿰매 준다.
⑪ 투명 플라스틱 통에 갈색 래커를 이용하여 래커 칠을 한다.
⑫ 래커 칠을 한 플라스틱 통을 잘 말려 준 후 무를 넣는다.
⑬ 키 위에 배추를 놓는다.
⑭ 빨간색 폼폼이는 고춧가루로, 흰색 폼폼이는 마늘로 활용한다.

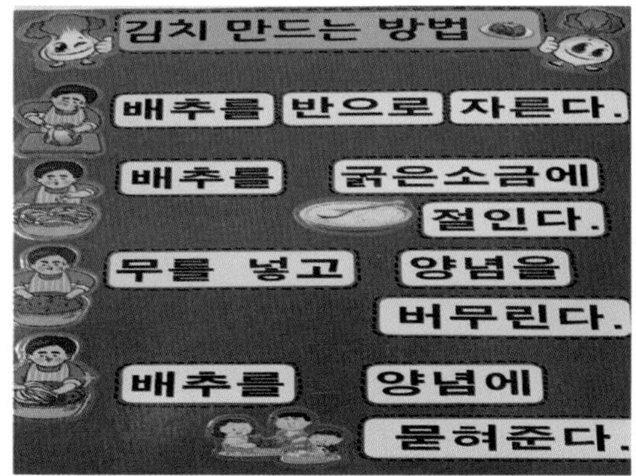

활동방법

① 교사가 김장에 들어갈 재료를 아이들에게 보여 준 후 이야기를 나눈다.
- 김치를 만드는(담그는) 것을 본 적이 있나요?
- 누가 김치를 만들었나요?
- 김치를 만들 때 무엇이 필요할까요?

② 교사가 김장 재료를 또래에게 제시한 후 교사와 탐색하며 이야기를 나눈다.
- 배추, 무, 당근, 마늘, 고춧가루를 본 적이 있나요?
- 어디에서 보았나요?

③ 교사가 미리 준비한 김치 만드는 방법을 보여 주며 설명한다.

④ 또래 및 교사가 김치를 만드는 역할놀이를 하도록 한다.
- 어떤 역할이 있을까요?
- 무슨 역할을 하고 싶나요?

⑤ 역할놀이를 한 느낌을 유아와 함께 이야기를 나눈다.
- 어떤 점이 재미있거나 좋았나요?
- 누가 먼저 이야기해 볼까요?

확장활동

- 부모님과 함께 간단한 요리를 해 보도록 한다.

2-6 트리를 꾸며 보아요

활동목표

- 크리스마스에 대해 관심을 가질 수 있다.
- 게임을 하면서 또래와 서로 배려하고 협동할 수 있다.

제작재료

- 초록색 펠트지, 접착 펠트지, 바늘, 실, 시침 핀, 초크, 가위, 방울솜, 글루건, 박스, 휴지심, 작은 상자, 폼폼이, 불빛이 들어오는 장식, 본드, 할핀, 시트지

제작방법

① 펠트지나 종이로 트리 패턴을 만든다.
② 초록색 펠트지를 2장 겹쳐 놓은 다음 트리 패턴을 올려놓고, 시침 핀으로 고정시킨 후 트리 모양으로 총 12개를 오린다.
③ 각각 2장을 마주 댄 상태에서 시침 핀으로 고정해 둔다.
④ 솜이 들어갈 구멍을 각각(오른쪽, 왼쪽) 남겨 놓은 후 버튼홀 스티치로 바느질한다.
⑤ 바느질이 완성되었으면 각 3장을 겹쳐 가운데 부분에 초크로 일직선을 그려 준다.
⑥ 초크로 그린 일직선을 따라 버튼홀 스티치로 바느질한다.
⑦ 2개의 크리스마스트리가 만들어진 후 각각 남겨 놓은 구멍에 방울솜을 넣은 다음 버튼홀 스티치로 바느질해서 마무리한다.
⑧ 트리에 폼폼이를 붙인다.
⑨ 펠트지를 2장 겹친 다음 별을 2개 그려서 오린다.
⑩ 2장을 겹친 후 솜 구멍을 남겨 둔 다음 버튼홀 스티치로 바느질을 한다.
⑪ 솜 구멍을 통해 솜과 불빛이 들어오는 장식을 넣고 버튼홀 스티치로 마무리한다.
⑫ 완성된 별을 트리 위에 바느질해서 붙인다.
⑬ 휴지심 겉을 접착 펠트지로 감싸고 동그랗게 자른 상자를 휴지심 위, 아래에 붙여 밑둥을 만들어 트리 밑에 붙인다.
⑭ 펠트지에 트리에 붙일 장식(눈사람, 산타, 종, 지팡이, 장갑, 트리)을 그린 후 오린다.

⑮ 만든 장식 뒷부분에 각각 실을 붙인다.

⑯ 박스를 동그랗게 잘라 가운데에 할핀을 꽂아 돌림판을 만든다.

⑰ 돌림판 위에 펠트지로 6개 영역을 나눈 다음 1, 2, ★을 펠트지로 오려 붙여 돌림판을 완성한다.

활동방법

① 크리스마스에 무엇을 볼 수 있는지 유아들과 이야기를 나눈다.

- 크리스마스라고 하면 무엇이 생각나나요?
- 트리를 본 적이 있나요?
- 어디에서 보았나요?

② 교사가 트리를 제시한 후 유아들과 탐색하며 트리를 본 경험을 이야기한다.

- 트리에 무엇이 달려 있는지 본 적이 있나요?
- 트리를 만들어 본 적이 있나요?

③ 교사가 미리 준비한 돌림판을 보여 주며 게임을 하는 방법을 설명한다.

- 유아들을 두 조로 나눈다.
- 숫자 1, 2, ★이 각각 두 개 붙여져 있는 돌림판을 보여 주며 두 조에서 각각 돌림판을 돌려 나오는 숫자만큼 장식물을 붙이고 ★이 나오면 장식물을 붙일 수 없다는 설명을 해 준다.
- 어느 조가 먼저 할지 가위 바위 보를 해서 순서를 정하거나 유아들이 의논해서 정하게 한다.
- 돌림판을 돌려 숫자만큼 장식물을 붙여 트리가 먼저 완성된 조가 이긴다.

④ 활동 후 느낌을 유아와 함께 이야기를 나눈다.

- 어느 조가 규칙을 더 잘 지켰나요?
- 어떤 점이 재미있거나 좋았나요?
- 누가 먼저 이야기해 볼까요?

확장활동

- 트리나 기타 장식물의 수를 셀수 있도록 지도한다.
- 돌림판을 다른 게임이나 활동에 활용한다.

주의 및 유의점

- 중앙선을 따라 박음질을 하기 때문에 솜이 들어갈 구멍은 반드시 양쪽에 각각 내도록 한다.
- 트리 모양을 예쁘게 만들려면 솜의 양을 적절하게 조정하면서 넣어야 한다.

3. 의사소통 영역

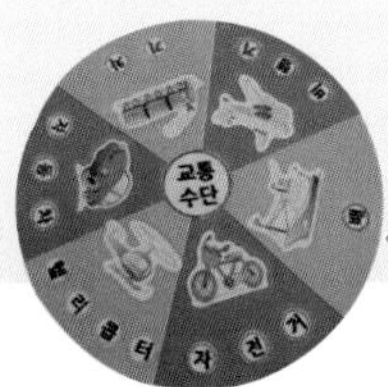

3-1 난 무엇일까요?

활동목표

- 교통수단의 부분을 보고 교통수단을 말할 수 있다.
- 교통수단의 명칭을 말할 수 있다.

제작재료

- 폼보드, 색상별 펠트지, 물티슈 뚜껑, 리본 끈, 까슬이와 보슬이, 교통수단 사진, 하드보드지, A4 용지, 가위, 글루건, 코팅기, 코팅용지, 눈알

제작방법

① 아이들이 좋아하는 자동차 캐릭터를 6개 만든다.
  - 자동차 캐릭터 가운데에 물티슈 뚜껑을 붙이고 물티슈 뚜껑 바깥쪽과 안쪽에 보슬이를 붙인다.

② 교통수단은 부분 사진 1장과 전체 사진 1장으로 출력하여 코팅을 한다.
  - 출력한 교통수단 사진 중 부분 사진은 물티슈 뚜껑 바깥쪽에, 전체 사진은 물티슈 뚜껑 안쪽에 까슬이를 이용하여 붙인다.

③ 교통수단 사진에 해당하는 이름을 출력하여 코팅을 한 후 물티슈 뚜껑 안쪽의 윗부분에 붙인다.

④ '난 무엇일까요?' 글자를 출력 후, 한 글자씩 코팅한 뒤 폼보드 위쪽에 붙여 준다.

⑤ 폼보드 뒷면에 하드보드지를 붙인다.

⑥ 자동차 캐릭터들을 폼보드에 붙인 후 마지막에 폼보드 테두리에 리본 끈을 붙인다.

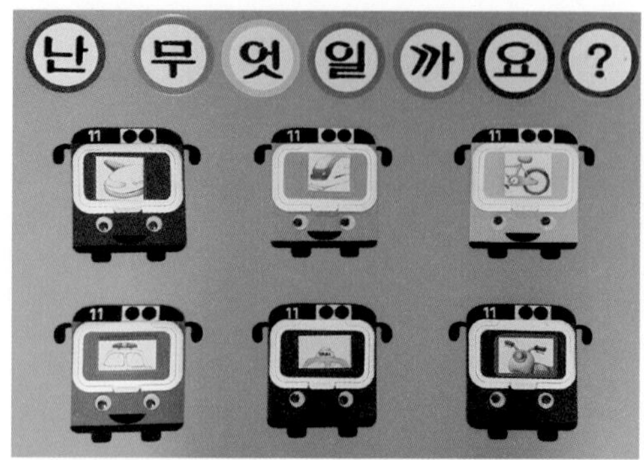

활동방법

① 난 무엇일까요? 교통수단 배경판을 보며 이야기를 나눈다.
 - 이 그림 중 친구들이 본 것이 있나요?
 - 어디에서 보았나요?

② 다양한 교통수단을 이용해 본 경험에 대하여 이야기를 나눈다.
 - ○○가 타 본 것을 골라 보세요.
 - 이것의 이름은 무엇일까요?
 - 기차, 비행기, 배, 택시, 경찰차, 자전거, 오토바이 등이라고 말한다.

③ 그림 자료의 부분을 보고 교통수단에 대해서 이야기를 나눈다.
 - 부분 사진을 보여 주고 교통수단 중 어떤 것인지 알아본다.
 - 누가 맞추어 볼까요?
 - 물티슈 뚜껑을 열어 보면 교통수단 전체 그림이 있다.

④ 활동 후 유아와 함께 이야기를 나눈다.
 - 어떤 점이 재미있거나 좋았나요?
 - 누가 먼저 이야기해 볼까요?

확장활동

- 교통수단, 즉 탈것들의 특징을 이야기해 보고 신체 표현 활동으로 확장시킨다.
- 견학 장소로 교통수단과 관련된 곳을 선정하여 확장활동을 한다.

주의 및 유의점

- 어떤 교통수단인지 쉽게 알아맞혀 보도록 유아가 기본적으로 인지하고 있는 교통수단의 가장 특징적인 부분을 제시한다.

3-2 부분 글자와 그림 맞추기

활동목표

- 부분 글자와 그림을 보고 전체 글자와 그림을 말할 수 있다.
- 친숙한 글자와 그림을 말할 수 있다.

제작재료

- 하드보드지 4장, 동물, 과일 그림 사진, 투명 시트지 한 마, 칼, 가위, 자, 풀

제작방법

① 하드보드지를 10cm×10cm 크기로 오려서 주사위 2개를 만든다.
② 동물, 과일 그림 사진은 10cm×15cm 크기로 각각 2부씩 인쇄한다.
③ 동물, 과일 그림 1부는 각각 코팅하여 자른다.
④ 동물 그림 1부는 각각 반으로 잘라서 주사위 각 면에 반을 풀로 붙인 후 투명 시트지로 한 번 더 붙인다.
⑤ 동물 그림의 나머지 반은 투명 시트지를 붙여서 오린다.
⑥ 과일 그림도 ④, ⑤와 같은 방법으로 제작한다.

참고

- 주사위와 그림 카드를 만들 때 정확한 크기로 그려서 오려 낸다.

- 2개의 같은 상자를 구해서 사용해도 무방하다.

활동방법

① 준비된 교구를 보여 주며 동물, 과일 이름에 대해 이야기를 나눈다.
- (과일 그림 카드 제시) 과일의 이름은 무엇일까요?
- 바나나, 사과, 딸기, 수박, 체리 등
- (동물 그림 카드 제시) 동물의 이름은 무엇일까요?
- 펭귄, 판다, 사자, 호랑이, 토끼 등

② '부분 글자와 그림 맞추기' 활동을 소개한다.
- 부분 그림을 찾아서 맞추고 동물, 과일 이름을 만들 수 있어요.
- 친구들이 좋아하는 동물, 과일 부분을 찾아 전체를 맞추어 보아요.
- 동물, 과일 카드에 있는 그림과 글자를 찾아서 2개 주사위에 있는 부분과 전체 그림, 글자를 맞추어 보세요.

③ 또래와 함께 동물, 과일 부분 글자와 그림 맞추기 활동을 해 보도록 한다.
- 완성된 과일 그림 카드 이름을 맞추어 읽어 볼까요?
- 완성된 동물 그림 카드 이름을 맞추어 읽어 볼까요?

④ 활동 후 느낀 점에 대해서 유아와 함께 이야기를 나눈다.
- 어떤 점이 재미있거나 좋았나요?
- 누가 먼저 이야기해 볼까요?

확장활동

- 누가 먼저 동물이나 과일 그림 카드를 맞출 수 있는지 게임을 한다.
- 유아가 동물이나 과일 그림 카드에 씌여진 글씨를 보고 모래에 손가락으로 글씨를 써 보도록 연계한다.
- 동물이나 과일 글씨에 색칠을 하면서 글자에 관심을 가지도록 유도한다.

주의 및 유의점

- 유아에게 충분한 시간을 주어서 참여할 수 있는 기회를 제공한다.

3-3 아기 돼지 삼형제 손가락 인형

활동목표

- 아기 돼지 삼형제가 주는 의미와 소중함을 느낄 수 있다.
- 형제끼리 서로 돕고 협력할 수 있는 방법을 말할 수 있다.
- 아기 돼지 삼형제 역할놀이를 할 수 있다.

제작재료

- 다양한 색상의 펠트지, 글루건, 글루건 심, 오공본드, 가위, 접착테이프, 실, 바늘, 솜

제작방법

① 펠트지를 2장 겹쳐 손 모양을 2장 그린 후 오린다.
② ①을 각각 버튼홀 스티치로 바느질한다.
③ 펠트지에 아기 돼지 삼형제, 집 세 채, 늑대, 나무를 그려서 각각 오린다.
④ 아기 돼지 삼형제를 솜 구멍을 남긴 후 버튼홀 스티치로 바느질한다.
⑤ 솜 구멍을 통해 솜을 넣은 후 버튼홀 스티치로 바느질하여 마무리한다.
⑥ 집 세 채, 늑대, 나무도 ④, ⑤와 같은 방법으로 제작한다.
⑦ 아기 돼지 삼형제 얼굴과 늑대는 눈, 코, 입, 귀를 붙여 꾸며 준다.
⑧ 집 세 채와 나무도 펠트지를 이용해서 각각 꾸며 준다.
⑨ 손가락 장갑에 아기 돼지 삼형제 얼굴, 집, 늑대, 나무를 글루건으로 붙인 후 바느로 살짝 꿰매 준다.

참고

- 아기 돼지 삼형제와 늑대의 눈은 시판하는 눈알을 붙이면 효과적이다.

활동방법

① '아기 돼지 삼형제' 손가락 인형을 보여 주면서 유아와 함께 이야기를 나눈다.
- 〈아기 돼지 삼형제〉 동화 내용에 대해서 들어본 적 있나요?
- 어디서 들었나요?
- 누구에게 들었나요?

② 〈아기 돼지 삼형제〉 동화를 들려 준다.
- 첫째는 지푸라기, 둘째는 나무, 셋째는 벽돌로 집을 지었어요.
- 늑대가 나타나 후 불었더니 첫째 집과 둘째 집은 무너져 버렸어요.
- 셋째 집은 튼튼해서 늑대가 불어도 무너지지 않아요.
- 늑대는 굴뚝으로 들어가서 아기 돼지 삼형제를 잡아먹으려 해요. 똑똑한 막내 돼지가 아궁이에 불을 때워서 늑대는 굴뚝에서 떨어져요. 늑대는 아궁이에서 불타고, 아기 돼지 삼형제는 행복하게 살았답니다.

③ 만약에 친구들이 '아기 돼지 삼형제'라면 늑대가 나타나기 전에 어떤 집을 지었을까에 대해 이야기를 나눈다.
- 벽돌집을 지어요.
- 아파트를 지어요.
- 커다란 집을 지어요.
- 튼튼한 집을 지어요.

④ 친구들은 왜 그런 집을 짓고 싶나요?
- 무너지면 늑대에게 잡혀요.
- 집을 튼튼하게 지어야 늑대가 못 들어와요.
- 집이 커야 늑대가 못 들어와요.

⑤ 활동 후 느낀 점에 대해서 유아와 함께 이야기를 나눈다.
- 어떤 점이 재미있거나 좋았나요?
- 누가 먼저 이야기해 볼까요?

주의 및 유의점

- 글루건을 사용할 때는 손에 화상을 입을 수 있으니 안전하게 사용한다.
- 손가락 인형을 제작하기 힘든 경우 역할에 알맞은 사진을 출력한 후 코팅하여 사용한다.
- 손가락 장갑은 바느질 간격을 감안하여 실제 손모양보다 크게 그려서 오린다.

3-4 교통수단 이름 말하기

활동목표

- 교통수단의 이름을 말할 수 있다.

제작재료

- 하드보드지, 색지, 코팅지, 글루건, 글루건 심, 집게, 가위, 풀, 마스킹테이프, 플라스틱 용기 통

제작방법

① 하드보드지 2개에 원형을 그려서 오린 후 풀로 붙인 다음 마스킹테이프로 마감해 놓는다.
② 노란색과 파란색 색지를 삼각형 모양으로 6개를 오려 자른다.
③ 자른 삼각형 모양 색지를 교차되게 원형 모양 하드보드지에 붙여 준다.
④ 교통수단의 그림을 출력하여 코팅해서 자른다.
⑤ 교통수단의 명칭은 같은 명칭을 두 개씩 출력하여 코팅해서 자른다.
⑥ ③에 교통수단의 그림과 명칭을 붙여 준다.
⑦ 코팅해서 자른 교통수단 명칭을 집게 위에 글루건으로 단단하게 붙여 준다.

참고

- 교통수단의 그림과 명칭 그림을 하드보드지 위 색지 칸에 알맞게 붙인다.

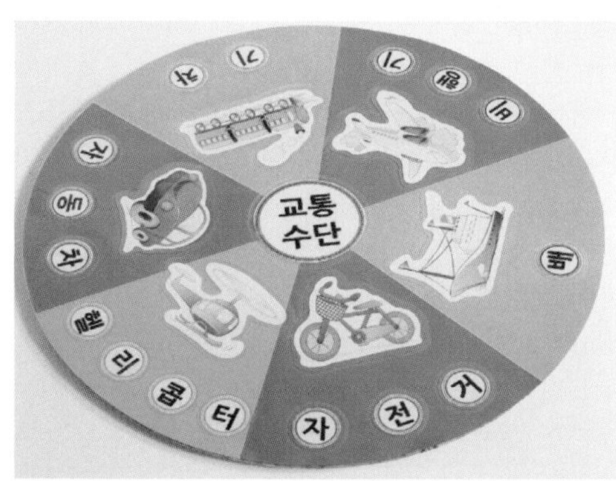

활동방법

① 교구를 보여 주며 교통수단에 대해 이야기를 나눈다.
- 이 그림 중 친구들이 본 것이 있나요?
- 어디에서 보았나요?

② 다양한 교통수단을 이용해 본 경험에 대하여 이야기를 나눈다.
- 무엇을 타 보았나요?
- 누구랑 타 보았나요?
- 타고 어디를 갔나요?

③ 유아들과 '교통수단 알아보기' 활동을 한다.
- 이것의 이름은 무엇일까요?
- 교통수단 원형 그림판에 있는 그림에 글자 집게를 찾아서 꽂아 본다.
- 교통수단 원형 그림판과 글자 집게의 완성된 글자를 읽어 보아요.
- 기차, 비행기, 배, 헬리콥터, 자동차, 자전거라고 말한다.

④ 활동 후 느낀 점에 대해서 유아와 함께 이야기를 나눈다.
- 어떤 점이 재미있거나 좋았나요?
- 누가 먼저 이야기해 볼까요?

확장활동

- 다양한 원형 그림판과 글자 집게 등을 준비하여 유아들이 호기심을 가지고 그림과 글자를 연결하여 자연스럽게 언어활동으로 이어질 수 있도록 유도한다.

3-5 숨은 단어 찾기

활동목표

- 글자를 찾아봄으로써 한글에 흥미를 가질 수 있다.
- 준비된 그림과 글자를 보고 같은 글자를 찾을 수 있다.

제작재료

- 하드보드지, EVA, 머메이드지, 펠트지, 시트지, 폼폼이, OHP 필름, 코팅지, 글루건, 글루건 심, 가위, 칼, 풀

제작방법

〈동물 모양판〉

① 머메이드지와 EVA를 이용해서 생쥐 캐릭터를 오리고 귀 부분을 낱말판 네모 모양 크기로 잘라 준다.

② 완성된 동물판 위에 눈과 입을 꾸며 준다.

③ 코팅된 생쥐 캐릭터 위에 눈알과 폼폼이를 붙이고 뒤에 검은색 EVA를 덧대어 입체감을 준다.

〈글자판과 그림 카드〉

① 하드보드지 앞면에 동물 모양판의 귀의 길이와 알맞게 두 글자씩 가로 5칸, 세로 6칸 배열한다.

② 하드보드지에 배열한 글자들을 붙이고 시트지를 붙여 준다.

③ 글자와 그림을 직사각형 형태의 그림 카드로 오린 후 코팅한다.

④ 코팅된 숨은 단어 찾기를 노랑색 펠트지에 덧대어 큰 상자 앞면에 붙이고, 폼폼이로 장식해 준다.

〈상자〉

① 하드보드지를 이용해서 큰 상자 크기로 글자판을 보관할 수 있도록 만든다.

② 만든 상자를 안쪽 면은 연보라색 접착 펠트지, 겉면은 보라색 펠트지로 감싸 붙여 준다.

③ 상자 밑면에는 끈을 달고, 옆 부분에는 단추를 달아 상자 뚜껑이 열릴 수 있도록 만든다.

④ 하드보드지를 이용해 큰 상자를 만들어 준다.

⑤ 낱말 카드를 넣을 작은 상자를 하드보드지로 만들어서 위에는 펠트지로 쥐 모양과 폼폼이를 붙인다.

참고

- 낱말 카드의 뾰족한 부분이 없도록 모서리를 둥글게 곡선으로 잘라 준다.

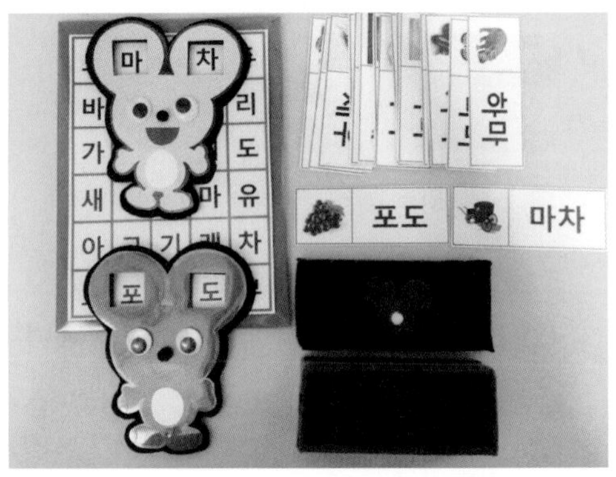

활동방법

① 준비된 교구를 보여 주며 숨은 단어 찾기에 대해 이야기를 나눈다.

- (숨은 단어 찾기 카드 제시) 보여 준 사물의 이름은 무엇일까요?
- 포도, 마차, 새우, 아기 등

② '숨은 단어 찾기 카드' 활동을 소개한다.

- 동물 모양판에 있는 단어에 맞는 낱말 카드를 찾아보아요.
- 낱말 카드에 있는 단어를 글자판에서 찾아보아요.

③ 유아들이 함께 활동을 해 보도록 한다.

- 낱말 카드에 있는 글자와 글자판에 있는 글자를 찾아서 읽어 보아요.
- 글씨를 손가락으로 써 보아요.

④ 활동 후 느낀 점에 대해서 유아와 함께 이야기를 나눈다.

- 어떤 점이 재미있거나 좋았나요?
- 누가 먼저 이야기해 볼까요?

확장활동

- 언어 영역에 두어 유아들이 직접 사물의 이름을 써 볼 수 있도록 한다.
- 수수께끼를 이용하여 사물의 이름과 관련된 단어 찾기 활동을 한다.

3-6 이름을 맞춰 보아요

활동목표

- 그림과 글자를 연결하여 읽을 수 있다.

제작재료

- 원형 깡통, 골판지, 색지, 색 끈, 코팅지, 그림 카드, 글루건, 글루건 심, 가위, 칼, 풀

제작방법

① 원형 깡통의 크기에 맞게 골판지를 오려서 접착테이프로 붙인다.

② 동물, 과일, 채소, 옷 등 일상과 관련된 그림과 단어를 인쇄한다.

③ ②를 색지 위에 붙인 후 코팅해서 오린다.

④ 원형 깡통에 그림과 글자 카드를 빙 돌아가면서 붙여 준다.

⑤ 원형 깡통 테두리에 색 끈을 둘러서 글루건으로 붙여 마무리한다.

활동방법

① 준비된 교구를 보여 주며 그림과 단어에 대해 이야기를 나눈다.

- 여기에 있는 물건의 이름은 무엇일까요?
- 바지, 레몬, 오이, 펭귄, 장갑, 기린, 사슴 등

② '이름을 맞춰 보아요' 활동을 소개한다.

- 그림과 단어를 찾아서 맞춰 보아요.
- 좋아하는 사물의 이름을 맞춰 보아요.

③ 유아들이 함께 활동을 해 보도록 한다.

- 그림과 단어를 읽어 보아요
- 글씨를 손가락으로 써 보아요.

④ 활동 후 느낀 점에 대해서 유아와 함께 이야기를 나눈다.

- 어떤 점이 재미있거나 좋았나요?
- 누가 먼저 이야기해 볼까요?

확장활동

- 누가 먼저 그림이나 글자를 찾아서 읽을 수 있는지 게임을 한다.
- 그림과 글자를 연결하여 읽고 쓸 수 있는 활동으로 유도한다.

주의 및 유의점

- 유아에게 충분한 시간을 주어서 참여할 수 있는 기회를 제공한다.

4-1 악기를 연주해요

활동목표

- 노래에 맞추어 악기를 연주할 수 있다.
- 각 악기로 간단한 리듬을 표현할 수 있다.

제작재료

- 마라카스: 페트병, 펠트실, 다양한 색상의 펠트지, 곡물, 가위, 접착 펠트지, 글루건, 눈알
- 빨래판: 다이소 빨래판, 다양한 색상의 펠트지, 폼폼이, 리본 끈, 주걱, 솜, 글루건, 눈알
- 탬버린: 일회용 색깔 접시, 펀치, 방울, 식빵 끈, 색종이, 다양한 색상의 펠트지, 글루건

제작방법

〈마라카스〉

① 주황색 펠트지를 두 겹 겹친 후 너구리의 얼굴과 몸 전체의 밑그림을 페트병 크기보다 크게 그려 오린다.

② 페트병이 들어갈 크기만큼 구멍을 남기고 버튼홀 스티치로 바느질한다.

③ 페트병에 곡물을 넣은 후, 패트병 주변을 솜으로 채운 다음 버튼홀 스티치로 바느질 하여 마무리한다.

④ 펠트지로 얼굴, 몸 등을 꾸며 준 후 글루건으로 붙여 완성한다.
⑤ 토끼도 ①, ②, ③, ④와 같은 방법으로 제작하여 마무리한다.

〈빨래판 귀로〉

① 초록색 펠트지를 2장 겹쳐 악어 얼굴을 그린 후 오린다.
② 솜 구멍을 남겨 놓고 버튼홀 스티치로 바느질한다.
③ 솜 구멍을 통하여 솜을 넣어 준 후 버튼홀 스티치로 바느질하여 마무리한다.
④ 하얀색 펠트지로 악어의 이빨을 오려 글루건으로 붙여 주고 눈알도 붙여 준다.
⑤ 빨래판을 펠트지에 놓은 후 옆면을 펠트지로 덮어 글루건으로 붙여 준다.
⑥ 빨래판 위쪽에 악어의 얼굴을 글루건으로 붙여 준다.
⑦ 초록색 펠트지를 두 겹으로 겹쳐 악어의 팔 두 개와 발 두 개를 그린 후 오린다.
⑧ ②와 ③의 방법으로 팔 두 개와 발 두 개를 완성한다.
⑨ 악어의 팔은 빨래판의 윗부분에, 발은 빨래판의 아랫부분에 글루건으로 붙인다.
⑩ 리본 끈의 끝을 빨래판 안쪽에 숨겨 넣은 후 글루건으로 붙인다.
⑪ 빨래판 귀로에 주걱을 리본 끈 끝 부분에 달아 준다.

〈탬버린〉

① 일회용 색깔 접시를 동물의 얼굴로 꾸며 준다.
② 펀치로 접시의 가장자리를 여섯 군데 정도 뚫어 준다.
③ 딸랑거리는 방울을 식빵 끈을 이용하여 달아 준다.

참고

- 마라카스: 곡물이 새어나오지 않도록 뚜껑을 잘 닫아 준다.
- 탬버린: 끈이 풀리지 않도록 단단하게 고정시켜 준다.

활동방법

① 유아에게 알고 있는 악기가 있는지 물어본다.
- 마이크 소리를 들어 본 적이 있나요?
- 어디에서 보았나요?

② 유아와 함께 교구를 탐색하며 활동방법에 대하여 이야기를 나눈다.
- 마라카스는 어떻게 해야 소리가 날까요?
- 탬버린은 어떻게 해야 소리가 날까요?
- 빨래판 귀로는 어떻게 해야 소리가 날까요?

③ 교구를 이용하여 연주한다.
- 이곳을 치면 무슨 소리가 날까요?
- 각각 다른 소리가 나는 악기들을 연주해 봅시다.

④ 활동 후 유아와 함께 이야기를 나눈다.
- 어떤 점이 재미있거나 좋았나요?
- 누가 먼저 이야기해 볼까요?
- 어떤 소리가 가장 마음에 드나요?
- 마라카스를 연주해 본 느낌이 어떤가요?
- 탬버린을 연주해 본 느낌이 어떤가요?
- 빨래판 귀로를 연주해 본 느낌이 어떤가요?
- 악기에 대해 새롭게 알게 된 점이 있나요?

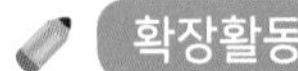

확장활동

- 유아들이 다양한 악기에 관심을 가질 수 있도록 지도한다.

주의 및 유의점

- 글루건 사용 시 화상에 유의하도록 한다.
- 활동을 어려워하는 유아가 있는 경우 처음은 교사가 도와주고, 나머지 부분은 유아 스스로 할 수 있도록 한다.

4-2 장구를 쳐 봐요

활동목표

- 우리나라의 전통악기에 관심을 가질 수 있다.
- 장구를 연주할 수 있다.

제작재료

- 하드보드지, 지점토, 검정색 물감, 다양한 색상의 펠트지, 색지, 지끈, 플라스틱 접시(2개), 코팅지, 알루미늄 망, 컵라면 용기(8개), 일회용 접시(2개), 나무젓가락(8개), 가위, 커터칼, 글루건, 송곳, 전기 절연 테이프

제작방법

〈울림통〉

① 펠트지로 컵라면 용기의 옆면을 감쌀 수 있도록 용기당 6개씩(8×6=48) 총 48개를 사다리꼴 형태로 오린다.

② 사다리꼴 형태로 오린 펠트지로 컵라면 용기의 옆면에 감싼 후 글루건으로 붙인다.

③ 2개씩 컵라면 용기 바닥을 글루건으로 이어 붙인다.

④ 이어 붙인 부분을 검정 펠트지로 감싸 글루건으로 붙여 울림통을 완성한다.

〈북편〉

① 플라스틱 접시로 북편 만들기
- 접시 가장자리에 송곳으로 구멍 8개를 낸다.
- 색지로 큰 태극 문양을 만들어 플라스틱 접시에 붙인다.

② 종이 접시로 북편 만들기
- 접시 가장자리에 송곳으로 구멍 8개를 낸다.
- 색지로 큰 태극 문양을 만들어 종이 접시에 붙인다.

③ 알루미늄 망으로 북편 만들기

- 하드보드지를 원 형태로 2개 자른다.
- 원 가운데에 구멍을 크게 내어 도넛 형태로 만든다.
- 2개의 철망을 원 형태로 자른다.
- 글루건을 이용하여 철망을 도넛 형태의 하드보드지에 붙인다.
- 색지로 작은 태극 문양을 만들어 도넛 형태의 하드보드지 가장자리에 붙인다.

④ 코팅지로 북편 만들기
- 하드보드지를 원 형태로 2개 자른다.
- 원 가운데 구멍을 크게 내어 도넛 형태로 만든다.
- 4장의 손 코팅지를 원 형태로 자른다.
- 글루건을 이용하여 2장의 손 코팅지를 겹쳐 붙인다.
- 글루건과 전기 절연 테이프를 이용하여 손 코팅지를 도넛 형태의 하드보드지에 붙인다.
- 색지로 작은 태극 문양을 만들어 도넛 형태의 하드보드지 가장자리에 붙인다.

〈조이개〉

① 사다리꼴 형태로 갈색 펠트지를 오린다.
② 글루건을 사용하여 오린 펠트지의 세로 한쪽 가장자리를 붙인다.

〈장구 완성하기〉

① 북편에 뚫린 구멍이 사선으로 맞물리도록 울림통 양쪽에 붙인다.
② 지끈을 구멍에 끼워 넣어 'W' 형태로 엮는다.
③ 다 엮은 지끈의 끝부분을 글루건으로 붙인다.
④ 울림통에 엮인 지끈을 조이개 사이에 넣고 붙이지 않은 쪽 세로 가장자리를 붙인다.

〈장구 궁굴채〉

① 나무젓가락을 전기 절연 테이프로 감싼다.
② 지점토에 검정색 물감을 바른다.
③ 검정색 지점토를 100원 크기의 구 형태로 만들어 나무젓가락 한쪽 끝부분에 감싼다.

〈장구 열채〉

① 나무젓가락을 전기 절연 테이프로 감싼다.

참고

- 컵라면 용기를 펠트지로 감쌀 때, 펠트지를 일정한 크기로 오린다.
- 송곳, 칼, 글루건을 사용할 때 지나치게 힘을 주지 않도록 하며, 안전에 유의한다.

활동방법

① 유아와 함께 전통 악기에 대해 이야기를 나눈다.

- 사진 속에 무엇이 보이나요?
- 전통악기를 실제로 본 적이 있나요?
- 전통악기를 어디서 보았나요?
- 전통악기로 연주하는 것을 본 적이 있나요?

- 전통악기로 연주를 해 본 적이 있나요?

② 유아와 함께 교구를 탐색하며 활동방법에 대하여 이야기를 나눈다.

- 이 장구를 무엇으로 만들었을까요?
- 장구는 어떻게 해야 소리가 날까요?

③ 교구를 이용하여 연주할 수 있도록 한다.

- 이곳을 치면 무슨 소리가 날까요?
- 각각 다른 소리가 나는 장구들을 연주해 봅시다.
- 어떤 소리가 가장 마음에 드나요?

④ 활동 후 느낀 점에 대해서 유아와 함께 이야기를 나눈다.

- 장구를 연주해 본 느낌이 어떤가요?
- 장구에 대해 새롭게 알게 된 점이 있나요?

확장활동

- 유아의 발달 수준을 고려하여 장구 가락의 난이도를 조절한다.
- 전통 국악관을 견학 장소로 선정하여 유아들이 우리나라 전통악기 장구에 대한 관심과 호기심을 갖게 하여 심미감을 느낄 수 있도록 지도한다.

주의 및 유의점

- 활동을 어려워하는 유아가 있는 경우 처음은 교사가 도와주고, 나머지 부분은 유아 스스로 해 보도록 한다.

4-3 꽃 도장 찍기

활동목표

- 꽃의 이름을 말할 수 있다.
- 꽃 도장을 찍을 수 있다.

제작재료

- 요구르트 병, 스펀지, 조화 꽃(개나리, 벚꽃, 패랭이꽃, 진달래꽃), 꽃 사진, 글루건, 연필, 색종이, 점토, 가위, 풀, 투명 박스테이프, 요구르트 병 안에 넣을 것(쌀, 콩, 방울, 흙, 돌멩이 등), 목공풀, 화지

제작방법

① 요구르트 병을 잘 씻어서 말린다.
② 요구르트 병 몸 부분을 색종이로 붙인다.
③ 색종이 위에 꽃 사진을 풀로 붙인 후 투명 박스테이프로 감싼다.
④ 색종이로 꽃 이름을 오려 요구르트 병 상단에 붙인다.
⑤ 스펀지에 꽃의 특성을 살려 연필로 밑그림을 그린다.
⑥ 모양에 맞게 오린 뒤 요구르트 병 하단에 목공풀이나 글루건으로 부착한다.
⑦ 각 요구르트 병 안에 쌀, 콩, 방울, 돌멩이를 넣어 서로 다른 소리가 나도록 한다.
⑧ 요구르트 병 입구를 점토로 막고, 조화 꽃을 꽂는다.

활동방법

① 유아들과 꽃을 본 경험을 이야기한다.

- 꽃을 본 적이 있나요?
- 어디에서 보았나요?
- 무슨 색이었나요?
- 꽃 이름을 알고 있나요?

② 교구를 보며 이야기를 나눈다.

- 이런(개나리, 벚꽃, 진달래꽃, 패랭이꽃 등) 꽃을 본 적이 있나요?
- 개나리꽃은 무슨 색인가요?
- 진달래꽃은 무슨 색인가요?
- 패랭이꽃은 어떻게 생겼나요?
- 벚꽃은 어떻게 생겼나요?

③ 교사가 꽃 도장으로 할 수 있는 활동을 유아들과 이야기한다.

- 도장을 본 적이 있나요?
- 어디에서 보았나요?
- 도장을 찍어 본 적이 있나요?
- 도장 찍기로 무슨 놀이를 할 수 있을까요?
- 꽃 도장을 흔들면 소리가 나요. 어떤 놀이를 해 볼까요?

④ 유아들이 꽃 도장으로 도장 찍기 활동을 한다.

- 교사가 요구르트 병 하단에 부착한 스펀지에 물감을 묻혀 화지에 꽃 도장을 찍는 시범을 보인다.

- 우화, 예쁜 꽃모양 그림이 나왔어요, 다시 찍어 보아도 똑같은 그림이 나오네요.
- 친구들과 함께 꽃 도장을 자유롭게 찍어 보아요.
- ○○는 어떤 색(모양) 꽃을 좋아하나요?
- □□는 어떤 꽃 모양 도장을 찍고 싶나요?

⑤ 꽃 도장을 흔들어 소리를 비교하는 활동을 한다.
- 내가 흔드는 꽃 도장은 어떤 소리가 날까요?
- 친구들이 내는 소리와 어떻게 다른가요?

⑥ 활동 후 느낀 점에 대해서 유아와 함께 이야기를 나눈다.
- 어떤 점이 재미있거나 좋았나요?
- 누가 먼저 이야기해 볼까요?

확장활동

- 꽃길 산책, 꽃시장이나 화훼단지에 견학을 나가서 꽃을 관찰할 수 있는 기회를 준다.
- 꽃 도장을 찍어 나만의 나무를 만들어 볼 수 있도록 한다.
- 음악에 맞추어 꽃 도장을 흔들어 보게 한다.

주의 및 유의점

- 도장놀이를 할 때 조화 꽃이 망가지지 않도록 주의한다.

4-4 실로폰 연주

활동목표

- 실로폰을 채로 두드려 소리를 낼 수 있다.
- 음악에 맞춰 실로폰 채로 리듬을 표현할 수 있다.

제작재료

- 모양이 같은 빈 깡통 6개, 곡식(콩, 깨, 녹두, 쌀, 팥, 조), 하드보드지, 다양한 색상의 펠트지, 시트지, 글루건, 글루건 심, 가위

제작방법

① 빈 깡통 6개를 씻어 물기를 뺀 후 말린다.
② 빈 깡통 6개에 곡식(콩, 깨, 녹두, 쌀, 팥, 조)을 넣은 후 테이프로 단단하게 붙인다.
③ 곡식이 들어 있는 깡통 6개를 다양한 색상의 펠트지로 감싼다.
④ 하드보드지에 깡통 6개가 들어갈 수 있는 크기를 그린 후 오려서 상자를 만든다.
⑤ 만든 상자 바닥과 겉면은 색깔 시트지로 붙인다.
⑥ 상자 안에 곡식이 들어간 통을 순서대로 놓는다.

참고

- 깡통에 담을 곡식은 바짝 말린 후 사용해야 곰팡이가 슬거나 벌레가 생기지 않는다.

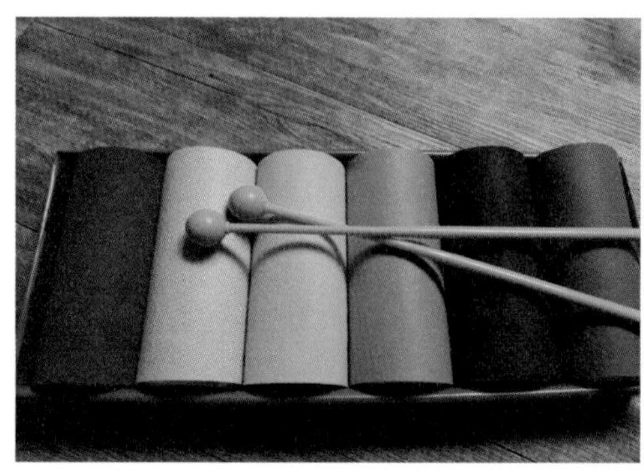

활동방법

① 실로폰을 보며 이야기를 나눈다.
- 실로폰을 본 적이 있나요?
- 실로폰 소리를 들어 보았나요?
- 소리를 내려면 어떻게 해야 할까요?
- 손으로 두드려 볼까요?
- 흔들면 어떤 소리가 나지요?
- 곡물이 들어 있는 깡통을 흔들면서 소리를 탐색해 보도록 한다.

② 실로폰 채를 보여 주며 이야기를 나눈다.
- 실로폰을 연주하려면 무엇이 필요할까요?
- 이것은 실로폰 채라고 불러요. 실로폰을 두드려 볼까요?
- 어떤 소리가 나나요?
- 실로폰 채로 빠르게 두드려 볼까요?
- 실로폰 채로 천천히 두드려 볼까요?

③ 실로폰 채를 이용하여 실로폰을 두드려 보도록 한다.
- 선생님이 실로폰 채로 실로폰을 두드리는 시범을 보인다.
- 음악을 들으면서 실로폰을 연주해 볼까요?
- 실로폰 채로 실로폰을 두드리고 흔들며 나오는 소리를 통해 음의 차이를 느낀다.

④ 활동 후 느낀 점에 대해서 유아와 함께 이야기를 나눈다.
- 어떤 점이 재미있거나 좋았나요?
- 누가 먼저 이야기해 볼까요?

확장활동

- 박자와 음에 맞춰 노래를 불러 본다.
- 실로폰으로 간단한 연주를 하게 한다.

주의 및 유의점

- 깡통 속에 내용물과 양은 소리음에 맞게 조절해 넣도록 한다.

4-5 귀로로 연주하기

활동목표

- 귀로로 다양한 소리를 낼 수 있다.
- 귀로에서 나는 소리로 리듬을 만들 수 있다.

제작재료

- 다양한 색상의 펠트지, 나무 빨래판(2개), 플라스틱 빨래판(2개), 나무 주걱(2개), 플라스틱 주걱(2개), 끈, 글루건, 글루건 심, 솜, 가위, 바늘, 실

제작방법

① 빨간색 펠트지에 나무 플라스틱 빨래판을 놓고 빨래판보다 가로 10cm, 세로 3cm 크게 그린 후 오린다.
② ①을 가로와 세로로 나무 빨래판 뒷면에서 앞으로 감싸 씌운 다음 글루건으로 마무리한다.
③ 빨간색 펠트지를 두 겹으로 겹친 후 도깨비 캐릭터 얼굴을 그려서 오린다.
④ 솜 구멍을 남겨 놓고 바느질한다.
⑤ 솜 구멍을 통해 뒤집은 후 솜을 넣고 바느질하여 도깨비 캐릭터 얼굴을 제작한다.
⑥ 하얀색 펠트지에 도깨비 입과 눈을, 검정색 펠트지에 코와 눈동자를 그린 후 오린다.
⑦ 도깨비 캐릭터 얼굴에 눈, 코, 입을 글루건으로 붙인다.
⑧ 빨간색 펠트지를 두 겹으로 겹친 후 도깨비 캐릭터의 팔과 꼬리를 그린 다음 오려서 솜 구멍을 남겨 놓고 바느질한다.
⑨ 솜 구멍을 통해 뒤집은 후 솜을 넣고 바느질하여 팔과 꼬리를 제작한다.
⑩ 도깨비 캐릭터 얼굴이 붙어 있는 빨래판에 글루건으로 팔과 꼬리를 붙인다.
⑪ 나무 빨래판 뒷면의 구멍에 끈을 묶어서 나무 주걱을 연결한다.
⑫ ①~⑫와 같은 방법으로 나머지 3개를 완성한다.

참고

- 빨래판이나 주걱에 구멍이 없어 송곳으로 뚫을 경우에는 안전에 유의한다.
- 끈의 끝을 빨래판 뒷쪽에 숨겨 넣은 후 글루건으로 붙여 주걱과 연결해도 무방하다.
- 도깨비 캐릭터 얼굴의 눈을 시판하는 눈알로 붙여도 무방하다.

활동방법

① 유아들과 귀로를 탐색하며 이야기를 나눈다.
- 이런 것을 본 적이 있나요?
- 선생님이 무슨 소리가 나는지 나무 빨래판을 나무 주걱으로 긁어 볼게요.
- 이런 소리를 들어 본 적이 있나요?
- 무슨 소리가 나나요?
- 플라스틱 빨래판을 플라스틱 주걱으로 긁어 볼게요.
- 이런 소리를 들어 본 적이 있나요?
- 무슨 소리가 나나요?
- 선생님이 손으로 나무와 플라스틱 빨래판을 긁어 볼게요.
- 이것은 귀로라는 악기예요. 홈이 있는 부분을 나무 막대로 긁어서 연주를 해요.
- 귀로로 무엇을 할 수 있을까요?

② 혼자서 귀로 소리를 내는 것과 친구와 함께 귀로 소리를 낼 때 소리의 크기를 비교해 본다.
- 차례대로 귀로 소리를 내어 보자.
- 어떤 소리가 들려요? 박박박~ 드르륵~

- 소리의 특성(강약, 빠르게, 느리게)에 대해서 알아본다.

③ 노래에 맞춰 연주를 해 본다.

- 여러 친구들과 함께 귀로 소리를 내 볼까요?
- ○○랑 △△가 귀로 소리를 내 볼까요?
- 같이 귀로 소리를 내면 무슨 소리가 나는지 들어 보세요.
- 노래가 나올 때 드르륵 드르륵~

④ 활동 후에 느낀 점에 대해서 유아와 함께 이야기를 나눈다.

- 어떤 점이 재미있거나 좋았나요?
- 누가 먼저 이야기해 볼까요?

확장활동

- 친구들과 함께 음률 영역에 배치되어 있는 여러 가지 악기를 가지고 리듬 합주를 해 본다.
- 악기를 이용하여 큰 소리와 작은 소리 내기를 하며 리듬에 맞추어 소리 내기를 해 본다.
- 다른 악기를 추가하여 친구들과 함께 작은 음악회를 열어 본다.

4-6 마라카스

활동목표

- 마라카스를 흔들어 소리를 구분할 수 있다.
- 마라카스를 흔들어 창의적으로 음악 리듬을 만들 수 있다.

제작재료

- 플라스틱 병, 백업, 펠트지, 곡물(쌀, 수수, 조, 커피콩), 글루건, 글루건 심, 데코 테이프, 나무젓가락, 가위

제작방법

① 플라스틱 병을 깨끗하게 씻어 말린다.
② 백업을 일정한 크기로 자르고 그 안에 나무젓가락을 끼워 고정시킨다.
③ 백업을 펠트지로 감싸서 글루건을 사용하여 붙인다.
④ 병 안에 곡식(쌀, 수수, 조, 커피콩)을 넣는다.
⑤ 병뚜껑을 닫고 글루건으로 손잡이를 붙인다.
⑥ 병뚜껑이 보이지 않도록 펠트지를 붙이고 데코 테이프로 감아서 완성한다.

활동방법

① 유아들과 함께 알고 있는 악기에 대해 이야기를 나눈다.
- 악기 소리를 들어 본 적이 있나요?
- 어디에서 들었나요?
- 어떤 악기들을 알고 있나요?
- 악기를 연주해 본 경험이 있나요?

② 유아와 함께 마라카스 소리를 탐색한다.
- 유아에게 마라카스의 소리를 들려 주어 흥미를 유발한 뒤 마라카스를 보여 준다.
- (유아들에게 눈을 감게 하고) 무슨 소리가 나는지 들어 볼까요?
- (마라카스를 흔들면서) 이 소리는 무슨 소리일까요?
- 이 악기의 소리는 어떻게 나는지 입으로 소리를 만들어 볼까요?
- 이 악기의 이름은 무엇일까요?

③ 음악에 맞춰 마라카스로 연주하여 노래를 부른다.
- 마라카스로 어느 부분을 빠르게, 느리게, 세게 흔들면서 연주하면 좋을까요?
- 어떻게 연주하고 싶나요?
- 친구들이 좋아하는 마라카스 음악 리듬을 만들어 보아요.
- 노래를 부르며 마라카스로 연주해 보아요.

④ 활동 후 느낀 점에 대해서 유아와 함께 이야기를 나눈다.
- 어떤 점이 재미있거나 좋았나요?
- 누가 먼저 이야기해 볼까요?

확장활동

- 자신이 만든 악기를 이용해 악기 연주를 해 본다.
- 다양한 음악을 제시해 주고 지휘자 지시에 따라 악기를 연주하는 경험을 해 본다.

주의 및 유의점

- 유아들이 마라카스 소리 탐색 후 마라카스를 선택할 때 다툼이 일어나지 않도록 마라카스를 번갈아 사용하도록 안내한다.
- 유아들이 좋아하고 선호하는 다양한 악기를 제시하여 음악 연주를 해 보도록 한다.

5-1 어떤 과일 속일까요?

활동목표

- 과일의 종류를 말할 수 있다.
- 과일 속이 어떻게 생겼는지 말할 수 있다.

제작재료

- 펠트지, 우드락, 물티슈 뚜껑, 과일과 과일 속 그림 카드, 과일 언어 카드, 시트지, 지끈, 코팅지, 글루건, 글루건 심, 가위, 칼, 자, 양면테이프

제작방법

① '어떤 과일 속일까요?' 글자를 인쇄하여 오린 후 코팅한다.
② 펠트지를 나무 모양으로 오린 다음 우드락에 붙인다.
③ 물티슈 뚜껑 밖에 과일 겉모습 그림을 붙이고 물티슈 뚜껑 안에는 과일 속 그림 카드와 명칭을 붙인다.
④ 물티슈 뚜껑과 나뭇가지의 연결은 지끈을 사용하여 만든다.

〈주의점〉

- 우드락에 물티슈 뚜껑을 붙였다 떼었다 하는 경우 자국이 남을 수 있으니 주의한다.

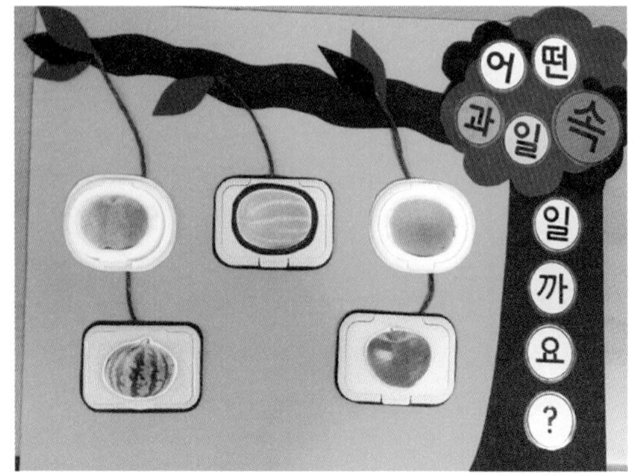

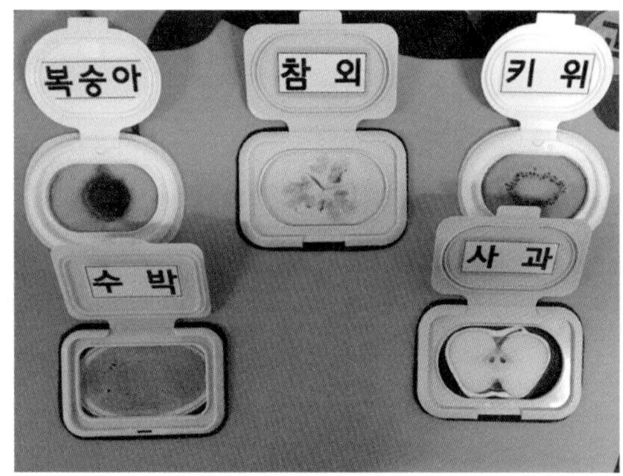

활동방법

① 과일을 보거나 먹어 본 경험에 대해 이야기를 나눈다.
- 여기 있는 과일(수박, 사과, 복숭아, 키위, 참외)을 어디서 본 적이 있나요?
- 과수원, 과일가게에서 보았어요.
- 과일을 먹어 본 적 있나요?
- 수박(사과, 복숭아, 키위, 참외)을 먹어 보았어요.

② 과일의 모양, 크기, 색깔, 촉감 등의 차이점과 공통점에 대해 이야기를 나눈다.
- 이 과일들의 공통점은 무엇일까요?
- 모두 먹을 수 있어요.
- 참외는 노란색이에요.
- 수박의 겉모습은 녹색 바탕에 검은색 줄무늬가 있고, 수박의 속은 빨간색이고 검은색 씨가 있어요.
- 둥근 모양도 있지만 길쭉한 모양도 있어요.
- 과일을 만져 보면 어떤 느낌인가요?
- 매끈매끈한 것도 있고, 거칠거칠한 것도 있어요.

③ 물티슈 뚜껑을 하나씩 열어 과일 속 단면과 과일의 종류, 이름에 대해 알아본다.
- 알고 있는 과일을 말해 볼까요?
- 사과를 알아요.
- 사과 맛은 어때요?
- 사과 겉면은 무슨 색이에요? 모양은 어때요?
- 사과 속에 있는 씨는 어떤 모양이에요?

④ 과일을 이용하여 어떤 것을 만들 수 있는지 이야기한다.
- 과일을 이용해 무엇을 만들 수 있나요?
- 과일 샐러드를 만들어 먹을 수 있어요.
- 과일 주스를 만들어 먹을 수 있어요.

⑤ 활동 후 느낀 점에 대해서 유아와 함께 이야기를 나눈다.
- 어떤 점이 재미있거나 좋았나요?
- 누가 먼저 이야기해 볼까요?

확장활동

- 유아 주변에서 볼 수 있는 다양한 과일의 겉과 속을 탐색해 보는 활동으로 진행한다.
- 과일의 수나 과일 속 씨의 수를 세면서 수 개념을 습득하도록 지도한다.
- 역할놀이를 통해서 사고 싶은 과일의 종류와 개수를 반복적으로 익힐 수 있도록 지도하여 자연스럽게 수 개념을 알 수 있도록 지도한다.
- 가정과 연계하여 일상생활 속에서 다양한 과일의 종류를 구분할 수 있도록 지도한다.
- 과일가게 견학 활동을 통해서 여러 가지 과일의 종류, 모양, 향, 맛 등에 대해서 알아본다.

주의 및 유의점

- 가능하면 각 과일을 사진을 찍어 사용하도록 한다.
- 과일 그림을 인쇄할 경우 화질이 선명하고 실물과 가장 가까운 과일을 선택하여 출력한다.

5-2 자석은 힘이 세!

활동목표

- 자석의 원리를 습득할 수 있다.
- 자석에 붙는 것과 붙지 않는 것을 구별할 수 있다.

제작재료

- 하드보드지, 펠트지, 시트지, 반구, 자석, 글루건, 글루건 심, 반구 안에 넣을 재료(고무줄, 초콜릿, 머리핀, 클립, 지우개, 플라스틱 고리), 가위, 마끈

제작방법

① 하드보드지에 시트지를 붙인다.

② 펠트지에 자동차 모양을 그린 후 오려서 ① 위에 붙인다.

③ 펠트지에 버스 창문, 바퀴 모양을 그려서 오린 후 ① 위에 붙인다.

④ 반구 안에 자석으로 붙는 재료(클립, 머리핀), 자석으로 붙지 않는 재료(고무줄, 플라스틱 고리, 초콜릿, 지우개)를 구분하여 넣는다.

⑤ 재료를 넣은 반구를 버스의 창문과 바퀴 부분에 붙인다.

⑥ 플라스틱 반구 겉면을 글루건으로 붙인다.

⑦ 반구의 둘레를 마 끈으로 깔끔하게 마무리한다.

활동방법

① 자석에 관심을 가지고 탐색하도록 한다.
- 어디에서 자석을 보았나요?
- 어디에 쓰는 걸까요?
- 자석은 어떤 특성이 있나요?

② 우리 반 교실에서 자석에 붙는 물건과 붙지 않는 물건을 찾아보는 활동을 해 본다.
- 유아들에게 자석에 붙는 물건을 가져오게 한다.
- 유아들에게 자석에 붙지 않는 물건을 가져오게 한다.

③ 자석에 붙는 것과 붙지 않는 것을 구분해 본다.
- 투명한 반구 안에 있는 물체 가까이에 자석을 대어 본다.
- 투명한 반구 안에 있는 물체에 자석을 가까이 대고 물체의 움직임을 관찰해 본다.
- 자석에 붙는 것과 붙지 않는 것을 알아본다.
- 자석에 붙는 물건은 어떤 것일까요?
- 클립, 머리핀이에요.
- 자석에 붙지 않는 물건은 어떤 것일까요?
- 고무줄, 플라스틱 고리, 초콜릿, 지우개예요.

④ 활동 후 느낀 점에 대해서 유아와 함께 이야기를 나눈다.
- 어떤 점이 재미있거나 좋았나요?
- 누가 먼저 이야기해 볼까요?

확장활동

- 교실 내에서 자석에 붙는 물건과 붙지 않는 물건을 찾아보는 활동을 한 후, 관찰한 목록을 조사지에 기록해 보도록 한다.
- 다양한 모양의 자석을 과학 영역에 제공하여 유아들이 자석에 붙는 것과 붙지 않는 물건을 주변에서 찾아보도록 격려한다.
- 주변의 물건을 이용해 자석나무를 만들어 본다.
- 자석을 이용한 낚시놀이 활동을 해 본다.

주의 및 유의점

- 글루건을 사용하여 플라스틱 반구를 부착할 때 화상의 위험이 있으므로 주의한다.

5-3 숫자만큼 당근을 심고 수확해요

활동목표

- 1부터 10까지의 숫자를 말할 수 있다.
- 주사위 놀이를 통해 수의 개념을 습득할 수 있다.

제작재료

- 하드보드지, 다양한 색상의 펠트지, 글루건, 글루건 심, 방울, 당근을 담는 용기, 가위, 칼, 솜, 바늘, 실

제작방법

〈주사위〉

① 하드보드지에 5×5cm 크기로 6개를 그린 후 오린 다음 글루건으로 붙여 주사위를 만든다.

② 펠트지에 5×5cm 크기로 2개, 20×5cm를 그린 후 오린다.

③ 주사위 안에 방울을 넣고 글루건으로 붙인다.

④ 펠트지에 1~6까지의 숫자를 쓴 후 오린다.

⑤ ②의 20×5cm에 1~4까지의 숫자를 5cm 간격으로 각각 버튼홀 스티치로 바느질해 둔다.

⑥ ②의 5×5cm에 5와 6을 각각 버튼홀 스티치로 바느질해 둔다.

⑦ ⑤를 주사위를 감싸면서 바느질한다.

⑧ ⑥을 주사위의 윗면과 아래 면에 각각 연결하여 바느질해서 주사위를 완성한다.

〈당근 가방〉

① 펠트지에 화분 모양 20×10cm 크기로 그린 후 오린다.

② 오린 펠트지를 접어서 가방 모양으로 바느질한다.

〈당근〉

① 주황색 펠트지를 2장 겹쳐 당근 모양을 그린 후 오린다.

② 초록색 펠트지를 2장 겹쳐 당근 잎 모양을 그린 후 오린다.

③ 자른 당근 모양을 2장 겹쳐 솜 구멍을 남겨 놓고 주황색 실을 사용하여 버튼홀 스티치로 바느질한다.

④ 솜 구멍을 통해 솜을 넣은 후 버튼홀 스티치로 당근을 마무리한다.

⑤ 자른 당근 잎 모양을 2장 겹쳐 솜 구멍을 남겨 놓고 초록색 실을 사용하여 버튼홀 스티치로 바느질한다.

⑥ 솜 구멍을 통해 솜을 넣은 후 버튼홀 스티치로 당근 잎을 마무리한다.

⑦ 당근에 당근 잎을 붙여 바느질로 완성한다.

참고

- 주사위는 완제품을 구입하거나 작은 상자를 이용해서 숫자를 붙여 사용하면 제작하는 시간을 절약할 수 있다.

활동방법

① 교구를 탐색하며 유아와 함께 이야기를 나눈다.

- 여기에 있는 것이 무엇일까요?
- 주사위와 당근이 있어요.

② '숫자만큼 당근을 심고 수확해요' 활동방법을 설명하도록 한다.

- 주사위를 던져서 숫자가 적혀 있는 숫자만큼 당근 가방에 당근을 넣어요.

- 주사위를 던져서 숫자가 적혀 있는 숫자만큼 당근 가방에서 당근을 꺼내요.

③ 유아들이 함께 활동을 해 보도록 한다.

- 유아가 주사위를 던져 나온 수만큼 당근을 심어 보도록 한다.
- 유아가 주사위를 던져 나온 수만큼 당근을 뽑아 보도록 한다.

④ 활동이 끝난 후 유아들과 느낀 점에 대하여 이야기를 나눈다.

- 어떤 점이 재미있거나 좋았나요?
- 누가 먼저 이야기해 볼까요?

확장활동

- 주사위를 던져 나온 수만큼 당근을 이용하여 간단한 덧셈, 뺄셈을 해 본다.

주의 및 유의점

- 글루건을 사용하여 재료를 부착할 때 화상의 위험이 있으므로 주의한다.
- 아이들이 놀이 활동을 원활하게 하기 위해서 당근의 개수를 여유 있게 만든다.
- 활동을 제시할 때 교사가 먼저 시범을 보이고 유아들이 잘 이해할 수 있도록 지도한다.

5-4 거미줄 숫자 구슬 끼우기

활동목표

- 주어진 숫자만큼 구슬을 꿰어 볼 수 있다.
- 구슬을 꿰어 보고 구슬만큼의 숫자를 찾아볼 수 있다.

제작재료

- 펠트지(바다색, 회색, 갈색, 오렌지색, 흰색, 빨간색), 흰색 지끈, 집게 10개, 여러 색의 구슬, 똑딱이 단추, 솜, 색실, 가위, 바늘, 보슬이, 까슬이, 폼폼이, 박스

제작방법

〈거미판〉

① 바다색 펠트지를 50×50cm 크기로 2장을 오린다.

② 완성된 앞판과 뒷판 사이에 폼폼이와 사각으로 자른 박스를 넣어 준 다음 테두리를 꼼꼼히 바느질해 준다.

③ 사각 펠트지 위에 지끈을 이용해 거미줄 모양으로 바느질하여 만든다.

④ 회색 펠트지를 직사각형으로 4×20cm 크기로 그려서 오린 후 바느질한다.

⑤ 회색 손잡이 펠트지에 솜을 넣고 바느질한 후, 거미판 윗부분에 손잡이를 부착하여 바느질한다.

〈숫자판〉

① 1~10까지 숫자를 오려 준다.

② 빨간색, 오렌지색 펠트지를 동그란 모양으로 각각 10개씩 올려놓는다.

③ 빨간색 펠트지에 보슬이를, 오렌지색 펠트지에 까슬이를 붙여 준다.

④ 오렌지색 펠트지 위에 숫자 1~10까지 바느질한다.

〈거미〉

① 거미줄에 붙여 줄 거미를 갈색, 검정색 펠트지에 그려 오린다.

② 오린 거미에 솜을 넣고 바느질한다.

〈주머니〉

① 회색 펠트지를 삼각형으로 그려서 오린다.

② 거미판에 자른 삼각형 주머니 위에 단추를 부착하여 바느질한다.

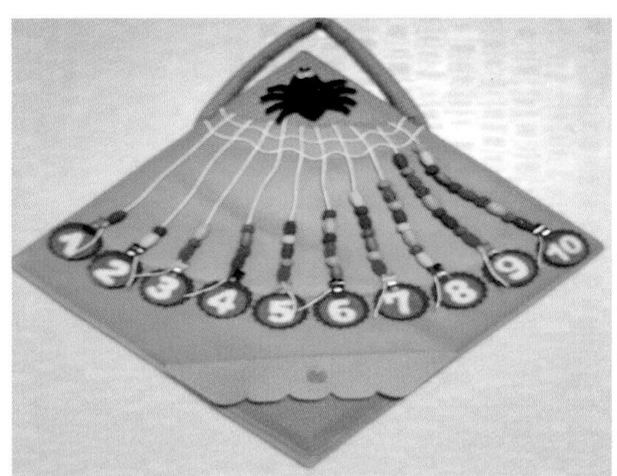

활동방법

① 교구를 탐색하며 유아와 함께 이야기를 나눈다.
- 여기에 있는 것이 무엇일까요?
- 거미와 거미줄, 숫자 카드, 색깔 구슬이 있어요.

② 교사가 '거미줄 숫자 구슬 끼우기' 활동방법을 설명한다.
- 숫자 카드에 적혀 있는 1~10까지 숫자를 읽어 보아요.
- 숫자 카드에 적혀 있는 1~10까지 색깔 구슬을 끼워 보아요.
- 숫자 1은 구슬이 몇 개가 있어야 하나요?
- 숫자 2, 3, 4, 5, 6, 7, 8, 9, 10은 구슬이 몇 개가 있어야 하나요?
- 숫자 카드에 적혀 있는 숫자만큼 색깔 구슬을 빼 보아요.
- 숫자 5는 구슬을 몇 개 빼야 하나요?

③ 유아들이 함께 활동을 해 보도록 한다.
- 교사가 먼저 구슬을 끼우고 빼는 시범을 보인다.
- 숫자 카드에 적혀 있는 숫자만큼 색깔 구슬을 끼워 보아요.
- 숫자 카드에 적혀 있는 숫자만큼 색깔 구슬을 빼 보아요.

- 자기가 좋아하는 숫자를 골라서 거미줄에 구슬을 꿰어 보아요.

④ 활동이 끝난 후 유아들과 느낀 점에 대하여 이야기를 나눈다.

- 어떤 점이 재미있거나 좋았나요?
- 누가 먼저 이야기해 볼까요?

확장활동

- 거미줄에 구슬을 끼울 때 구슬 색깔의 패턴과 수의 순서대로 꿰어 보도록 한다.
- 거미줄의 종류와 구슬의 종류를 다양하게 제공하여 자연스럽게 수 개념을 습득할 수 있도록 한다.

5–5 달을 관찰해 보아요

활동목표

- 달의 변화 과정을 말할 수 있다.
- 달 모양의 이름을 말할 수 있다.

제작재료

- 하드보드지, 할핀, 펠트지, 색상지, 달의 변화 과정 사진, 글루건, 글루건 심, 손 코팅지, 벨크로테이프(까슬이, 보슬이), 가위, 칼, 바늘, 실, 자

제작방법

〈달 모양 돌림판〉

① 하드보드지에 펠트지를 감싼다.
② 펠트지로 감싼 하드보드지 2장을 연결하여 접을 수 있도록 만든다.
③ 펠트지 테두리를 바느질한다.
④ 달 모양 돌림판을 검정색 하드보드지에 그려 오린다.
⑤ 할핀을 이용해 달 모양 돌림판을 돌릴 수 있게 고정한다.

〈달과 별 모양〉

① 펠트지 2장에 달의 변화 과정 모양을 초승달, 반달, 보름달, 상현달, 하현달 등 달 모양을 그려서 오린다.
② 펠트지에서 오려 낸 달 모양에 솜을 넣고 바느질한다.
③ 별 모양은 색상지에 그려서 오린 후 손 코팅하여 자른다.
④ 달 모양 사진 자료를 출력하여 오린 후 손 코팅하여 자른다.
⑤ 완성된 별 모양은 달의 변화 과정 돌림판에 붙이고, 바느질한 달 모양은 뒷면에 벨크로테이프를 붙인다.

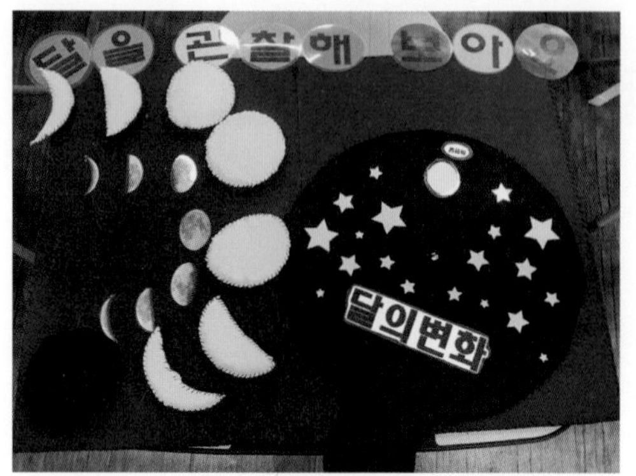

활동방법

① 유아와 함께 달에 대하여 이야기를 나눈다.
- 달을 본 적이 있나요?
- 달은 어떤 모양이었나요?
- 달을 보면서 무슨 생각을 했나요?

② 교구를 보여 주면서 활동방법을 이야기한다.
- 달의 변화 과정에 대해서 사진 자료를 보면서 알아본다.

③ 달 모양 돌림판을 돌려 가면서 달의 변화를 순서대로 살펴본다.
- 달의 모양이 달라지는 이유는 무엇일까요?

④ 달이 변화되는 과정과 명칭을 알아본다.
- 달에도 이름이 있어요. 달의 이름을 알고 있나요?
- 초승달, 반달, 보름달, 상현달, 하현달 변화 과정을 순서대로 나열하면서 명칭에 대해서 알아본다.

⑤ 활동 후 느낀 점에 대해서 유아와 함께 이야기를 나눈다.
- 어떤 점이 재미있거나 좋았나요?
- 누가 먼저 이야기해 볼까요?

확장활동

- 가정과 연계하여 밤에 달과 별의 모양을 관찰하는 활동으로 진행한다.
- 달을 관측할 수 있는 곳으로 견학을 간다.

주의 및 유의점

- 송곳이나 할핀을 사용할 경우 안전에 주의한다.
- 할핀이 날카롭기 때문에 고정한 뒷부분의 마무리를 안전하게 한다.
- 코팅지를 사용할 때 날카로운 부분을 곡선 처리하여 자르도록 유의한다.

5-6 막대 똑딱이로 모양 만들기

활동목표

- 양끝 앞뒤로 달린 똑딱이를 이용해 다양한 도형을 만들 수 있다.
- 양끝 앞뒤로 달린 똑딱이를 이용해 다양한 모양을 만들 수 있다.
- 각 도형의 이름을 말할 수 있다.

제작재료

- 다양한 색상의 펠트지, 똑딱이 단추, 구름솜, 바늘, 실, 가위, 초크(연필)

제작방법

① 다양한 색상의 펠트지를 각각 두 겹으로 접은 후 막대 모양을 7개 그린 후 오린다.
② 같은 색의 펠트지를 2장 겹친 후 솜 구멍을 제외하고 펠트지와 같은 색의 실을 사용하여 버튼홀 스티치로 바느질한다.
③ 솜 구멍에 솜을 넣은 후 버튼홀 스티치로 바느질하여 마무리한다.
④ 나머지 오린 막대도 ②와 ③의 방법으로 완성한다.
⑤ 솜이 들어간 막대 펠트지 양끝에 똑딱이 단추를 단다.
⑥ 펠트지를 길게 잘라 가장자리를 버튼홀 스티치로 바느질한다.
⑦ ⑥에 똑딱이 단추 암수를 각각 달아 보관함을 만든다.

참고

- 2개의 펠트지를 꿰맬 때 막대 모양이 휘어지지 않도록 한다.
- 똑딱이 단추의 암수를 구분해서 달아 준다.
- 보관함을 만드는 대신 상자를 활용해 보관해도 무방하다.

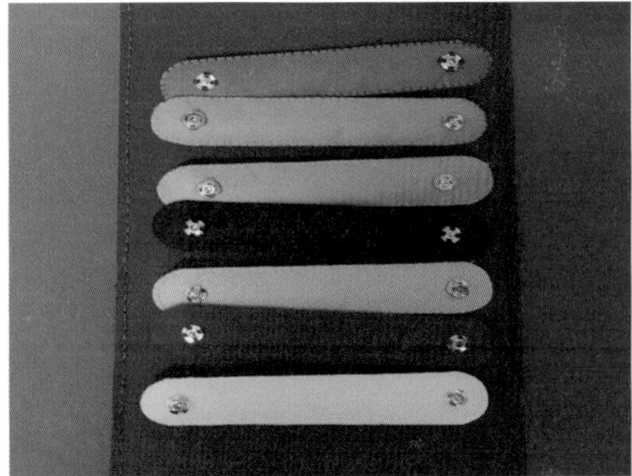

활동방법

① 유아와 함께 도형에 대하여 이야기를 나눈다.
- 동그라미, 세모, 네모 등을 본 적이 있나요?
- 어디서 보았나요?
- 동그라미, 세모, 네모, 오각형이 있어요.

② 교구를 보여 주면서 활동방법을 이야기한다.
- 이것으로 무슨 도형을 만들 수 있을까요?
- 이것으로 무슨 모양을 만들 수 있을까요?

③ 유아들이 막대 똑딱이로 다양한 도형과 모양을 만들어 본다.
- 교사가 막대 똑딱이를 연결하여 다양한 도형과 모양을 만드는 시범을 보인다.
- 무슨 도형을 만들었나요?
- 무슨 모양을 만들었나요?

④ 교사가 유아와 함께 도형의 명칭과 모양의 이름을 알아본다.

- 각자 알고 있는 도형의 이름을 말해 보세요.
- 각자가 만든 모양을 보여 주며 도형의 명칭(예: 세모)을 말한다.
- 각자가 만든 모양을 보여 주며 무슨 모양(예: 집)을 만든 것인지 말한다.

⑤ 활동 후 느낀 점에 대해서 유아와 함께 이야기를 나눈다.

- 어떤 점이 재미있거나 좋았나요?
- 누가 먼저 이야기해 볼까요?

확장활동

- 양끝 앞뒤로 달린 똑딱이를 20개 이상 제공하여 다양한 도형을 만들어 보게 한다.
- 양끝 앞뒤로 달린 똑딱이를 20개 이상 제공하여 다양한 모양을 만들어 보게 한다.
- 똑딱이 단추가 있는 옷을 입고 벗을 수 있게 한다.

주의 및 유의점

- 유아가 스스로 다양한 모양을 창의적으로 만들 수 있도록 교사의 간섭을 배제하도록 한다.

6. 유아 환경판

6-1 숲이랑 놀아요

전시목표

- 나무의 이름을 말할 수 있다.
- 친구의 이름을 말할 수 있다.

제작재료

- 다양한 색깔의 색상지, 마 끈, 코팅지, 코팅기, 가위, 펀치, 낚싯줄, 유아 사진, 철사 모루, 풀, 글루건

제작방법

① 갈색 색상지로 나무 기둥을 만든다.
② 연두색, 초록색 색상지에 나뭇잎을 필요한 개수만큼 그려 오린다.
③ 오린 나뭇잎 끝 쪽을 각각 연결하여 연결된 나뭇잎을 천장에 달아 준다.
④ 애벌레를 만들기 위해 초록, 노랑, 보라, 주황, 파란색 색상지로 동그라미 도안을 오린다.
⑤ ④에서 만든 동그라미 도안을 연결하여 애벌레를 만든다.
⑥ 철사 모루로 애벌레 뿔을 만들어 글루건으로 붙인다.
⑦ 검정, 분홍, 빨간 색상지를 이용하여 애벌레 얼굴을 꾸민다.
⑧ 애벌레 몸통 마디보다 작게 유아 사진을 코팅하여 오린다.

⑨ 애벌레 몸통에 코팅된 유아 사진을 글루건으로 붙인다.

⑩ 애벌레 몸통에 낚싯줄을 연결하여 천장에 달아 준다.

전시 효과

- 우리 주변에 있는 나무에 관심을 가질 수 있다.
- 친구의 이름을 빨리 익힐 수 있다.
- 숲의 중요함을 느낄 수 있다.

주의 및 유의점

- 애벌레 도안을 천장에 고정할 때 떨어지지 않도록 단단히 고정시킨다.
- 유아들 눈에 잘 보이는 곳에 부착하여 자연스럽게 관심을 유도한다.

6-2 가을이 왔어요

전시목표

- 가을에 볼 수 있는 것들을 말할 수 있다.
- 가을 풍경을 감상할 수 있다.

제작재료

- 우드락, 다양한 색깔의 색상지, 스티로폼 공, 한지, 전통 문양 도안, 전통 문 도안, 유아 사진, 가위, 딱풀, 글루건, 종이컵, 매직

제작방법

〈배경판〉

① 하늘색 한지를 우드락에 딱풀로 붙여 배경판을 만든다.

② 배경판 중앙부터 하단부분까지 연한 갈색 색상지를 글루건으로 붙인다.

③ 갈색 색상지를 직사각형 모양으로 잘라 ② 하단 부분에 글루건으로 붙인다.

④ 진한 파랑색 색상지를 직사각형 모양으로 자른 후 색상지 하단을 둥글게 잘라 준다.

⑤ ④에 매직으로 빗금을 그어 주며 지붕 벽돌 모양을 만들어 ② 상단에 붙인다.

⑥ 검정색 종이컵 윗부분 크기에 알맞게 전통 문양 무늬를 출력하여 동그랗게 오린 후 글루건으로 붙인다.

⑦ ⑥과 같은 방법으로 15개를 만든다.

⑧ ⑦을 배경판에 글루건으로 한 줄씩 두 줄을 붙여 준다(윗줄 먼저 붙이며 모양을 잡아 줌).

⑨ ③과 같은 방법으로 ⑧ 위에 붙여 준다.

〈문〉

① 전통 문 도안을 출력하여 배경판 중앙에 글루건으로 붙인다.

② 전통 문 도안 위에 반 이름을 넣어 출력한 후 ① 위에 글루건으로 붙인다.

〈나무〉

① 갈색 한지를 구겨 나무 모양을 만든 후 배경판 양 옆쪽에 붙여 준다.

② 칼로 스티로폼 공을 반으로 잘라 주황색 한지로 감싸 감을 만들고 초록, 연두색 색상지로 나뭇잎 모양을 오려 붙여 주어 감을 완성한다.

③ ①에 감을 글루건으로 붙여 나무를 완성한다.

〈사람〉

① 전통 한복(남, 여) 도안을 출력한 후 유아들이 색칠할 수 있도록 제공한다.

② 유아 사진을 출력하여 얼굴을 오린 후 ①의 남, 여에 붙인다.

③ 배경판에 ②를 붙여 완성한다.

참고

- 전통 무늬 도안을 붙인 종이컵을 배경판에 붙일 때 위에서부터 붙이며 둥근 모양을 만들어 준다.

전시 효과

- 가을의 특징을 알며 우리 주변에 달라지는 자연 현상에 관심을 가질 수 있다.
- 가을에 대한 친구의 생각을 들으며 가을에 관한 생각을 확장시킬 수 있다.

주의 및 유의점

- 유아가 느낀 점에 대해 자유롭게 표현할 수 있도록 한다.
- 유아들과 함께 도안을 꾸며 보며 자연스럽게 관심을 가질 수 있도록 한다.

6-3 우리나라 장터

전시목표

- 우리나라 전통 음식에 관심을 가질 수 있다.
- 시장놀이를 통해 물건을 사고팔 수 있다.

제작재료

- 나무 발, 계란판 6개 , 우드락, 박스, 아크릴 물감, 붓, 불 도안, 굴비 도안, 전통 음식 도안, 전통 무늬 도안, 차림표 도안, 검정끈, 코팅지, 코팅기, 솜, 마 끈, 우유팩, 한지, 열선, 가위, 글루건, 철사, 폼폼이, 송곳, 3M 양면테이프, 투명 시트지

제작방법

〈배경판〉

① 나무 발 2개를 연결되게 놓은 후 검정끈으로 양옆을 묶어 하나로 만든다.

② 게시할 벽면에 세운 뒤 3M 양면테이프로 붙여 고정한다.

〈아궁이〉

① 박스에 갈색과 빨간색 아크릴 물감을 칠한다.

② 박스 앞에 불 도안을 코팅하여 붙인 후 아궁이를 완성한다.

〈청사초롱〉

① 우우팩(1,000ml)에 색한지(빨강, 파랑)를 반반씩 붙인다.

② 전통 무늬 도안을 색칠한 후 오려 우유팩 중앙에 붙인다.

③ 우유팩 윗부분에 마 끈을 글루건으로 붙인 후 배경판 양옆에 묶어 준다.

〈지붕〉

① 계란판에 검정색 아크릴 물감을 칠한다.

② 계란판 윗부분에 송곳을 뚫어 검정끈으로 연결하고 나무 발 상단에 묶어 준다.

〈음식〉

① 비빔밥, 전, 굴비, 나물, 파전 등 전통 음식 도안을 출력 후 코팅한다.

② ①을 우드락에 글루건으로 붙인 후 열선으로 잘라 배경판 왼쪽에 글루건으로 붙인다.

③ ①에 전통 음식 도안에 맞추어 차림표 도안에 글씨를 입력한 후 출력한다.

④ ③을 코팅하여 상단 중앙에 펀치를 뚫고 배경판에 철사로 엮어 붙인다.

⑤ 굴비 도안 2개를 겹쳐 솜이 들어갈 끝부분을 제외하고 글루건으로 붙인다.

⑥ ⑤에 솜을 넣고 글루건으로 마감한다.

⑦ ⑤~⑥과 같은 방법으로 굴비 5마리를 만든다.

⑧ ⑦에서 만든 굴비 도안을 각 3마리씩 마 끈으로 엮은 후 상단 부분에 마 끈을 길게 남겨 준다.

⑨ 길게 남겨 준 마 끈을 배경판에 엮어 고정한다.

참고

- 배경판에 재료를 고정시킬 때 철사가 앞으로 나오지 않고 배경판 뒤로 나올 수 있도록 유의하여 묶는다.
- 재료가 무거워 앞으로 쓰러지지 않도록 벽면에 3M 양면테이프로 단단히 고정한다.
- 아궁이는 바닥에 놓으면 움직일 수 있다. 그러므로 아궁이를 놓을 자리에 투명 시트지를 붙인 후 그 위에 아궁이를 글루건으로 붙여 움직이지 않도록 고정시킨다.

전시 효과

- 우리나라의 전통문화를 이해할 수 있다.
- 다양한 전통 음식에 대해 관심을 가질 수 있다.
- 전통 시장에 호기심을 가질 수 있다.

6-4 5대양 6대륙

전시목표

- 5대양을 가리킬 수 있다.
- 6대륙을 가리킬 수 있다.

제작재료

- 한지, 이쑤시개, 색상지, 색한지, 딱풀, 세계 국기 도안, 마 끈, 가위, 글루건, 글자 도안, 도화지, 네임펜, 코팅지, 코팅기

제작방법

① 우드락에 푸른색 한지를 딱풀로 붙여 배경판을 완성한다.
② 세계 국기 도안을 잘라 코팅한다.
③ ①을 마 끈에 매달아 가랜드를 만들고 배경판 위쪽에 붙인다.
④ 각 대륙(유럽, 아프리카, 아시아, 북아메리카, 남아메리카, 오세아니아)에 색을 정하고 색한지를 찢어 동그랗게 말은 후 배경판에 딱풀로 붙인다.
⑤ ④에서 정한 대륙 색깔대로 색상지를 직사각형 모양으로 오린다.
⑥ 도화지를 ⑤에서 자른 직사각형보다 작은 크기의 직사각형으로 오린다.
⑦ ⑤에서 만든 색상지 위에 ⑥을 딱풀로 붙인다.
⑧ ⑦ 위에 매직으로 각 대륙(유럽, 아프리카, 아시아, 북아메리카, 남아메리카, 오세아니아)의 이름을 적어 ④의 각 대륙 옆에 글루건으로 붙인다.
⑨ 각 대륙(유럽, 아프리카, 아시아, 북아메리카, 남아메리카, 오세아니아)의 나라별 국기 도안을 출력하여 코팅한다.
⑩ ⑨에서 만든 도안 뒤에 이쑤시개를 글루건으로 붙인다.
⑪ 각 대륙(유럽, 아프리카, 아시아, 북아메리카, 남아메리카, 오세아니아)에 맞추어 나라별 국기 도안을 글루건으로 붙인다.

전시 효과

- 5대양 6대륙에 관심을 가질 수 있다.
- 세계 지도에 관심을 가질 수 있다.

6-5 벽난로

전시목표

- 겨울의 특징을 말할 수 있다.
- 불에 대한 생각을 표현할 수 있다.

제작재료

- 벽돌 시트지, 펠트지, 마 끈, 금색 도화지, 가위, 글루건, 상자, 다양한 천(검정색, 회색, 갈색), 솜, 실, 바늘

제작방법

〈벽난로〉

① 상자를 벽난로 모양으로 중앙을 오리고 벽돌 모양 시트지를 외부에 붙인다.
② 상자 중앙에 검정색 펠트지를 붙여 벽난로를 완성한다.

〈돌단〉

① 회색 천을 정사각형으로 오린다.
② ①에 가운데를 중심으로 솜을 넣고 동그랗게 천을 모아 글루건으로 붙인다.
③ ①~②와 같은 방법으로 10개를 만든다.
④ ③에서 만든 돌을 바닥에 동그랗게 둘러 놓는다.

〈장작〉

① 갈색 펠트지로 지름 10cm 원형 10개를 가위로 오린다.
② 회색 펠트지로 지름 10cm를 두를 수 있는 직사각형 5개를 가위로 오린다.
③ ①에서 만든 원형 테두리에 글루건을 사용해 붙인 후 ②를 세로로 세워 붙인다.
④ ③과 같은 방법으로 4개를 더 만든다.
⑤ ④에서 만든 직사각형 기둥에 솜을 채워 넣는다.
⑥ ①에서 만든 원형 테두리에 글루건으로 ⑤를 붙인다.

⑦ 원과 기둥이 만나는 부분을 버튼홀 스티치로 바느질한다.
⑧ ⑦과 같은 방법으로 4개를 더 만들어 장작을 완성한다.
⑨ 돌단 위에 쌓는다.

〈불〉

① 주황색 펠트지를 삼각형 모양으로 6장 오린다.
② ①에 삼각형 펠트지 1장에 하단을 제외한 테두리에 글루건으로 붙인다.
③ ②와 같은 방법으로 2개를 더 만든다.
④ ③~④에 솜을 채워 넣은 후 글루건으로 하단 부분을 붙인다.
⑤ ④에 버튼홀 스티치로 테두리를 바느질한다.
⑥ 노란색 펠트지로 불꽃 모양을 만든다.
⑦ ⑥과 같은 방법으로 2개를 더 만든다.
⑧ ⑤에 불꽃 모양의 펠트지를 글루건으로 붙인다.
⑨ 장작 중간 중간에 올려놓는다.

〈가랜드〉

① 검정 펠트지로 'HAPPY NEW YEAR' 영어 알파벳을 오려 마 끈에 달아 가랜드를 만든다.
② 가랜드를 벽난로 위쪽에 붙여 게시한다.

참고

- 나무 기둥을 만들 때 솜이 밖으로 나오지 않도록 단단히 매듭을 짓는다.

전시 효과

- 계절의 특성을 표현할 수 있다.
- 겨울이 왔음을 알 수 있다.
- 또래들과 겨울에 대한 느낌이나 생각을 말할 수 있다.

주의 및 유의점

- 벽난로 상자가 움직이지 않도록 단단하게 고정시킨 후 제시한다.

6-6 지구를 지켜요

전시목표

- 지구온난화로 인한 환경 문제에 관심을 가진다.

제작재료

- 우드락, 검정 도화지, 습자지, 북극곰 도안, 지구 도안, 생활용품 도안, 흰색 펠트지, 글루건, 가위, 글자 도안, 코팅지, 코팅기, 열선

제작방법

① 우드락에 검정 도화지를 붙여 배경판을 만든다.
② 흰색 습자지로 북극 얼음을 만들어 붙인다.
③ 유아들과 이야기를 나누고 함께 색칠한 생활용품 도안을 오려 ② 위에 붙인다.
④ 북극곰, 지구 그림 도안을 출력한 후 가위로 오린 뒤 코팅한다.
⑤ 코팅된 북극곰과 지구 그림을 우드락에 붙여 열선으로 재단한다.
⑥ ⑤를 배경판에 붙인다.
⑦ '북극곰아 울지마 우리가 지켜 줄게' 글자 도안을 오린 후 펠트지에 붙여 오려 준다.
⑧ ⑦을 배경판에 위에 붙여 완성한다.

참고

- 흰색 습자지로 얼음을 구성할 때 입체적으로 구겨 주면서 붙이도록 한다.

전시 효과

- 지구온난화에 관심을 가질 수 있다.
- 환경을 지키기 위해 우리가 할 수 있는 일을 찾아 실천할 수 있다.

주의 및 유의점

- 지구온난화를 설명할 때에 유아의 눈높이에 맞추도록 한다.

저 자 소 개

임경옥(Lim Kyoungook)
강남대학교 특수교육학과 학사
경기대학교 교육대학원 유아교육 석사
강남대학교 교육대학원 유아특수교육 석사
단국대학교 대학원 유아특수교육 박사
전 무지개 특수아동교육원 원장
수원여자대학교 사회복지과 겸임교수 및 나사렛대학교, 수원과학대학교 등 외래교수
현 수원여자대학교 아동보육과 교수

〈주요 저서〉
장애 영유아 발달 영역별 지침서 1~5권(공저, 학지사, 2010)
보육교사 일반직무교육(공저, 양성원, 2016)
원장 일반직무교육(공저, 양성원, 2016)
보육교사 심화직무교육(공저, 양성원, 2017)
원장 심화직무교육(공저, 양성원, 2017)
특수교육학개론(공저, 학지사, 2017)
아동권리와 복지(공저, 공동체, 2018)
발달지체 영유아 조기개입 1-인지편(학지사, 2017)
발달지체 영유아 조기개입 2-수용언어편(학지사, 2018)
발달지체 영유아 조기개입 3-표현언어편 I (학지사, 2018)
발달지체 영유아 조기개입 4-표현언어편 II (학지사, 2018)
발달지체 영유아 조기개입 5-신변처리편(학지사, 2018)
발달지체 영유아 조기개입 6-소근육운동편 I (학지사, 2018)
발달지체 영유아 조기개입 7-소근육운동편 II (학지사, 2019)
발달지체 영유아 조기개입 8-대근육운동편(학지사, 2019)
발달지체 영유아 조기개입 9-사회성편(학지사, 2020)
발달지체 영유아 조기개입 10-놀이편 I (학지사, 2021)
발달지체 영유아 조기개입 11-놀이편 II (학지사, 2022)
특수교구교재제작(공저, 학지사, 2018)
장애아보육과정(중앙교육, 2019)
방과후보육과정(중앙교육, 2019)
교사! 그 아름다운 이름(학지사, 2019)
보육교사 일반직무교육(개정판, 공저, 양성원, 2020)
원장 일반직무교육(개정판, 공저, 양성원, 2020)
보육교사 심화직무교육(개정판, 공저, 양성원, 2020)
원장 심화직무교육(개정판, 공저, 양성원, 2020)
2021 장애대학생 교육복지지원 컨설팅 운영보고서(공저, 교육부국립특수교육원, 2022)

〈주요 논문〉
예비영아특수교사들의 관찰실습 경험에 대한 질적 연구(한국특수아동학회, 2013)
장애영아 미술치료 연구동향 분석-1997년부터 2012년까지 전문 학술지 중심으로(한국특수아동학회, 2013)
보육교사의 전문성 인식과 통합교육 신념에 관한 연구(사회복지실천연구, 2013)
예비보육교사들의 실습경험에 대한 이야기(한국콘텐츠학회, 2016)
아동복지전공 예비보육교사들이 보육실습에서 경험하는 딜레마에 대한 탐색(한국콘텐츠학회, 2016)

영유아 교과교재 연구 및 지도법

A study of teaching materials for young children

2022년 6월 10일 1판 1쇄 인쇄
2022년 6월 20일 1판 1쇄 발행

지은이 • 임경옥
펴낸이 • 김진환
펴낸곳 • (주) 학지사
04031 서울특별시 마포구 양화로 15길 20 마인드월드빌딩
대표전화 • 02)330-5114 팩스 • 02)324-2345
등록번호 • 제313-2006-000265호

홈페이지 • http://www.hakjisa.co.kr
페이스북 • https://www.facebook.com/hakjisabook

ISBN 978-89-997-2691-0 93370

정가 24,000원

MEMO

MEMO